大学生禁毒防艾
通识教育

雷小政◎编著

扫码获取
教学资源

北京师范大学出版集团
BEIJING NORMAL UNIVERSITY PUBLISHING GROUP
北京师范大学出版社

图书在版编目(CIP)数据

大学生禁毒防艾通识教育 / 雷小政编著. —北京：北京师范大学出版社，2024.9

ISBN 978-7-303-29411-4

Ⅰ. ①大… Ⅱ. ①雷… Ⅲ. ①禁毒—中国—教材②获得性免疫缺陷综合征—预防(卫生)—教材 Ⅳ. ①D669.8②R512.910.1

中国国家版本馆 CIP 数据核字(2023)第 183253 号

教材意见反馈 010-58805079 gaozhifk@bnupg.com
营销中心电话 010-58802755 58800035

DAXUESHENG JINDU FANG'AI TONGSHI JIAOYU

出版发行：北京师范大学出版社 www.bnupg.com
北京市西城区新街口外大街 12-3 号
邮政编码：100088

印　　刷：鸿博睿特(天津)印刷科技有限公司
经　　销：全国新华书店
开　　本：787 mm×1092 mm 1/16
印　　张：14
字　　数：260 千字
版　　次：2024 年 9 月第 1 版
印　　次：2024 年 9 月第 1 次印刷
定　　价：45.00 元

策划编辑：李红芳　　责任编辑：李红芳
美术编辑：焦　丽　李向昕　　装帧设计：焦　丽　李向昕
责任校对：陈　民　　责任印制：陈　涛　赵　龙

本书编写指导委员会

（排名不分先后）

宋英辉	杨　波	莫关耀	郭小平
郭开元	张银俊	许身健	吴宏耀
张建新	靳宇倡	杨一挥	何显兵
许建伟	王　晖		

作者简介

雷小政，中国政法大学法学博士，中国人民大学博士后，北京师范大学法学院暨刑事法律科学研究院博士生导师，北京师范大学未成年人检察研究中心研究员，首都高端智库研究员，浙江省绍兴市人民检察院“互联网法治与少年司法教授工作室”负责人，北京师范大学法学院与山西临汾红丝带学校共建“法艾少年”专家工作室负责人；兼任北京信用学会青少年诚信培养专家委员会主任、北京企业法律风险防控研究会常务理事、中国政法大学国家法律援助研究院研究员、中国行为法学会理事、中国法学会检察学研究会未成年人检察专业委员会理事、中国刑事诉讼法学研究会少年司法专业委员会委员、国家检察官学院广东分院检察教师等职务；美国纽约维拉司法研究所、荷兰马斯特里赫特大学访问学者。荣获中国博士后科学基金面上资助项目、特别资助项目，中国法学会刑事诉讼法学会第三届中青年优秀科研成果奖，最高人民检察院优秀科研成果奖等奖项。在《法学研究》《中国刑事法杂志》《青海社会科学》《南京社会科学》《学术研究》《国家检察官学院学报》《中国社会科学文摘》等期刊发表或被转载多篇学术论文；出版《法律生长与实证研究》《民生与民声：刑事法的返璞归真》《法律实证研究方法：场域、样本与经验》《未成年人刑事司法风险评估：场域、样本与方法》《未成年人刑事司法程序研究》《守护那朵蓝莲花：中国艾滋病人管理的人文关怀与法律保障》《未成年人演艺活动合规指南》《社会治理视域下禁毒防艾“四川经验”》等著作。主持国家社会科学基金、教育部、最高人民法院、最高人民检察院、国家保密局等多项国家级、省部级项目。

内容简介

2002年，国际禁毒日的主题是“吸毒与艾滋病”。在这一天，联合国向全球发出警示：毒品除了侵蚀身心健康、威胁生命安全外，还会诱发诈骗、暴力、卖淫、洗钱、腐败等犯罪问题，更会加剧艾滋病蔓延趋势，导致多种传染性疾病的传播。毒品、艾滋病被普遍认为是全球“公害”，严重威胁、损害人类的生命权、身体权和健康权。

中共中央、国务院发布的《“健康中国2030”规划纲要》提出“健康中国”的号召，而开展禁毒防艾教育是遵循“健康优先”原则的重要体现。从最高人民法院、最高人民检察院发布的部分指导性案例来看，利用毒品实施性侵害和因性侵害感染传染病的恶性案件频发，产生了严重的社会危害。教育部、国家卫生健康委员会等部门发布了一系列规范性文件，明确要求各学校把新型毒品的危害及预防等毒品教育的内容纳入健康教育课程，落实预防艾滋病专题教育任务，加强青春期引导、性道德和性责任教育。

智识贵能汇通。禁毒防艾通识教育是一项关乎国家总体安全的民生工程、社会工程和法治工程。当前，各大专院校立足于当代大学生身心特点，关注个性特征的变化，依法依规实施禁毒防艾通识教育。这既是《中华人民共和国传染病防治法》(以下简称《传染病防治法》)第10条规定的国家责任，也是当前社会各界的民心所向，更是广大师生的共识。

教育是最好的预防，本教材在内容上以艾滋病防治为主线，同步进行毒品等物质滥用预防教育、全面性教育、心理健康教育、道德与法治教育。本教材融合了医学、社会学、心理学、法学、教育学等多学科经验，主张改变传统的恐吓式、威慑式、展板式教育，以识毒、防毒、拒毒的方式，帮助大学生“知艾防艾”“懂艾帮艾”，自觉养成健康的生活方式。

本教材重点指导大学生了解传统毒品、新型毒品、新精神活性物质、非毒品的危险化学品的现实危害和周边风险，预防和远离药物促成的性侵害；了解艾滋病病毒的由来、传播途径和传播条件等基础知识；掌握目前预防、阻断和治疗艾滋病的药物及治疗效果，落实“早检测、早诊断、早援助、早治疗”的“四早”机制和坚持“发现即治疗”的原则；理解全球在艾滋病防治及毒品等物质滥用防治上的核心战略；了解“2030年终结艾滋病流行”目标的实现状况及障碍，分析健康优先、法定主义、平等与反歧视、主体参与等基本理念和原则的要求；了解中国特色禁毒防艾工作体系与总体国家安全观、依法治国战略、社会治理体系改革的密切关系；了解我国在毒品犯罪、涉艾犯罪中贯彻的严厉惩治方针、宽严相济刑事政策的状况，以及在隐私权、受教育权、劳动就业权、婚姻权与生育权等领域的倾斜式保护路径。

本教材既适合用作普通高等院校、职业院校、中等职业学校的通识教育课程教材，也可作为监管场所的教育矫治用书以及社会公众的普及知识读物。

专家寄语

全国党员领导干部忠诚干净担当的典范、中共中央“七一勋章”获得者、党的二十大代表李宏塔同志认为，能够深入禁毒防艾一线进行实证研究，设立“法艾少年”专家工作室，切实关爱受艾滋病影响的儿童，提炼出通识教育的专家拟制稿①，是一件有温度、有深度、有担当的事情；希望大家精细研讨，提高青少年学生“知艾防艾”意识，树立“每个人都是自己健康第一责任人”的观念，为建设平安中国、法治中国、健康中国做出更大贡献。

中国疾病预防控制中心原艾滋病首席专家邵一鸣认为，基于国际上既往艾滋病宣传教育预防效果有限的情况，本书反映了我国新时期防艾工作的重心，即坚持并加强宣传教育，尤其是对青少年的宣传教育；在针对性上下功夫，注意宣传的平衡性；既不夸大其词，近乎恐吓，也不蜻蜓点水，忽视风险；同时进一步关注特殊行为人群和新型毒品等方面的影响，对青少年学生进行针对性的教育，并促使其培养积极的信念和行为，养成健康的生活方式。

北京师范大学未成年人检察研究中心主任、《中华人民共和国未成年人保护法》(以下简称《未成年人保护法》)修订工作顾问宋英辉教授指出，本书贯彻最有利于未成年人的原则，强调在青少年教育中要及早宣传相互联系、相互影响的健康行为与生活方式，强化传染病预防教育；希望本书能密切结合《未成年人保护法》的实施，督促落实相关不良行为的预防和矫治，让预防教育走入学生课堂和教师入职培训；同时也要对保护未成年人不力的部门和人员强化督办问责机制。

中国青少年艾滋病防治教育工程办公室主任、北京青爱教育基金会理事长、全国学校预防艾滋病教育专家组成员张银俊认为，有人可能觉得禁毒防艾与自己家不挨边，离得很远，但万一的事情一旦遭遇，就会成为一个家庭的巨大不幸。我们必须付出一万的努力来避免万一的发生。北京青爱教育基金会希望能

---

① 本教材的形成过程，包括专项研发稿、专家拟制稿，后经多学科专家研讨和评定，最终被定名为《大学生禁毒防艾通识教育》。

多一些学生和学生家长读到这本书，从中受益，切实筑牢禁毒防艾意识，做好自身和家庭健康的第一责任人。

中国教育科学研究院课程与教学研究所副所长、研究员王鑫认为，本书作为一项系统工程，从大战略观、大防治观出发，向相关学科要宽度，将医学、社会学、教育学、法学有机结合，给当代医学管理提供了新的理论框架；同时本书还提供了崭新的体例，尤其是创新论述了健康生活方式与新时代青少年成长的关系，增强了大中专院校艾滋病防治专题教育的实操性。

四川师范大学心理学院院长靳宇倡教授认为，本书结合青少年学习阶段、社交软件使用情况等要素，突出了心理健康指导与毒品预防教育、性教育、艾滋病教育的协同作用，具有良好的价值导向和更高的应用价值。

四川省疾病预防控制中心性病艾滋病预防控制所副所长杨一挥认为，深入四川省凉山彝族自治州等地方可以发现，解决“毒情”和“艾情”问题绝不简单；2019 年至 2020 年，北京师范大学学术团队与四川省戒毒管理局共同开展实证研究，积极探索和拓展禁毒防艾工作的新途径和新方法。

四川省戒毒管理局与北京师范大学雷小政专家团队共同调研了全国 14 所大中专院校的禁毒防艾教育现状，专家团队通过问卷调查收集了 3 379 名戒毒人员对学生群体生命安全与健康教育的建议，形成了本书拟制稿。本书创新禁毒防艾宣传教育的理念与方式，有利于提高青少年学生“知艾防艾”和“自身健康的第一责任人”的意识，有力地推进这一事关每个家庭的安心工程。

前　　言

开展禁毒防艾通识教育是实现“健康中国”、贯彻“健康优先”原则的关键举措。党的十九届五中全会提出“全面推进健康中国建设”，明确了到 2035 年建成“健康中国”的远景目标。党的二十大报告指出，把保障人民健康放在优先发展的战略位置，完善人民健康促进政策。把保障人民健康放在优先发展的战略位置，有望推动形成一个活力奔涌的“健康中国”，为“十四五”时期拓展人口质量红利奠定健康基础。

为实现上述目标，《“健康中国 2030”规划纲要》将“健康优先”定为必须遵循的首要原则。2020 年 6 月 1 日实施的《中华人民共和国基本医疗卫生与健康促进法》进一步细化了“健康优先”原则和建设“健康中国”方案。健康教育是健康与教育的有机结合，其核心内容是积极教育人们树立正确的健康观，养成良好的行为习惯和生活方式，促使个体和群体改变不健康的行为习惯和生活方式，增强自我保健和群体保健的意识与能力，创造全民族乃至世界范围的卫生意识。

2021 年，教育部等五部门联合发布的《教育部等五部门关于全面加强和改进新时代学校卫生与健康教育工作的意见》提出了“十四五”末的工作目标和 2035 年远景目标：“2025 年，政府主导、部门协作、学校实施、社会参与的新时代学校卫生与健康教育工作格局更加完善。学校健康教育时间切实保证，健康教育教学效果明显提升。办学条件达到国家学校卫生基本标准。学校应对突发公共卫生事件预测研判、精准管控、应急处置等能力显著增强。学生健康素养普遍提高，防病意识和健康管理能力显著增强，体质健康水平明显提升。2035 年，学校卫生条件、体育设施、健康教育和健康素养水平基本实现现代化，达到建成教育强国和健康中国要求，形成高质量的新时代学校卫生与健康教育体系。”

全面遏制吸毒等物质滥用行为，防止艾滋病流行，需要强化禁毒防艾通识教育。教育是最好的预防，预防是最好的保护。目前，以禁毒防艾教育为重要抓手，教导学生做好“自身健康的第一责任人”的通识教育已经成为各级各类学校着力加强的一项重要内容。将禁毒防艾通识教育全面融入中小学、大中专院校课程教材并积极完善教育方法、技术，教会学生识毒、防毒、拒毒，“知艾防艾”“懂艾帮艾”，是实现生命安全与健康教育系列化、常态化、长效化的重要举措。

改变传统的恐吓式、威慑式、展板式教育并非易事。目前，这需要政府、学校、家庭、社会力量等多元主体的共同助力，需要集合医学、社会学、心理学、法学、教育学等多学科经验，全面推动禁毒防艾通识教育体系的跨越式发展。

禁毒防艾通识教育所涉学科如下：

一是医学。吸毒者等物质滥用人群患有精神障碍的比例远高于一般人群。禁毒教育中物质依赖、物质滥用、物质使用障碍、吸毒成瘾、戒毒治疗等知识，艾滋病预防、感染、诊断、治疗等流程，均涉及医学中基础医学、临床医学、公共卫生与预防医学、药学等多个专业和学科的知识。基于药品和疫苗研发技术、医疗技术的发展，课程的内容也需要与时俱进，反映最新成果。目前，禁毒防艾工作中许多预防和干预的措施、政策，都需要依据流行病学调查和监测数据制定，遵循公共卫生基本原理。

二是社会学。要对禁毒防艾领域重点人群、优先人群贯彻平等与反歧视原则，给予妇女、青少年、老年人等弱势群体特殊保护、优先保护，就需要结合社会学视角和方法发掘其中的结构性因素，结合个性化特征，实施有针对性的帮助和支持。同时，禁毒防艾工作要实现政策性改变和提质增效等目标，就不能“单打独斗”，而是要积极融入社会治理体系、公共法律服务体系，结合乡村振兴等事业有序实施。

三是心理学。许多人对毒品等精神活性物质形成依赖、成瘾或者滥用行为，往往是出于好奇、刺激、冒险、侥幸、逆反或者绝望等心理。在外部环境中存在的污名化和歧视问题也会加剧吸毒人员、艾滋病病毒感染者和艾滋病病人等群体的心理压力和病耻感，导致其出现心理异常，甚至出现内部歧视。要降低吸毒人员复吸率，提高其操守保持率，提高其生命质量，就需要为他们提供专业、及时的心理服务，必要时还要进行危机干预。

四是法学。2012 年 11 月 30 日，在第 25 个世界艾滋病日到来之际，习近平总书记指出，要让每一个艾滋病病毒感染者和艾滋病病人都能感受到党和政府的关怀、感受到社会的温暖。要全面贯彻这一指示精神，依据全面依法治国战略开展禁毒防艾通识教育是重中之重。目前，围绕禁毒防艾工作已经形成包括宪法、法律、行政法规、行政规章、地方性法规、团体与行业规范等在内的较为全面的禁毒防艾法治体系。

五是教育学。通过通识教育着重培养学生有效思考的能力、交流思想的能力、做出恰当判断的能力、辨别价值的能力。教育部联合国家卫生健康委员会(原国家卫生计生委)共同主持建设"艾滋病、性与健康"课程，从2016年起供全国高校免费使用。

综上，为充分发挥本教材的教育效果，建议结合以下教育形式同步进行：(1)主题班会。由医生、心理咨询师、艾滋病防治工作岗位人员、班主任等人员主持，通过视频观影、小组活动、趣味游戏、情境模拟、角色扮演等形式提高学生的兴趣度和参与感。(2)通识课程。开设公共选修、案例讲解等课程，引导学生系统学习基本常识。(3)专题讲座。与卫生健康部门、司法行政机关、公安机关、检察机关定期会商、沟通、协调，邀请相关专家与学者、慈善公益组织、爱心企业、社会工作者和志愿者等社会力量代表到校园举办主题讲座，组织戒毒康复人员、患艾人员现身讲授。(4)校园宣传活动。结合国际禁毒日和世界艾滋病日等开展针对青年学生的主题宣传活动。(5)社会实践活动。结合"法律七进"等普法活动，深入社区、企业、单位进行志愿宣讲活动，介绍禁毒防艾方面的基本常识、法律法规及典型案例等。组织学生进入戒毒场所、禁毒防艾警示教育基地、看守所、监狱等场地参观学习。(6)同伴教育。组织具有相同专业背景、特定生活经历的学生采用小品、游戏、小组讨论、自我总结等方式，交流与分享有关健康生活方式的信息和心得体会，如针对交友软件、网络游戏、吸烟、酗酒、新型毒品等问题进行专门探讨。(7)知识竞赛。近年来，教育部体育卫生与艺术教育司指导中国预防性病艾滋病基金会、中国性病艾滋病防治协会举办了多次"全国大学生预防艾滋病知识竞赛"。普通高等院校、职业院校和中等职业学校应当进一步推广和普及这类知识竞赛。

本教材为北京师范大学"十四五"期间高等教育领域教材建设项目、国家社会科学基金项目(22BFX175)、中国高等教育学会高等教育科学研究规划课题。本教材的研发得到四川省戒毒管理局的资助。四川省女子强制隔离戒毒所、四川省资阳强制隔离戒毒所等单位为相关实证研究提供了全面支持。① 参与本项目的人员主要有：北京师范大学雷小政、闫姝月、陈灿、周致义、王璐瑶、周姝希、管赫，四川省女子强制隔离戒毒所周利、武宾宾、韩佳益、文怡、吴超，四川省资阳强制隔离戒毒所杨怡洁、李沅泽、王超，中国劳动关系学院杨敬之。在“大中专院校禁毒防艾教材研发”等合作项目中，研发团队通过社会调查、个案研究、访谈、问卷调查等方法进行了实证研究。研发团队对全国 14 所大中专院校的青年学生进行了问卷统计，学历层次包括专科、本科、研究生，重点描述与解决以下三个研究问题：(1)青年学生对艾滋病防治现状、现实风险的认知状况；(2)青年学生对艾滋病病毒感染者和艾滋病病人的看法与态度；(3)基于前两项，设计与开展艾滋病防治通识教育的课程内容与形式。针对艾滋病病毒感染的切身经历、抗病毒治疗的效果和对禁毒防艾教育的内容建议等，研发团队与四川省女子强制隔离戒毒所干警，四川省资阳强制隔离戒毒所的戒毒医疗中心、教育矫治中心干警等人员对 5 个省、自治区、直辖市戒毒场所中非感染者的普通戒毒人员、感染艾滋病病毒的戒毒人员进行了半结构化的问卷调查和个别化访谈。

在陆续推出专家拟制稿和禁毒防艾“四川经验”后，经由雷小政、闫姝月编写与审订，形成本教材。四川省戒毒管理局赵举游、丁银兵、刘君、刘怡杉对教材的撰写进行了指导。

特别感谢中国教育学会名誉会长、北京师范大学资深教授顾明远，教育部基础教育教学指导委员会副主任委员廖文科，北京师范大学未成年人检察研究中心主任、教育部法律咨询专家委员会委员宋英辉，中国卫生健康思想政治工作促进会副会长兼秘书长刘世东，四川师范大学法学院院长陈山，西南民族大学法学院院长周洪波，山西省临汾红丝带学校校长郭小平，中国科学院心理研究所研究员魏高峡，北京师范大学教授袁治杰的帮助与支持。

---

① 基于“从实践中来、到实践中去”的创作理念，四川省资阳强制隔离戒毒所、四川省女子强制隔离戒毒所设置专管大队，分别对男性、女性感染艾滋病病毒的强制隔离人员进行集中收治和分类管理，形成了以安全管理为前提、以人文关怀为载体、以医疗救治为支撑、以权益维护为基础、以教育矫治为核心、以转介帮扶为延伸的禁毒防艾“四川经验”。立足一线执法民警和医务人员的实际经验、艾滋病戒毒人员的真实经历，北京师范大学雷小政专家团队与四川省戒毒管理局及上述两所先后合作研发了“涉罪未成年人心理测评与风险控制系统”“四川艾滋病戒毒人员分类管理与关怀救助 12 条特色工作经验及专家论证”“四川艾滋病戒毒人员分类管理与关怀救助技术指南”等项目成果。研发针对大中专院校、中小学生的禁毒防艾专题教育教材，是上述合作的深化和发展。

由于编者能力有限，本教材难免有不足之处，盼望广大读者多加指正并提出宝贵的意见。

雷小政

2024年3月

目　　录

第一章　概　　论

内容导读

毒品、艾滋病被普遍认为是全球“公害”，主要是因为它们严重威胁、损害人类的生命权、身体权和健康权。当前，新精神活性物质的成瘾性极强，容易对神经、精神和心血管系统等方面造成损害，它们的破坏性丝毫不逊于传统毒品和合成毒品。毒品不仅会侵蚀人们的身心健康、威胁人们的生命安全，还会诱发诈骗、暴力犯罪、卖淫、洗钱、腐败等问题，更会加剧艾滋病等多种传染性疾病的传播与扩散。禁毒防艾通识教育是一项以艾滋病防治为主要内容，协同毒品等物质滥用预防教育、全面性教育、心理健康教育、道德与法治教育的基础性教育。在贯彻“健康中国”战略的过程中，应当依据“健康优先”原则，全面遏制艾滋病疫情蔓延，并且统筹宣传教育、源头治理、有效管控、组织保障四方面工作。

教学目的和要求

通过本章的学习，学生应掌握禁毒的概念与发展、防艾的概念与发展，以及中国特色禁毒防艾工作体系的基本内容；了解开展禁毒防艾通识教育的必要性，知悉艾滋病防治教育与毒品等物质滥用预防教育、全面性教育、心理健康教育、道德与法治教育的密切关系。

教学重点和难点

(1)掌握禁毒与防艾的关系。

(2)分析艾滋病防治教育为何不能脱离毒品等物质滥用预防教育、全面性教育、心理健康教育、道德与法治教育。

教学内容和过程

(1)策划“五个一”教育活动：参观一次禁毒防艾展览，开展一次禁毒防艾主题班会，开展一次禁毒防艾知识答题活动，开展一次禁毒防艾作品征集活动，观看一次禁毒防艾文艺演出或电影。

(2)讨论：面对毒品、艾滋病的威胁，大学生能否做好自己健康的第一责任人？

第一节 禁毒防艾工作的基本范畴

一、禁毒的概念与发展

在不同历史时期，世界各国对于毒品的认识以及采取的政策差异较大。不同学科对毒品性质和标准的界定也经常存在分歧，有关毒品的种类和范围也不是一成不变的，这导致作为下位概念的“禁毒”，在内涵和外延上也不断更新变化。① 例如，近代中国，针对鸦片就存在“禁烟论”与“弛禁论”的激烈争论。当前，随着新精神活性物质滥用日益严重以及其诱发的危害形势愈加严峻，世界各国的禁毒政策、方针、策略也面临着深刻的调整和变化。

全面了解我国禁毒的概念，要从禁烟开始。

(一)禁烟的由来

在我国历史上，禁毒又称禁烟。② 1914 年之前，我国的毒品种类主要是鸦片。鸦片，英文为 opium，又叫阿片、阿扁、雅片、阿芙蓉、洋药、烟土、大烟等。鸦片的原料罂粟，别名赛牡丹，是一种美丽而危险的植物。罂粟的叶片碧绿，花朵五彩缤纷，茎株亭亭玉立。鸦片被用作药物时具有一定的安神、止痛、止泻作用。但是，鸦片一旦脱离药用目的，就可能产生严重的后果。

吸食鸦片成瘾会导致吸食者体质严重衰弱及精神颓废，寿命也会缩短。过量吸食鸦片可引起急性中毒，吸食者可能因呼吸抑制而死亡。1729 年，清朝雍正皇帝颁布了中国历史上第一个禁烟诏令，即《惩办兴贩鸦片烟及开设烟馆条例》，严厉惩戒贩卖鸦片和私自开设烟馆的行为，开启了以法禁烟的历史。1813 年，清朝嘉庆皇帝颁布了《吸食鸦片烟治罪条例》，开以刑法手段制裁吸毒者之先河，对官员的处罚较重。鸦片战争前夕，英国等国对中国的鸦片走私贸易急剧上升，给中国社会的经济、财政和人民的身心健康造成了极大危害。清政府

① 参见姚建龙、周颖：《禁毒学导论》，北京，中国人民公安大学出版社 2014 年版，第 2-8 页。

② 这与禁止、限制吸烟(草)不同。《中华人民共和国烟草专卖法》(以下简称《烟草专卖法》)第 5 条第 2 款规定：“国家和社会加强吸烟危害健康的宣传教育，禁止或者限制在公共交通工具和公共场所吸烟，劝阻青少年吸烟，禁止中小学生吸烟。”

内部掀起了关于“禁烟论”和“弛禁论”的激烈争论。林则徐在上书道光皇帝的禁烟奏折中指出了禁烟的必要性和紧迫性。但是，以时任广东按察使许乃济为代表的一些官员则主张“弛禁论”，认为吸食鸦片属于“饮食男女之欲”，可以放弃严禁鸦片输入的政策，并将鸦片作为药材合法进口，借此还可以增加关税收入。在中国历史发展潮流中，“禁烟论”是大势所趋，民心所向。

(二)禁毒的国际化

在近代史中，鸦片贸易背后的“饮食男女之欲”、商业利益之争导致许多国家和地区在禁烟政策上出现了严重分歧，更遑论相互之间积极开展国际合作禁绝鸦片。马克思在1858年的专栏文章《鸦片贸易史》中用“不想详述这种贸易的道德方面”表示其对中英鸦片贸易在道德层面的厌恶感，同时剖析了当时英国政府在这一“不合法性”贸易背后的卑劣动机：“英国政府在印度的财政，实际上不仅要依靠对中国的鸦片贸易，而且还要依靠这种贸易的不合法性。如果中国政府使鸦片贸易合法化，同时允许在中国种植罂粟，英印政府的国库会遭到严重灾难。”[①]恩格斯则直接批判了当时英国政府在鸦片生产上的自私自利和对他国人民，尤其是中国人民造成的巨大灾难：“惟一导致更带毁灭性的直接后果(但不是对本国人民，而是对他国人民)的一种生产，就是英印为毒害中国而进行的鸦片生产。”[②]

人类社会进入20世纪之后，包括鸦片在内的毒品问题在全世界范围内日趋严重，直接影响各国人民的生命健康，并给全球经济发展和社会进步带来了直接威胁。以打击制造、贩卖和吸食鸦片为主，逐步涵盖麻醉药品管控的禁毒行动日渐成为国际社会的共识。第二次世界大战后，特别是20世纪七八十年代以来，禁毒合作在国际范围全面展开。为促进和推动禁毒工作在全球的深入开展，国际禁毒日等节日主题活动与联合国毒品和犯罪问题办公室等组织机构也相继走上国际舞台。

1. 国际禁毒公约

(1)第一次国际禁毒会议通过的9项决议。1909年，“国际鸦片委员会”在中国上海召开了“万国禁烟会”，通过了9项决议，敦促各国政府采取必要措施

---

① 《马克思恩格斯文集》(第2卷)，北京，人民出版社2009年版，第636页。

② 《马克思恩格斯全集》(第25卷)，北京，人民出版社2001年版，第50页。

管制鸦片的生产和消费，这标志着全球性禁毒运动的开始，但这些决议案仅具有建议性，并没有法律上的效力。

(2)《海牙禁烟公约》。1911 年 12 月，国际禁烟会议在海牙召开。1912 年 1 月出席会议的中国等 12 个国家经过协商签订了世界上第一个国际禁毒公约——《海牙禁烟公约》(又称《海牙禁止鸦片公约》)。该公约规定，缔约国应当制定法律管制“生鸦片”的生产、销售和进口，逐渐禁止“熟鸦片”的制造、贩卖和吸食，切实管理吗啡、海洛因、古柯等麻醉药品。

(3)《关于熟鸦片的制造、国内贸易及使用的协定》《国际鸦片公约》。为了检验《海牙禁烟公约》的实施情况，解决禁止贩运毒品问题，国际毒品顾问委员会组织召开了两次日内瓦国际禁毒会议，并于 1924 年 12 月 11 日签订了《关于熟鸦片的制造、国内贸易及使用的协定》，后又于 1925 年 2 月 19 日签订了《国际鸦片公约》。

(4)《限制制造及调节分配麻醉品公约》《远东管制吸食鸦片协定》《禁止非法买卖麻醉品公约》。1931 年 7 月 13 日，由国际联盟(League of Nations)牵头，各成员国在日内瓦签订了《限制制造及调节分配麻醉品公约》；1931 年 11 月 27 日，在曼谷签订了《远东管制吸食鸦片协定》；1936 年 6 月 26 日，在日内瓦签订了《禁止非法买卖麻醉品公约》。麻醉药品管控开始走向广泛的国际合作。

(5)《一九六一年麻醉品单一公约》。1961 年 6 月 30 日，联合国大会通过了《一九六一年麻醉品单一公约》，将既有的公约和协定进行了合并和修订，还把管制范围扩大到了天然麻醉品原料的种植等方面，并对有关刑事管辖权的问题做了规定。

(6)《经〈修正一九六一年麻醉品单一公约的议定书〉修正的一九六一年麻醉品单一公约》。1972 年，联合国在日内瓦召开会议，对《一九六一年麻醉品单一公约》进行了修订，并以《经〈修正一九六一年麻醉品单一公约的议定书〉修正的一九六一年麻醉品单一公约》为名提交各国批准。

(7)《1971 年精神药物公约》。1971 年，联合国在维也纳签订了《1971 年精神药物公约》。该公约针对国际上精神药物滥用严重的情况，要求各国对精神药物实行管制。

(8)《联合国禁止非法贩运麻醉药品和精神药物公约》。1988 年 12 月 19 日，联合国通过该公约，明确规定了打击毒品洗钱犯罪的刑法手段和缔约国承担的强制性义务。一般认为，它与《一九六一年麻醉品单一公约》《1971 年精神药物公约》构成联合国三大毒品控制公约。

2. 国际禁毒日

1987 年 6 月 12 日至 26 日，联合国在维也纳召开了麻醉品滥用和非法贩运问题部长级会议。来自 138 个国家的 3 000 多名代表参加会议。这次会议通过了关于禁毒活动的《管制麻醉品滥用今后活动的综合性多学科纲要》。参与会议的代表一致通过决议，从 1988 年开始，将每年的 6 月 26 日定为“禁止药物滥用和非法贩运国际日”，即“国际禁毒日”，以引起世界各国对毒品问题的重视，号召全球人民共同抵御毒品的危害。国际禁毒日的主题每年都不同。例如，1987 年的主题是“爱生命，不吸毒”，呼吁重视毒品对生命健康的影响；1994 年的主题是“女性，吸毒，抵制毒品”，呼吁重视女性在吸毒中面临的诸多风险；2002 年的主题是“吸毒与艾滋病”，强调吸毒人群是感染艾滋病的高危群体；2011 年的主题是“青少年与合成毒品”，呼吁重视吸毒人群的年轻化和合成毒品泛滥问题；2022 年的主题是“健康人生，绿色无毒”，号召公众提高远离毒品的意识，强化拒绝毒品的能力，打造绿色健康生活。

3. 联合国毒品和犯罪问题办公室

1990 年 2 月，联合国第 17 届禁毒特别会议通过了《政治宣言》和《全球行动纲领》，并将 1991 年至 2000 年定为“国际禁毒十年”，促进《全球行动纲领》的实施。1998 年 6 月，联合国第二次禁毒特别联大通过了《政治宣言》《减少毒品需求指导原则宣言》《在处理毒品问题上加强国际合作》等文件，提出加强国际司法合作、控制兴奋剂、减少毒品需求、打击洗钱、铲除非法毒品作物等目标，为建立一个“无毒品世界”制定了跨世纪战略。

为加强合作、提高效率，1990 年联合国大会决定将联合国麻醉品司、国际麻醉品管制局秘书处和联合国麻醉品滥用管制基金合并为一个统一的麻醉品管制机构，并于 1991 年 1 月根据联合国大会第 45/179 号决议正式成立了联合国国际麻醉品管制署（United Nations International Drug Control Programme，UNIDCP），简称“联合国禁毒署”。1997 年 11 月，联合国禁毒署和联合国预防犯罪中心合并成立联合国毒品和犯罪问题办公室（United Nations Office on Drugs and Crime，UNODC），作为一个组织机构列入联合国。

(三)中华人民共和国禁毒法治体系形成过程中的四个里程碑事件

为预防和惩治毒品违法犯罪行为，保护公民身心健康，维护社会秩序，我国逐步建立健全了禁毒法治体系。在中华人民共和国禁毒法治体系的形成过程中，有一些具有承上启下功能的关键节点，它们堪称里程碑事件。

中华人民共和国禁毒法治体系形成过程中的四个里程碑事件如图 1-1 所示。

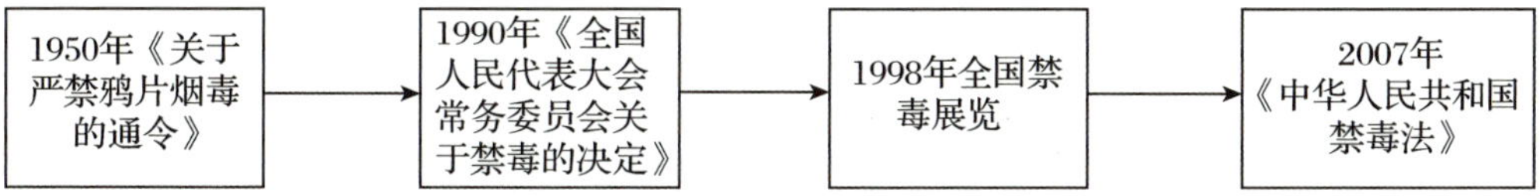

图 1-1　中华人民共和国禁毒法治体系形成过程中的四个里程碑事件

1. 1950 年《关于严禁鸦片烟毒的通令》

第一个里程碑事件是，1950 年 2 月 24 日中央人民政府政务院发布了《关于严禁鸦片烟毒的通令》。从此我国开展了声势浩大的禁烟运动，坚持严厉惩办与改造教育相结合的方针，收缴毒品、禁种罂粟、封闭烟馆，严厉惩治制贩毒品活动；8 万多名毒贩被判处刑罚，2 000 万名吸毒者被戒除毒瘾；国家结合农村土地改革，根除了罂粟种植。

2. 1990 年《全国人民代表大会常务委员会关于禁毒的决定》(以下简称《关于禁毒的决定》)

1979 年，《中华人民共和国刑法》(以下简称《刑法》)以列举的方式概括规定了“鸦片、海洛因、吗啡”等主要的毒品品种，并首次以基本法的形式确定了毒品犯罪。中共中央、国务院于 1981 年发布了《国务院关于重申严禁鸦片烟毒的通知》，又于 1982 年发布了《中共中央、国务院关于禁绝鸦片烟毒问题的紧急指示》，并在西南地区开展了以堵源截流为主的区域性禁毒斗争。需要注意的是，此时，禁毒中“毒品”的概念已经远远超越“烟”(鸦片)的范畴。

第二个里程碑事件是，1990 年 12 月 28 日全国人大常委会通过了《关于禁毒的决定》。《关于禁毒的决定》将毒品界定为鸦片、海洛因、吗啡、大麻、可卡因以及国务院规定管制的能够使人形成瘾癖的麻醉药品和精神药品，并规定对吸食、注射毒品成瘾者，除依法给予治安处罚外，还应实施强制戒除其毒瘾的措施，进行治疗、教育。此后，中共中央、国务院于 1990 年成立了全国禁毒工作领导小组，对外称“国家禁毒委员会”(China National Narcotics Control Committee，CNNCC)，成员单位有 23 个部委；办事机构设在公安部，以加强对全国禁毒工作的统一领导。1991 年 2 月，中共中央、国务院下发加强禁毒工作的五号文件，禁毒被逐步确定为一项基本国策并被纳入国民经济和社会发展规划，作为一件事关国家兴衰、民族存亡的大事来抓。1995 年 1 月，国务院发布《强制戒毒办法》。

3. 1998 年全国禁毒展览

第三个里程碑事件是，1998 年 5 月 29 日至 7 月 30 日在中国人民革命军事博物馆举办的首届全国禁毒展览。北京建立了永久禁毒教育基地；国务院于 1998 年批准公安部成立了禁毒局；中国人民银行批复公安部批准成立中国禁毒基金会。2000 年 6 月 26 日，国务院新闻办公室首次发表了《中国的禁毒》白皮书，明确中国坚持严厉禁毒的立场、方针和具体工作，如不断加强禁毒立法、坚决惩治毒品犯罪、严格管制易制毒化学品、矫治挽救吸毒人员、提高全民禁毒意识、开展国际禁毒合作。各级政府纷纷把提高全民识毒、防毒、拒毒意识作为一项重要职责，最大限度地遏制新吸毒人员数量的增加，最大程度地发动全社会共同参与禁毒工作。

4. 2007 年《中华人民共和国禁毒法》(以下简称《禁毒法》)

第四个里程碑事件是，2007 年 12 月 29 日全国人大常委会通过并于 2008 年 6 月 1 日实施《禁毒法》。该法为在新形势下全面加强禁毒工作提供了全面的法律保障。2011 年 6 月 26 日，国务院公布了《戒毒条例》，该条例自公布之日起施行。

在我国，禁毒法有狭义、广义之分。狭义的禁毒法即上述《禁毒法》。其主要特色和亮点如下：一是明确界定了禁毒的内涵和外延，即国家根据禁吸、禁贩、禁种、禁制“四禁”并举以及预防为主、严格执法、综合治理的工作方针，坚持减少毒品需求与减少毒品供应并重的工作重点，严厉打击走私、贩卖、运输、制造毒品和非法种植毒品原植物等违法犯罪活动；拓展了禁毒工作的范围，包括建立健全禁毒法律法规体系，依法管理、管制麻醉药品、精神药品和易制毒化学品，有效防范和打击各类毒品违法犯罪活动，开展戒毒治疗和康复工作，矫治挽救吸毒人员，积极参与和推动国际禁毒合作等。二是明确规定了“禁毒是全社会的共同责任”，确立了“政府统一领导，有关部门各司其责，社会广泛参与”的禁毒工作机制，强调综合运用法律、行政、经济、文化、教育、医疗、外交等多种手段治理毒品问题，推动禁毒工作从部门行为转变为政府行为和社会行为。三是对戒毒工作做出重大改革，对吸毒人员除了要惩罚，还要教育和救治。四是首次将社区戒毒、社区康复、戒毒药物维持治疗立为法律，将强制戒毒和劳动教养戒毒整合为强制隔离戒毒。

广义的禁毒法是对一切有关禁毒活动的法律规范的总称，即关于毒品的管制、毒品犯罪与毒品滥用的预防、控制、惩罚、矫治的法律规范的总称。其形式除狭义的禁毒法以外，还包括以下 5 种：一是我国缔结或参加的禁毒方面的国际条约与协定，如《一九六一年麻醉品单一公约》《1971 年精神药物公约》《联合国禁止非法贩运麻醉药品和精神药物公约》等；二是禁毒的专门法律和专门的立法、司法解释，如《最高人民法院关于审理毒品犯罪案件适用法律若干问题的解释》等；三是禁毒的行政法规、规章，如《戒毒条例》《麻醉药品和精神药品管理条例》《非药用类麻醉药品和精神药品列管办法》等；四是非禁毒专门法中的附属禁毒法规范，如《药品管理法》《海关法》《刑法》等涉及的禁毒法律条文；五是省、自治区、直辖市和自治州、经济特区等行政区出台的一系列属于地方性法规、规章的禁毒条例、办法等规范性文件。

近年来，我国禁毒部门持续开展“净边”“平安关爱”等专项行动，围绕“清源断流”战略，禁毒工作实践呈现出吸毒人数总体减少、规模化制毒活动减少、制毒物品流失减少、外流贩毒人数减少(“四个减少”)的积极变化。① 但是，需要注意的是，我国毒品犯罪形势仍然较为严峻，并且呈现境内与境外毒品犯罪、传统与新型毒品犯罪、线上与线下毒品犯罪相互交织等特点，毒品犯罪在同期全部刑事案件中的重刑率依然较高。②

---

① 根据国家禁毒委员会办公室在 2022 年 6 月发布的《2021 年中国毒情形势报告》，截至 2021 年年底，全国现有吸毒人员 148.6 万名，同比下降 17.5%；戒断三年未发现复吸人员 340.3 万名，同比上升 13.4%；新发现吸毒人员 12.1 万名，同比下降 21.7%。现有吸毒人数和新发现吸毒人数连续 5 年下降。

② 相关数据显示，2012 年至 2021 年，全国法院一审审结毒品犯罪案件共计 95.7 万件，一审结案数从 2012 年的 7.6 万件增至 2015 年的 13.9 万件，此后开始持续回落，2021 年一审结案数降至 5.6 万件，回到 2012 年以前的水平。但是，2012 年至 2021 年，毒品犯罪案件判处五年有期徒刑以上刑罚的重刑率总体为 23.09%，各年度重刑率分别高于同期全部刑事案件重刑率 8 至 17 个百分点，重刑率始终保持高位。

二、防艾的概念与发展

通常认为，防艾是艾滋病防治工作的简称。在我国法律法规等规范性文件中，防艾一般是指在政府组织领导、部门各负其责、全社会共同参与下，为预防、控制艾滋病的发生与流行，保障公众健康和公共卫生所采取的宣传教育、预防与控制、治疗与救助和国际合作等一系列措施。

在许多禁毒防艾的宣传报道中，“防艾”和“知艾”一同出现，合称“知艾防艾”。“知艾防艾”中的“艾”主要是指艾滋病病毒与艾滋病，不能将“防”狭隘定义为对艾滋病病毒感染者和艾滋病病人的防范和远离——将防艾理解为对这一特殊人群的“盯防控”，具有污名化和歧视意味。在实践中，防艾还包括“懂艾帮艾”。“懂艾帮艾”中的“艾”可以界定为艾滋病病毒感染者和艾滋病病人。

（一）对艾滋病病毒与艾滋病的科学认知

艾滋病，即获得性免疫缺陷综合征（Acquired Immune Deficiency Syndrome，AIDS），是艾滋病病毒（Human Immunodeficiency Virus，HIV）这一人体免疫缺陷病毒引起的一种传染性疾病。艾滋病病毒感染人体后会侵犯人体免疫系统，主要破坏 $CD4^+$ T 淋巴细胞（以下简称 CD4 细胞）以及巨噬细胞和树突状细胞，导致机体免疫功能降低或缺陷。

（二）关爱艾滋病病毒感染者和艾滋病病人

由于对病毒本身的特征、症状表现、感染后发展阶段等存在认识上的差异，人们对感染艾滋病病毒的患者存在多种称谓，如艾滋病病毒携带者、艾滋病患者、艾滋病病毒感染者和病人、艾滋病病毒感染者和艾滋病病人、HIV 感染者等。

本教材采用《艾滋病防治条例》中的“艾滋病病毒感染者和艾滋病病人”这一表述。从感染艾滋病病毒到艾滋病病发有一个较为复杂的过程，可以分为“急性期”“无症状期”“艾滋病期”三个阶段。由于免疫功能低下，艾滋病病人容易并发各种病菌感染病症，如细菌感染、病毒感染及真菌感染等。感染艾滋病病毒而未发病的人属于艾滋病病毒感染者，进入艾滋病期的则可称为艾滋病病人。

三、禁毒防艾的概念与运用

我国禁毒防艾工作的特色和亮点之一就是禁毒和防艾并重。一般来说，禁毒防艾是指在坚决打击涉毒、涉艾违法犯罪的同时，全面遏制艾滋病疫情蔓延，并且统筹宣传教育、源头治理、有效管控、组织保障等各项工作。可以说，禁毒防艾是一项融合了社会治理、公共法律服务、法治保障、通识教育等工作的系统工程。

(一)吸毒与艾滋病流行的关系

从词义上看，毒品本身与艾滋病之间并不存在必然联系，禁毒与防艾也看似分属两个不同范畴。但是，从流行病学上看，吸毒等物质滥用行为与性病、艾滋病的传播有着极其密切的关系。许多吸毒人员的高危行为，尤其是可能导致体液交换的吸毒方式、吸毒后的不安全性行为，将吸毒与艾滋病流行紧密联系在一起。其中，吸毒人员之间共用注射器、多性伴、发生不安全性行为等，容易导致淋病、梅毒、尖锐湿疣、非淋菌性尿道炎、乙肝、丙肝、艾滋病等疾病的感染和传播。

通常认为，吸毒不仅是滋生违法犯罪的“温床”，更会加剧艾滋病等疾病的感染和传播。在一些个案中，二者互为因果，具体表现在以下几个方面：(1)共用注射器吸毒是经血液途径传播艾滋病的高危行为；(2)吸毒能够增加经性途径感染艾滋病的风险；(3)吸毒导致免疫系统功能下降，加剧艾滋病病毒的危害性；(4)有人在得知自己感染艾滋病病毒后，心理压力较大，进而选择吸毒。

(二)艾滋病戒毒人员的界定

相对于社区戒毒人员而言，公安系统、司法行政系统的戒毒场所收治的戒毒人员属于强制隔离戒毒人员。根据戒毒人员的身体健康状况，戒毒场所收治的戒毒人员分为普通戒毒人员和病残戒毒人员两类。

受场所条件、医疗能力、执法水平等因素的影响和制约，一些患有艾滋病等严重疾病和吞食异物自伤自残的吸毒严重成瘾人员，即病残吸毒人员，没有入所接受强制隔离戒毒，曾大量流散于社会。有的公然吸食毒品，造成艾滋病等传染性疾病的传播扩散；有的大肆进行盗窃、抢劫、敲诈、贩毒等违法犯罪活动，严重危害社会治安，严重降低人民群众的安全感，严重损害法律的严肃性。根据《关于加强病残吸毒人员收治工作的意见》的规定，建立专门收治医疗机构(病区、中心)。各地禁毒委员会协调公安、司法行政、卫生计生行政等有关部门，根据实际需要，依托当地戒毒场所、医疗卫生机构等资源，改建收治病残吸毒人员的特殊医疗机构，或者在医疗机构开辟专门病区，或者改建病残吸毒人员收治中心，用于收治患严重疾病、所外就医以及强制隔离戒毒所不具备治疗条件的病残吸毒人员。

艾滋病戒毒人员是病残吸毒人员中的一个重要群体。① 通过分析其感染艾滋病病毒的原因，研究者发现多数人员被感染是由于吸毒时共用针具或者在吸毒后发生不安全性行为，这也是艾滋病防治教育需要与毒品等物质滥用预防教育深度融合的原因之一。

戒毒场所一般对艾滋病戒毒人员进行分类管理，并据此综合开展毒瘾戒治、教育矫治、运动康复、心理疏导、社会帮扶等工作。② 毒瘾戒治状况以及毒品复吸与否会直接影响到艾滋病戒毒人员的抗病毒治疗效果。

（三）禁毒与防艾的融合、互通

我国禁毒防艾工作体系非常注重禁毒与防艾的融合、互通。例如，在公共卫生领域，根据药物滥用的监测数据和信息，国家一般会将正常人群、高危人群、药物滥用者和药物依赖者进行区分并逐级预防；根据处于药物滥用威胁下的程度不同，对不同人群采取有针对性的方法和措施。这些数据和信息往往也会被用于性病、艾滋病、乙肝、丙肝等疾病的防治工作。又如，在艾滋病防治中，严厉惩治毒品犯罪，加强对吸毒的预防和干预被认为是遏制艾滋病传播的重要基础。

第二节　禁毒防艾通识教育的目标与内容

禁毒防艾通识教育具有广义、狭义之分。作为一种生命安全与健康教育，广义上的禁毒防艾通识教育是指针对各级各类学校、有关机关、部门聚焦禁毒防艾中的知识、技能、规则开展的通识教育。在本教材中，禁毒防艾通识教育

---

① 在国际上，有意见指出，强制性拘禁戒毒和康复中心收治艾滋病戒毒人员会威胁他们的健康，尤其是增加了交叉性感染的可能，对其造成更多的心理压力。2012 年 3 月，联合国 12 个机构发布联合声明，呼吁开办强制性拘禁戒毒和康复中心的国家，立即关闭强制戒毒和康复中心。

② 2018 年司法部出台的《司法部关于建立全国统一的司法行政戒毒工作基本模式的意见》进一步要求，改变过去“重管理、轻戒毒，重安全、轻矫治”的陈旧理念，明确坚持“惩戒打击、人文关怀、治病救人”相结合的思想，同时为优化分类管理体系，提高关怀救助水平提供了具体规范。各地戒毒场所据此优化和完善了针对艾滋病戒毒人员的分类管理措施。

是一个狭义的概念，即大中专院校针对青年学生开展的有关禁毒防艾知识、技能、规则的非职业化、跨专业性的通识教育，在内容上以艾滋病防治为主线，并协同进行毒品等物质滥用预防教育、全面性教育、心理健康教育、道德与法治教育。

一、禁毒防艾通识教育的目标

(一)通识教育的一般目标

教育是最好的预防，预防是最好的保护。在大中专院校普遍开展通识教育也是禁毒防艾工作体系中最为重要的一个环节。一般而言，大学教育可分为专业教育和通识教育两部分。前者侧重于给予学生某种职业能力训练和专业化课程的教育；后者可以理解为一位从大学走出来的道德美好、基础扎实、知识全面的复合型公民所接受的非职业性的、非功利性的教育。

通常认为通识教育的教育目标是在现代多元化的社会中，为受教育者提供通行于不同人群之间的知识和价值观，因此通识教育着重于培养人有效思考的能力、交流思想的能力、做出恰当判断的能力、辨别价值的能力。[①]

(二)禁毒防艾中的具体目标

在我国关于“健康中国”战略的各项决策部署中，开展禁毒防艾教育是贯彻“健康优先”原则的重要体现。

1. 生命安全与健康教育的 5 个领域

生命安全与健康事关最基本的人权。生命权、身体权和健康权是每一位公民的基本权利。生命安全与健康是人类生存、发展的基本需求和永恒追求。对于各级各类学校的学生而言，生命安全与健康教育是以学生健康成长和终身健康为核心，根据影响生长发育的自然环境与社会环境因素，帮助学生树立关爱生命、热爱生活的观念，形成健康意识，养成健康的生活方式，提升健康素养所展开的各种教育。[②] 2021 年，教育部印发的《生命安全与健康教育进中小学课程教材指南》将其界定为相对独立、自成体系又相互影响的 5 个领域，即中小学

---

① 在我国当前的大学教育中，通识教育通常包括哲学社会科学素养、人文素养、自然科学与技术素养、美学艺术素养、实践能力素养等教育。

② 参见教育部《生命安全与健康教育进中小学课程教材指南》(教材函〔2021〕3 号)。

在课程教材、教育教学等育人环节加强健康行为与生活方式、生长发育与青春期保健、心理健康、传染病预防与突发公共卫生事件应对、安全应急与避险的教育(图 1-2)。①

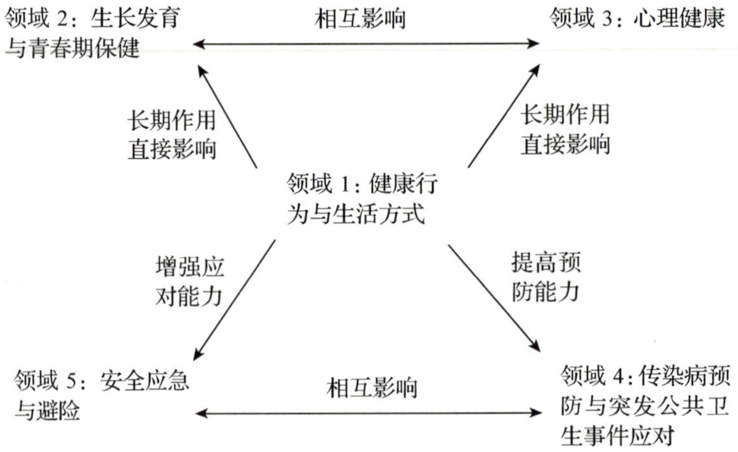

图 1-2　生命安全与健康教育的 5 个领域及其相互关系②

2. 切实预防和全面遏制吸毒、染艾问题

毒品、艾滋病严重威胁、损害人类的生命权、身体权和健康权。在实践中，吸毒过量导致猝死的情况并不少见，毒品对人类身心健康的损害更是巨大。因此，如何在大学生中切实预防和全面遏制吸毒、染艾成为紧迫的现实问题。

当前，大中专院校应该立足当代大学生身心特点和个性特征的变化，依法依规实施禁毒防艾通识教育。这既是法定义务，也是广大师生的共识。例如，《禁毒法》第 13 条规定："教育行政部门、学校应当将禁毒知识纳入教育、教学内容，对学生进行禁毒宣传教育。公安机关、司法行政部门和卫生行政部门应当予以协助。"2021 年 8 月，教育部、国家发展和改革委员会、财政部、国家卫生健康委员会、国家市场监督管理总局联合印发《关于全面加强和改进新时代学校卫生与健康教育工作的意见》，要求把预防新型毒品等毒品教育纳入健康教育课程；落实预防艾滋病专题教育任务；加强青春期、性道德和性责任教育，促

① 近年来，我国陆续出台了一系列规范性文件强化青少年学生的生命安全与健康教育，并且逐步覆盖全教育阶段，如 2017 年教育部《普通高等学校健康教育指导纲要》、2021 年教育部《未成年人学校保护规定》等。

② 参见教育部《生命安全与健康教育进中小学课程教材指南》(教材函〔2021〕3 号)。

进学生健康成长。

二、与全面性教育的协同

(一)全面性教育的概念

联合国教科文组织在其发布的《国际性教育技术指导纲要》中明确指出，全面性教育(Comprehensive Sexuality Education，CSE)是一个基于课程，探讨性的认知、情感、身体和社会层面的意义的教学过程。其目的是使儿童和青年人具备一定的关于性的知识、技能、态度和价值观，从而保护其健康、福祉和尊严。全面性教育旨在提供性方面的准确且适龄的知识、态度和技能。因此，其重点培养相互尊重的社会关系和性关系，引导儿童和青少年合理表达自身性感觉，了解全面的生殖健康服务信息，学习预防性侵犯的知识和技能，以及掌握避免通过性行为传播传染病等相关知识和技能。例如，对处于青春发育期的青少年要进行性生理、性心理、性道德、性美学、性法制教育，培养其健康的性观念、情感和行为的教育活动。①

《未成年人保护法》第 40 条第 2 款明确提出，学校、幼儿园应当对未成年人开展适合其年龄的性教育，提高未成年人防范性侵害、性骚扰的自我保护意识和能力。与此同时，许多地方的规范性文件也强调在小初高中普及全面性教育。

(二)强化性道德与性责任教育

全面性教育与艾滋病防治教育、毒品等物质滥用预防教育密切相关。

由于大学生的生长发育已趋于成熟，加上来自家庭、学校、社会管控力的弱化，自身经济实力的提升，其发生性行为的概率大大增加，与之相关的风险因素也在提升。性道德与性责任教育是指教授两性关系的方法及性生活中的行为准则和规范的综合性课程。性道德与性责任教育的目标是引导学生正确看待友谊、爱情和婚姻，遵循社会认同的性道德观和其他伦理规范，并提高性道德水平。

① 参见姚佩宽、杨雄、高建慧等：《中国青春期教育概论》，济南，山东人民出版社 1996 年版，第 1 页。

三、与心理健康教育的协同

(一)心理健康与心理异常的概念

了解心理健康，要从健康的概念说起。健康的定义大致经历了三个阶段的演变：第一个阶段将其界定为个体无病；第二个阶段除了关注一个人身体没有出现虚弱或疾病现象，还强调一个人在生理上、心理上和社会上处于完好状态；第三个阶段则重点强调个体在面对社会、躯体和情感挑战时的适应和自我管理能力。全面健康包括躯体健康和心理健康两大部分。其中，心理健康是指一种持续且积极发展的心理状态。在这种状态下，主体能良好地适应，并且充分发挥其身心潜能。①

心理异常是指大脑的结构或机能失调或者人对客观现实反应的紊乱和歪曲。它既反映了个人自我概念和某些能力的异常，也体现为社会人际关系和个人生活上的适应障碍。根据世界卫生组织在2022年5月发布的一项数据，全球有近10亿人受到精神、神经系统和物质使用障碍的影响，但诊断、治疗和支持心理健康问题患者的资源仍然极其有限。② 对艾滋病病毒感染者和艾滋病病人而言，外部社会的支持情况、家庭成员的关系状况、恐吓式或威慑式教育、疾病等因素都可能对其心理健康产生重要影响。例如，艾滋病患者免疫力低下，若不及时进行专业的抗病毒治疗，一些患者可能出现严重的感染症、并发症，特别是出现疱疹类皮肤、恶性肿瘤、严重消瘦等状况，进而导致严重的自卑心理，且出现睡眠障碍。在确诊初期和发病期，个别患者因心理落差较大，加上周围环境发生了重大变化，甚至滋生了自杀、报复社会等念头。

(二)提升心理疏导与行为矫治水平

针对吸毒人员、艾滋病病毒感染者和艾滋病病人，国家需要完善社会心理服务体系，通过心理疏导和行为矫治，促使其顺利融入社会交往。根据健康心

---

① 当前，我国在立法层面十分重视青少年，尤其是未成年学生的心理健康问题。例如，根据《中华人民共和国预防未成年人犯罪法》(以下简称《预防未成年人犯罪法》)第19条的规定，学校应当配备专职或者兼职的心理健康教育教师，开展心理健康教育。学校可以根据实际情况与专业心理健康机构合作，建立心理健康筛查和早期干预机制，预防和解决学生心理、行为异常问题。学校应当与未成年学生的父母或者其他监护人加强沟通，共同做好未成年学生心理健康教育；发现未成年学生可能患有精神障碍的，应当立即告知其父母或者其他监护人送相关专业机构诊治。

② 参见世界卫生组织：《2022世界卫生统计报告》(*World Health Statistics 2022*)。

理学，艾滋病患者需要注意躯体疾病预防、治疗和康复中出现的心理问题，培养和建立健康的生活方式。在当前戒毒场所的心理服务体系中，精神分析疗法、心理动力学疗法、来访者中心疗法、现实疗法、行为疗法、交互疗法、格式塔疗法、理性情绪疗法等均有所应用。对于有严重心理问题者，戒毒工作人员需要建立健全专业的、及时的心理危机干预机制。

四、与道德、法治教育的协同

（一）道德与法治教育的概念

道德与法治教育可简称德育教育。广义上的德育教育是对学生进行思想、政治、道德、法律和心理健康的教育。它与智育、体育、美育、劳育等相互联系，彼此渗透，密切协调。根据党的十八届四中全会“在中小学设立法治知识课程”的精神以及《新时代公民道德建设实施纲要》《国务院关于基础教育改革与发展的决定》《中共中央办公厅　国务院办公厅关于适应新形势进一步加强和改进中小学德育工作的意见》《青少年法治教育大纲》等规范性文件的要求，道德与法治教育是以宪法教育为核心，通过良法善治传导正确的价值导向，把法律的约束力量、底线意识与道德教育的感化力量紧密结合，使学生理解法治的道德底蕴，尊崇公序良俗。在我国，各级各类学校应该把道德与法治教育工作摆在素质教育的核心位置，并且积极创新教育形式和教育内容。

根据《预防未成年人犯罪法》第 11 条的规定，未成年人应当遵守法律法规及社会公共道德规范，树立自尊、自律、自强意识，增强辨别是非和自我保护的能力，自觉抵制各种不良行为以及违法犯罪行为的引诱和侵害。此外，根据《预防未成年人犯罪法》第 18 条的规定，学校应当聘任从事法治教育的专职或者兼职教师，并可以从司法和执法机关、法学教育和法律服务机构等单位聘请法治副校长、校外法治辅导员。

（二）全面贯彻禁毒法和传染病防治法

依法治国战略就是依照宪法和法律来治理国家①，这不仅是国家长治久安的必要保障，也是实现生命安全与健康教育目标的根本手段。正如李步云教授

---

① 2020 年，中国共产党第十九届五中全会审议通过《中共中央关于制定国民经济和社会发展第十四个五年规划和二〇三五年远景目标的建议》，明确将“基本建成法治国家、法治政府、法治社会”作为到 2035 年基本实现社会主义现代化远景目标的重要内容。

指出的，“法治是一种方法，是一种方式，但它更是一个方略……我们国家有几个方略？就一个，没有两个，更没有三个。这个方略就是依法治国。为什么？因为法治有四个特点，即根本性、全局性、规范性、长期性，这是所有其他的方针政策所不具有的”①。从禁毒防艾的法治体系来看，无论是禁毒法，还是包括艾滋病防治条例在内的传染病防治法，均是立体的、动态的法律体系，包括了立法、执法、司法、守法各个环节。据此，依法治校的相关目标和任务，以及禁毒防艾通识教育的各项内容和形式，均应全面贯彻禁毒法、传染病防治法的理念、原则和制度要求。②

目前，由于发展不平衡、认识水平差异等因素，许多学校在学校事务、教育教学等环节落实依法治校的状况、程度不一，在开展禁毒防艾通识教育方面的进度和效果上也有较大的差别。为全面贯彻《禁毒法》《传染病防治法》，各级各类学校应当重点贯彻和落实以下工作。

(1)作为基础保障，落实校园安全管理，预防性侵害与性骚扰、学生欺凌防控等工作。2018 年 10 月，最高人民检察院向教育部发送高检建〔2018〕1 号检察建议书，就加强校园安全管理、预防性侵害幼儿园儿童和中小学学生违法犯罪行为的发生提出建议。最高人民检察院会同教育部制定、自 2022 年 1 月 1 日起施行的《检察官担任法治副校长工作规定》指出，检察官担任法治副校长，应当着力督促学校落实“一号检察建议”，落实侵害未成年人案件强制报告制度、教职员工准入查询违法犯罪信息制度，协助学校建立并完善预防性侵害、性骚扰工作制度和学生欺凌防控工作制度等校园安全防控机制。

(2)根据“以预防为先”理念落实有关毒品等物质滥用预防、艾滋病防治教育任务。除要遵循公共卫生原理以外，学校还要依据禁毒法、传染病防治法等要求，开展违法犯罪预防、不法侵害预防、倾斜性保护、公共法律服务等教育。

(3)在教育领域贯彻平等原则，积极改变可能存在污名化和歧视的措施和做法。例如，戒毒人员在入学、就业、享受社会保障等方面不受歧视；学校发现在校学生的吸毒行为，应当及时报告学校所在地公安机关，通知吸毒学生家长，并配合有关部门进行帮教，督促戒毒，不得以此为由开除吸毒学生的学籍；对戒毒返校学生应当加强教育和监督，不得歧视。又如，根据《艾滋病防治条例》

---

① 参见李步云：《法治新理念：李步云访谈录》，北京，人民出版社 2015 年版，第 17-24 页。

② 此处，禁毒法、传染病防治法为广义的概念，包括多种法律渊源。

第 3 条的规定，艾滋病病毒感染者、艾滋病病人及其家属享有的婚姻、就业、就医、入学等合法权益受法律保护。学校不仅不可以责令感染艾滋病病毒的学生退学或休学，而且要加强对其权益的保护，落实相关福利和救助政策。

第二章　吸毒等物质滥用行为与传染病的流行

内容导读

毒品在不同历史阶段、不同国家和地区以及不同学科中可能有不同的定义。在实践中，毒品种类繁多，其分类方法也多种多样。根据自然属性、来源、成瘾性等因素，各学科对毒品类型做出了多种区分。对于大学生而言，禁毒中的“毒品”不再局限于鸦片、大麻、吗啡、可卡因等从植物中提取的传统毒品或第一代毒品，以及冰毒、麻古、摇头丸等化学合成的第二代毒品；当前，新精神活性物质、非毒品的危险化学品等物质的滥用也都可能直接或间接加剧艾滋病等传染病的流行。在我国禁毒工作中，在有关部门依据《非药用类麻醉药品和精神药品列管办法》将新精神活性物质进行列管后，根据现有司法解释，被作为非药用类麻醉药品和精神药品列入毒品管制目录的，即可被认定为毒品或具有毒品的法律地位。与吸毒等物质滥用后发生的性行为相同，因药物促成的性侵害也容易导致艾滋病等传染病的传播。大学生应当注意识别和远离此类危险。

教学目的和要求

通过本章的学习，学生应掌握毒品、吸毒与相关概念的联系和区别，了解吸毒等物质滥用方式与传染病流行的关联性，理性评价吸毒等物质滥用行为，注意防范因药物促成的性侵害。

教学重点和难点

（1）指导学生学会识别常见的吸毒工具，知悉在休闲娱乐场所如何保护自己。

（2）指导学生分析一些国家和地区“大麻合法化”的做法对公共卫生和安全、市场动态、商业利益以及刑事司法产生的影响。

教学内容和过程

创作与禁毒防艾相关的一首歌曲或者一支舞蹈，并选择在6月26日国际禁毒日或12月1日世界艾滋病日进行表演。

第一节　毒品与相关概念的联系、区别

毒品在不同历史阶段、不同国家和地区以及不同学科中可能有不同的定义。在实践中，毒品种类繁多，其分类方法也多种多样。基于自然属性、来源、成瘾性等因素，各学科对毒品做出了多种类型的区分。掌握这些分类，有利于开展有针对性的预防和干预工作。

一、毒品的概念与分类

(一)毒品的概念

自1985年我国加入《一九六一年麻醉品单一公约》和《1971年精神药物公约》后，相关法律法规等规范性文件参考上述公约，并结合药政管理和药理学中关于瘾癖、危害性等特征，一般将毒品界定为非药用的麻醉药品和精神药品。

目前，根据《刑法》第357条和《禁毒法》第2条的规定，毒品是指鸦片、海洛因、甲基苯丙胺(冰毒)、吗啡、大麻、可卡因以及国家规定管制的其他能够使人形成瘾癖的麻醉药品和精神药品。

(二)毒品的分类

1. 非药用麻醉药品和非药用精神药品

根据自然属性，毒品可分为麻醉药品和精神药品两类，这一分类方法最为常见。《禁毒法》第2条第2款规定："根据医疗、教学、科研的需要，依法可以生产、经营、使用、储存、运输麻醉药品和精神药品。"根据《中华人民共和国药品管理法》(以下简称《药品管理法》)规定，国家对麻醉药品、精神药品、医疗用毒性药品、放射性药品等实行特殊管理。因此，麻醉药品、精神药品、医疗用毒性药品、放射性药品是法律规定的特殊药品，简称"麻、精、毒、放"。根据《麻醉药品品种目录(2013年版)》《精神药品品种目录(2013年版)》的规定，麻醉药品和精神药品简称麻精药品，其具有两重属性：一方面，它同其他药品一样具有医疗和科学价值；另一方面，其独特的药理作用和生理作用使之具有易成瘾、易产生药物依赖的毒性，还可能导致用药者产生精神性障碍等不良反应。

(1)麻醉药品的概念与种类。

麻醉药品，是指对中枢神经有麻醉作用，连续使用、滥用或不合理使用，易产生身体依赖性和精神依赖性，能成瘾癖的药品。界定和划分麻醉药品的最主要依据是2013年11月11日国家食品药品监督管理总局、公安部、国家卫计委联合公布的《麻醉药品品种目录(2013年版)》，其共规定了121个品种的麻醉药品。在这个目录中，较为常见的麻醉药品有海洛因、吗啡、大麻、可卡因、美沙酮、二氢埃托啡、哌替啶等。我国也会根据医疗、禁毒等工作的发展调整目录，如2023年4月14日，国家药监局、公安部、国家卫生健康委员会发布《国家药监局　公安部　国家卫生健康委关于调整麻醉药品和精神药品目录的公告(2023年第43号)》(简称《关于调整麻醉药品和精神药品目录的公告》)，该公告将奥赛利定列入麻醉药品目录。

(2)精神药品的概念与种类。

精神药品，是指直接作用于中枢神经系统，使之兴奋或抑制，连续使用、滥用或不合理使用能产生药物依赖性的药品，包括兴奋剂、致幻剂、镇静催眠剂等。2013年11月11日，国家食品药品监督管理总局、公安部、国家卫计委联合公布的《精神药品品种目录(2013年版)》共收录149个品种的精神药品，其中第一类精神药品有68个品种，第二类精神药品有81个品种。在《关于调整麻醉药品和精神药品目录的公告》中，苏沃雷生、吡仑帕奈等物质被列入精神药品目录。

(3)非药用性的界定。

麻醉药品和精神药品是否被认定为毒品，关键要看这类药品是用于治病救人，还是基于成瘾性用于非医疗目的，并被法律禁止。那么如何界定非药用性?

在根本意义上，这涉及毒品与药品之间的本质区别。药品，是指用于预防、治疗、诊断人的疾病，有目的地调节人的生理机能并规定有适应症或者功能主治、用法和用量的物质，包括中药、化学药和生物制品等。药品是出于医疗需求而生产的，且合法地用于医疗目的。

被认定为毒品的药品，主要是指被法律禁止的非药用性的麻醉药品和精神药品。对于麻醉药品和精神药品而言，合法用于教学、科研和医疗的即为药品，非法生产、制造、运输、销售、使用的即为毒品。它们彼此区别，虽然在定性上看似“遥不可及”，但在实践中，药品与毒品稍有不慎就会轻易转化，二者的距离可谓“一步之遥”。

2. 天然毒品、半合成毒品和合成毒品

根据来源的不同，毒品可分为天然毒品、半合成毒品、合成毒品三类。天然毒品，是指直接从原植物中提取的毒品，如鸦片、大麻等。半合成毒品，是指由天然毒品与化学物质合成的一类新毒品，如海洛因。合成毒品，是指用化学合成方法所制得的毒品，如氯胺酮(俗称 K 粉)、哌替啶等。其中，冰毒既可以是半合成的，也可以是全合成的。

3. 硬性毒品与软性毒品

根据成瘾性强弱，毒品可分为硬性毒品与软性毒品两类。硬性毒品多为烈性麻醉品，如阿片、吗啡、海洛因、可卡因等。软性毒品多为温和麻醉品，如大麻、甲丙氨酯等。其中，大麻不仅是温和麻醉品，也是烈性麻醉品的诱导剂，又称“入门毒品”。

4. 其他分类

当前，在许多人的观念中，禁毒中的“毒品”依旧是鸦片等传统毒品。随着“毒情”的发展，这种观念需要做出与时俱进的改变。一般而言，鸦片、大麻等从植物中提取的毒品被称为传统毒品或第一代毒品；冰毒、麻古、摇头丸等化学合成的毒品被称为第二代毒品。因为吸食合成毒品的情形多发于娱乐场所，所以其又被称为“新型毒品”和“俱乐部毒品”。当前，在国际上，对管制毒品进行化学结构修饰得到的毒品类似物，即新精神活性物质的成瘾性极强，对神经、精神和心血管系统等方面的损害丝毫不逊于过去的传统毒品和合成毒品。它们容易引起偏执、焦虑、恐慌、被害妄想等反应，在全球恶性暴力犯罪案件中屡见不鲜。越来越多的人将新精神活性物质称为“策划药”“设计毒品”“实验室毒品”“第三代毒品”。

二、毒品与瘾品、精神活性物质、新精神活性物质

(一)瘾品的含义

瘾品，又称成瘾性物质，是指食用后可以使人产生依赖性，有一定成瘾度的物质。一般而言，合法瘾品有烟草、酒精、咖啡因等；非法瘾品包括海洛因、大麻、冰毒、摇头丸、可卡因等被世界各国管制、禁止的成瘾性物质。

(二)毒品与精神活性物质

通常认为，精神活性物质，是指来自体外、可影响精神活动并可使人成瘾的物质。当前，许多教材将瘾品、成瘾性物质统称为精神活性物质，具体包括能够影响使用者情绪、行为，改变其意识状态，并使其产生依赖的物质，如阿片类、可卡因类、大麻类、中枢神经兴奋剂、酒、镇静催眠药、致幻剂、挥发性有机溶剂、烟草等。毒品只是精神活性物质“大家族”中的一种。相对于其他物质，毒品具有强成瘾性、非医疗使用、被法律禁止等典型特征。

(三)毒品与新精神活性物质

如何对新精神活性物质进行管制成为世界各国高度关注的一个问题。目前，《禁毒法》中尚未广泛运用“新精神活性物质”这一称谓，它与毒品之间是什么关系？①

1. 新精神活性物质的概念与特点

当前，非药用麻精药品的概念并不能完全覆盖实际流行的毒品种类。新精神活性物质，是指制毒者利用各国法律监管的漏洞和滞后性对管制毒品进行化学结构修饰得到的毒品类似物。也就是说，这里的“新”，并不是指这一类物质在功效上有所创新，而是强调其在作用上具有与毒品类似的属性，但其在手段上具有监管规避性。2013 年，联合国毒品和犯罪问题办公室正式对威胁公众健康的新精神活性物质进行了定义：它们是新出现的、存在药物滥用可能性但尚未被各国列管的物质。其中“列管”主要是指接受《一九六一年麻醉品单一公约》或《1971 年精神药物公约》的管制。

2. 新精神活性物质的列管与毒品地位

为打击和遏制新精神活性物质，我国根据《非药用类麻醉药品和精神药品列管办法》管理具备药物依赖性的新精神活性物质，依据危害程度等标准，依法对其实施严格管制，尤其是将其列入《麻醉药品和精神药品管理条例》附设的麻醉药品和精神药品品种目录。近些年来，公安部、国家卫生健康委员会和国家药

---

① 《麻醉药品和精神药品管理条例》第 3 条所称的麻醉药品和精神药品，是指列入麻醉药品目录、精神药品目录的药品和其他物质。在《刑法》第六章第七节“走私、贩卖、运输、制造毒品罪”中，出现了“毒品”的概念。《禁毒法》使用了“毒品”和“麻醉药品和精神药品”的表述，该法第 2 条所称的毒品，是指鸦片、海洛因、甲基苯丙胺(冰毒)、吗啡、大麻、可卡因，以及国家规定管制的其他能够使人形成瘾癖的麻醉药品和精神药品。

品监督管理局等部门加强了对新精神活性物质的专门管制工作，如 2001 年，氯胺酮(俗称 K 粉)被列入第二类精神药品，2005 年被调至第一类精神药品；2010 年至 2013 年，4-甲基甲卡西酮等 13 种物质被列入《麻醉药品和精神药品目录》；2015 年 10 月 1 日起实施的《非药用类麻醉药品和精神药品列管办法》一次性列管 116 种新精神活性物质；自 2017 年 3 月 1 日起，卡芬太尼等 4 种芬太尼类物质被列入管制；自 2017 年 7 月 1 日起，U-47700 等 4 种新精神活性物质被列入《非药用类麻醉药品和精神药品管制品种增补目录》(简称《非药用增补目录》)；自 2018 年 9 月 1 日起，4-氯乙卡西酮等 32 种物质列入《非药用增补目录》；自 2021 年 7 月 1 日起，合成大麻素类物质和氟胺酮等 18 种物质被列入《非药用增补目录》。① 根据上述列管措施可知，我国已成为世界上列管毒品最多、管制最严的国家之一。

如何从严惩治与新精神活性物质有关的违法犯罪行为？我国于 2015 年颁布了《非药用类麻醉药品和精神药品列管办法》，将药用类品种与非药用类品种分开管理，而且在其第 4 条第 2 款中规定，“各级公安机关和有关部门依法加强对非药用类麻醉药品和精神药品违法犯罪行为的打击处理”。在有关部门依据《非药用类麻醉药品和精神药品列管办法》将新精神活性物质列管后，根据现有司法解释，新精神活性物质会被作为非药用类麻醉药品和精神药品列入毒品管制，即可以被认定为毒品或具有毒品的法律地位。2019 年，针对河南省人民检察院提交的《关于〈非药用类麻醉药品和精神药品管制品种增补目录〉能否作为认定毒品的依据的请示》，最高人民检察院在《关于〈非药用类麻醉药品和精神药品管制品种增补目录〉能否作为认定毒品依据的批复》中填补了这一法律漏洞：2015 年 10 月 1 日起施行的公安部、国家食品药品监督管理总局、国家卫生和计划生育委员会、国家禁毒委员会办公室《非药用类麻醉药品和精神药品列管办法》及其附表《非药用类麻醉药品和精神药品管制品种增补目录》，是根据国务院《麻醉药品和精神药品管理条例》第 3 条第 2 款授权制定的，《非药用类麻醉药品和精神

---

① 最高人民检察院于 2022 年 6 月 24 日公布的办案数据显示，2019 年至 2021 年，全国检察机关起诉的新型毒品犯罪案件在毒品案件中的占比由 2019 年的 53%上升至 2021 年的 57%。其中，在这三年内被起诉涉新精神活性物质犯罪的人数分别为 5 183 人、5 549 人、5 561 人，分别占当年新型毒品犯罪起诉数的 8.8%、11%、12.7%，增长较快。在将合成大麻素类物质列入毒品目录后，陕西省某地检察机关 3 个月内就办理了含合成大麻素成分的“上头电子烟”案件 56 件，涉及 85 人，其中涉未成年人的案件 17 件，涉案人员 27 人。

药品管制品种增补目录》可以作为认定毒品的依据。

三、毒品与毒物、毒药

在狭义上，毒物一般是指列入《一般有毒物品目录(2002 年版)》和《高毒物品目录(2003 年版)》的物质，即在一定的条件下，与某种物质接触、以较小剂量进入机体后，能够侵害人体组织器官，并发生化学或物理作用，从而破坏机体的正常生理功能，引起机体功能性或器质性病理改变的化学物质和天然物质。法医学上的毒物鉴定，是指运用法医毒物学的理论和方法，结合现代仪器分析技术，对体内外未知毒(药)物、毒品及代谢物进行定性、定量分析，并通过对毒物毒性、中毒机理、代谢功能的分析，结合中毒表现、尸检所见，综合做出毒(药)物、毒品中毒的鉴定。

毒药，是指通过各种途径摄入人体，使人中毒甚至死亡的药物，通常包括能危害生命的药物，如氰化物、砷、砒霜、曼陀罗、乌头碱、鹤顶红、断肠草等。在中药学中，毒药中“毒”的含义指向的是药物的偏性、药物副作用和药物的毒性。毒药常被用作工具毒杀猎物或敌人，也常被用于投毒谋害、制解毒药或医疗目的。毒药包括毒品，因为毒品危害人类身体健康，且使用过量也会导致死亡。当然，并非所有的毒药都是毒品，只有那些能够让人形成瘾癖，并被纳入国家法律管控的毒药才是毒品。

第二节　吸毒与相关概念的联系、区别

围绕不同的精神活性物质，根据其产生的作用和后果，各学科有物质依赖、物质滥用、物质使用障碍、成瘾行为等概念。其中的“物质”是指精神活性物质，其范围要远远大于毒品。

一、物质依赖

物质依赖，又称药物依赖，是一种生物心理状况，即个人因为摄取精神活性物质而发展出一种适应状态，必须靠不断摄取物质，才能避免药物戒断症状。

物质依赖可发生在各年龄阶段。有些人自认为在物质依赖中实现了“快乐的逃避”，但又往往走进了“窒息的桎梏”。关于物质依赖的形成原因，有许多解释，如它取决于对某种物质接近程度的自发偶然性因素、出于医生给患者经常使用某种物质的医源性因素、受到亚文化影响、系某些风俗习惯、迫于社会关系的压力等。

二、物质滥用

(一)物质滥用的概念与标准

物质滥用又称药物滥用，是指使用者基于非医疗目的反复、大量地使用具有依赖特性的物质(或药物)，对此类药物产生依赖(瘾癖)，强行和无止境地追求药物的特殊精神效应，该效应会带来严重的个人健康、公共卫生和社会问题。滥用并非尝试性使用、娱乐性使用、根据处境的酌情使用，而是指强化性的使用状态，同时会带来不良后果。一般而言，它是指一种适应不良的物质使用方式。其特征是，尽管使用者认识到其对身体有害仍继续使用；使用者已遭遇社交、职业、心理或躯体问题，仍继续使用。

在美国精神医学学会(American Psychiatric Association，APA)出版的《精神障碍诊断与统计手册(第5版)》(以下简称DSM-5)中，物质滥用也被称为有害使用，是一种适应不良方式，即由于反复使用药物而导致明显的不良后果，如损害躯体、心理健康，导致法律上的问题等。物质滥用的判断标准包括：(1)日常事务，如工作、学习、家庭事务受到物质使用的影响；(2)从事危险性工作(开车、骑摩托车、使用机械或划船等)时使用物质或处于该物质的影响状态下；(3)因为该物质的使用而陷入法律纠纷，如被捕或者被控行为不端；(4)即使知道使用该物质会给自己和家庭以及其他人带来冲突和困扰，依然选择继续使用。满足以上任意一条，即可判断使用者具有物质滥用的倾向。

(二)药物滥用监测

在各国公共卫生领域，对物质滥用情况的监测是一项重要的基础性工作，即通过对监测数据的统计分析，观察药物滥用人群的特点及变化趋势，概括滥用药物的变化趋势，从而为加强监管、防治药物滥用流行提供决策依据，为开展有针对性的干预措施提供借鉴。

对麻醉药品和精神药品等滥用情况进行动态观察，可以为禁毒防艾工作提供重要的基础数据和决策依据。1992年，我国开始建立药物滥用监测系统。在国家食品药品监督管理总局的领导下、在国家禁毒委员会的支持下，我国目前已经形成覆盖全国31个省、自治区、直辖市的药物滥用监测网络，实现了监测数据的实时、在线直报。为预防药品发生流行性滥用，2005年，国家药物滥用监测中心建立了“药物滥用监测网络信息管理系统”，设置了药物滥用超过风险阈值时的风险预警报告的功能模块。

三、物质使用障碍

许多临床医生批评物质依赖、物质滥用的标准过于宽泛，且变化较快，而且经常被贴上负面的标签。2016年，美国精神医学学会将修订的DSM-5诊断标准应用于临床，不再使用物质依赖和物质滥用的表述和个别诊断，而统一使用“物质使用障碍”这一被认为比较全面的定义。物质使用障碍，又被译为“物质使用疾患”，是指患者由于持续使用物质产生明显的问题以及病态的行为方式，包括躯体障碍和心理障碍。从轻度到重度的慢性、复发性、冲动性的毒品使用就是一种物质使用障碍。物质使用障碍的判断标准包括：(1)物质使用的量或时间经常超出原有计划。(2)使用者存在持续戒断或控制使用物质的欲望，或曾经尝试但不成功。(3)使用者花费大量时间从事获取物质、使用物质或从中恢复。(4)使用者存在渴求或强烈渴望使用物质。(5)使用者社会功能损害，反复使用物质导致不能履行工作、学习或家庭中的相应角色功能。(6)尽管物质使用导致或加重社会、人际关系障碍，但使用者仍然继续使用物质。(7)使用者由于使用物质而放弃或减少重要的社会、职业或娱乐活动。(8)使用者在有身体损害的情况下继续反复使用物质。(9)尽管使用者知道物质很可能导致或明确导致反复的躯体或心理问题，但仍然继续使用物质。(10)耐受性，符合以下2条中的任意1条即成立：①使用者为了达到物质使用的效果，需要显著增加物质使用量；②使用者继续使用同样的物质剂量，效果显著降低。(11)戒断，符合以下2条中的任意1条即成立：①使用者出现典型的物质戒断综合征；②使用者为了减轻或避免戒断症状而使用物质或与之密切相关的其他物质。根据满足诊断条目数量的不同，临床医学对病情的严重程度进行划分，使用者满足以上2条即可被诊断为具有物质使用障碍，满足2～3条为轻度，满足4～5条为中度，满足6条及以上为重度。

在我国临床中，精神活性物质所致的精神障碍，一般是指与精神活性物质相关的精神障碍。精神活性物质所致精神障碍一般可以分为两类：一类是精神活性物质使用障碍(如物质依赖障碍、物质滥用)；另一类是精神活性物质所致的障碍，包括中毒、谵妄、持久性痴呆、持久性遗忘障碍、精神病性障碍、焦虑障碍、性功能障碍、睡眠障碍等。《中国精神障碍分类与诊断标准(第3版)》规定了精神活性物质所致的精神障碍和非成瘾物质滥用所致的精神障碍。值得注意的是，非成瘾性物质滥用也会导致精神障碍。对非成瘾药物、一氧化碳、有机化合物、重金属、食物等非成瘾性物质的重复或不恰当使用，也会导致躯体或心理受损的后果，这些后果在形式和程度等方面有所差异。①

四、成瘾行为

成瘾行为，是指长期服用某种物质或重复某种行为所形成的物质依赖或行为依赖。强效药物、烟草、酒精、赌博、购物和性行为等均可能导致成瘾的后果。成瘾行为通常分为物质成瘾和精神行为成瘾两类。前者是指为了获得某种愉悦满足感或逃避某种物质导致的躯体或精神痛苦而忽视危害后果，持续性地使用这类物质的成瘾行为；后者是指为了获得和物质成瘾类似的满足感，强迫性地重复某一行为，并导致躯体和心理疾病等不良后果的成瘾行为。成瘾行为也经常被分为物质成瘾障碍(包括物质依赖、物质误用和滥用)和非物质成瘾障碍(又称冲动控制障碍、精神行为依赖)。

物质成瘾的概念通常强调使用者不择手段获取某种物质，从而获取乐趣或缓解紧张等，但该行为会产生有害后果。在国际上，人们较早关注“药瘾”这一概念，有观点将其界定为由于反复使用药物而产生了对个人和社会有害的念头或行为，并使躯体出现周期性或慢性的中毒状态。后来，“药物依赖性”概念逐步代替“药瘾”，并且分为身体依赖性和精神依赖性，是一种根据戒断症状和成瘾性进行的强迫性觅药行为。物质成瘾者普遍存在物质依赖或物质滥用等情况。在缺乏对成瘾行为正式诊断的情况下，临床医生经常使用以下分类标准：(1)对成瘾行为的渴望从温和走向强烈；(2)失去对成瘾行为的控制(物质滥用阶段)；

---

① 《中国精神障碍分类与诊断标准(第3版)》(以下简称CCMD-3)是1995年至2000年，由卫生部科学研究基金资助编写的。其编写过程是逐条核对CCMD-2-R，描述部分参考《ICD-10临床描述与诊断要点》，诊断标准参考《ICD-10研究用诊断标准》和美国的《精神障碍诊断与统计手册(第4版)》，同时结合现场测试结果做适当修改。2001年CCMD-3和参考书《CCMD-3相关精神障碍的治疗与护理》出版。

(3)尽管存在严重的负面后果，使用者依旧持续地进行成瘾行为(物质依赖阶段)。

五、吸毒成瘾与认定

在国际上，物质依赖、物质滥用、成瘾行为等概念对毒品的分级管制和界定产生了重要影响，许多国家和地区根据成瘾性、滥用性及社会危害性将毒品进行分级管制。例如，考虑临床适用性，美国根据物质是否具有医学价值、滥用潜在风险的大小、可能危害健康的程度，以列举的方式界定毒品的内涵，并将其划分为 5 个等级。① 我国在非药用类麻醉药品和精神药品的界定、列管依据和分类管理中，也重点考虑了成瘾性、滥用的概念。例如，我国在《非药用类麻醉药品和精神药品列管办法》中，对非药用类麻醉药品和精神药品的定义即是未作为药品生产和使用，具有成瘾性或者成瘾潜力且易被滥用的物质。我国在对拟列管的非药用类麻醉药品和精神药品进行风险评估和列管论证时，主要考虑以下标准：(1)成瘾性或者成瘾潜力；(2)对人身心健康的危害性；(3)非法制造、贩运或者走私活动情况；(4)滥用或者扩散情况；(5)造成国内、国际危害或者其他社会危害情况。②

与物质依赖、物质滥用、成瘾行为等概念对应，在禁毒工作中出现了毒品依赖、毒品滥用、吸毒成瘾、复吸等概念，吸毒成瘾是其中最为关键的概念。吸毒成瘾，是指吸毒人员反复使用毒品而导致的慢性复发性脑病，表现为不顾不良后果、强迫性寻求及使用毒品的行为，该行为伴有不同程度的个人健康及社会功能损害。许多吸毒人员在反复使用毒品后，会从生理上和精神上产生对毒品的依赖性，继而成为毒品成瘾者、滥用者。其中，海洛因依赖者戒断成功后经常会出现较高的复吸率，这也是脱瘾治疗、戒毒康复中的一个现实性难题。吸毒成瘾认定，是指有关机关、机构通过对吸毒人员进行人体生物样本检测收集其吸毒证据，或者根据生理、心理、精神的症状、体征等情况，判断其是否成瘾及其严重程度的工作。

---

① 参见美国《联邦有害物质管理法》(*Federal Hazardous Substance Act*)。

② 参见公安部、国家卫生和计划生育委员会、国家食品药品监督管理总局、国家禁毒委员会办公室《关于印发〈非药用类麻醉药品和精神药品列管办法〉的通知》(公通字〔2015〕27 号)第 6 条、第 7 条的规定。国家禁毒办认为需要对特定非药用类麻醉药品和精神药品进行列管的，应当交由非药用类麻醉药品和精神药品专家委员会进行风险评估和列管论证。

第三节　吸毒等物质滥用的方式与传染病的流行

吸毒与艾滋病等传染病的关系较为密切。随着毒品种类和范围的变化，新精神活性物质的滥用、非毒品的危险化学品等物质滥用也会直接或间接导致艾滋病等传染病的流行。

一、吸毒等物质滥用的方式与变化

不同的毒品摄入方式有所差别。吸毒是使用口服、咀嚼、口吸、鼻嗅、注射等方式摄入毒品的行为的总称。早期滥用毒品的主要方式为口鼻吸入，此后，即使毒品摄入方式日益增多，为便于称呼，大众也多统称其为“吸毒”。

(一)常见的吸毒方式

1. 口吸

口吸，即直接像吸香烟那样吸食，如直接把鸦片放在烟斗里进行口吸。这种方式容易导致严重的口腔疾病，损伤牙齿。

2. 口服

口服，多为服用毒品的片剂，如口服冰毒片、摇头丸等。

3. 鼻嗅

鼻嗅，又称鼻吸、粉末鼻腔吸入，即用小管对准鼻孔，通过鼻黏膜将毒品吸入。这种方式容易形成鼻腔溃疡。

4. 烟吸

烟吸，即将毒品掺入烟丝，通过吸烟将毒品吸入体内。其对呼吸系统、肺脏的损害十分严重。

5. 烫吸

烫吸，又称为吸烫烟，如将毒品放在铝箔纸或金属匙上，下面用火加热，毒品升华为烟雾，吸毒者用力吸吮缕缕毒烟。

在吸食冰毒和麻古时，常用“冰壶”作工具。常见的“冰壶”有玻璃制品及简易自制品两种。玻璃制品的“冰壶”是透明玻璃瓶，瓶子中间装有过滤设备，瓶子上方有凸出的吸管。

6. 注射

常见的注射吸毒的方式主要有皮下注射、肌肉注射、静脉注射和动脉注射。在本节中主要讲述静脉注射与动脉注射两种。

(1)静脉注射。

静脉注射即把毒品和水一起混在针筒里，用针具注射到静脉中，通过静脉将毒品输入血液里。静脉注射容易导致血栓和细菌、病毒感染，毒品还会在身体的针眼处结成渣。在各种吸毒方式中，静脉注射海洛因的危害极大，它不仅会使吸食者毒瘾越来越重，还会使吸食者因注射器不卫生而感染疾病，产生脓肿、色素沉着、疤痕硬结等。

(2)动脉注射。

动脉注射也叫“开天窗”，即直接把毒品注射到颈动脉、股动脉。它是各种吸毒方式中最暴烈的一种。吸食者不仅容易感染各类传染病，还很有可能假性动脉瘤破裂，出现失血性休克死亡。颈动脉注射会让毒品直接顺着动脉血管冲向大脑，吸食者很有可能浑身抽搐，当场猝死；股动脉注射者常见的症状是下肢失去知觉，继而瘫痪。

当前，针对一种毒品，吸毒人员也可采取多种吸食方式，如对于海洛因，就有卷烟吸入、烫吸、粉末鼻腔吸入、注射等摄入方式。不管采用何种吸食方式，毒品均会对身体造成危害。

(二)其他物质滥用方式

本教材认为，采用各种方式吸毒均可以被纳入物质滥用的范畴。在禁毒工作中，吸食方式、吸食物质的种类也在发生变化。

1. 皮肤渗入

随着新型毒品和新精神活性物质的发展，出现了皮肤渗入的吸食、滥用方式。例如，一些违法犯罪分子将“魔爪”伸向青少年，向其兜售伪装成“跳跳糖”“邮票”“奶茶”“聪明药”“饼干”等日常用品和零食的新型毒品。其中，“跳跳糖”在嘴里、水里都可溶化，并且很难被发觉；而“邮票”则吸附于印有特殊图案的吸水纸上，仅手指甲盖三分之一大小，不仅能被含在嘴里“吸食”，而且可以透过皮肤渗入人体。①

案例链接

江苏彭某甲等人贩卖毒品案②

被告人彭某甲，男，1995 年 9 月出生，个体工商户。

被告人彭某乙，男，1999 年 12 月出生，在读学生。

被告人龚某某，男，1998 年 12 月出生，无业。

2019 年 10 月底，被告人彭某甲、彭某乙明知"LSD"("邮票")系毒品，为谋取非法利益，仍购得 80 多张"邮票"，准备贩卖。2019 年 11 月 7 日，被告人彭某甲在长沙市某大厦内，以每片 120 元的价格将其中的 47 片"邮票"贩卖给被告人龚某某，合计收取人民币 5 640 元。彭某甲将其中 2 800 元转账给被告人彭某乙，后被公安机关查获。经鉴定，查获的"LSD"("邮票")检测出麦角酰二乙胺成分。

2020 年 3 月 26 日，江苏省常州市天宁区人民检察院以被告人彭某甲、龚某某犯贩卖毒品罪依法提起公诉。同年 4 月 28 日，天宁区人民检察院对彭某乙追加起诉。同年 6 月 28 日，天宁区人民法院以贩卖毒品罪判处龚某某有期徒刑三年，并处罚金人民币 3 000 元；判处彭某甲有期徒刑 7 个月，并处罚金人民币 7 000 元；判处彭某乙有期徒刑 7 个月，并处罚金人民币 3 000 元。

2. 多药滥用

目前，在物质滥用人群中，多药滥用的情况严重，即存在麻醉药品和精神药品交互滥用、具有中枢神经抑制作用的物质和具有中枢神经兴奋作用的物质交互滥用等多药滥用的情况。有统计表明，多药滥用情况随着新型毒品滥用人群数量和滥用年限的增长日趋严重。值得注意的是，社会人口学的调查发现，新发生药物滥用的人群中，青少年所占的比例上涨较快。③

3. 吸食非毒品的危险化学品

一些尚未纳入毒品管制的危险化学品也出现了与吸毒类似的滥用趋势。以吸食"笑气"为例，"笑气"是一种学名为一氧化二氮或者氧化亚氮的无色、微甜

① 参见国家食品药品监督管理总局《国家药物滥用监测年度报告(2016 年)》，2017 年 8 月 11 日；国家禁毒委员会办公室《2019 年中国毒品形势报告》，2020 年 6 月 25 日。

② 参见最高人民检察院《检察机关依法惩治新型毒品犯罪典型案例》，2021 年 6 月 25 日。

③ 参见国家食品药品监督管理总局《国家药物滥用监测年度报告(2016 年)》，2017 年 8 月 11 日。

气体，原本用于医用麻醉镇静、食用奶油发泡等目的。“笑气”中氧化亚氮虽然未被列为法律规定的毒品，但是仍属于危险化学品。吸食“笑气”本质上是一种药物滥用行为。吸食“笑气”并不会让人产生真正的笑，而是令人脸部肌肉失控，形成诡异的“痴呆”样容貌。

二、吸毒等物质滥用的危害

吸毒的危害可以概括为毁灭身心、祸及家庭、危害社会。相较于传统毒品而言，当前新型毒品的吸食形势较为严峻，流行程度持续增强。

总体而言，吸毒会引发神经系统损害，甚至会造成精神障碍和精神疾病，不仅损害吸食者的身心健康，还易导致其行为失控、自伤自残，有时还会诱发杀人、伤害他人、交通肇事等违法犯罪行为。

案例链接

沈某某故意杀人、容留他人吸毒案①

被告人沈某某，男，汉族，1973 年 3 月 4 日出生。

2018 年以来，被告人沈某某因吸食大麻患上精神障碍，由妻子赵某某（被害人，殁年 40 岁）照顾。其间，沈某某仍吸食大麻。2019 年 12 月 13 日傍晚，沈某某在其住处因吸食大麻产生幻觉，持工具击打赵某某的头部，致赵某某颅脑严重损伤并死亡。沈某某毁坏赵某某尸体后，自杀未果。同月 16 日上午 11 时许，沈某某在住处让他人帮忙报警，后被出警的公安人员控制。经鉴定，沈某某在作案期间患有精神活性物质所致的精神障碍。另查明，2016 年至 2019 年 11 月，被告人沈某某多次容留多人在其住处吸食大麻。

本案由浙江省杭州市中级人民法院一审，浙江省高级人民法院二审。法院认为，被告人沈某某在吸食毒品致精神障碍的情况下将妻子赵某某杀害，其行为已构成故意杀人罪；沈某某提供场所容留他人吸毒，其行为又构成容留他人吸毒罪。鉴于沈某某杀人后委托他人代为投案，归案后如实供述杀人事实，并主动供述公安机关尚未掌握的容留他人吸毒事实，具有自首情节，可从轻处罚。对其所犯数罪，应依法并罚。据此，对被告人沈某某以故意杀人罪被判处死刑，缓期二年执行，剥夺政治权利终身；以容留他人吸毒罪判

① 参见《最高人民法院发布 2021 年十大毒品（涉毒）犯罪典型案例》，载《人民法院报》，2021 年 6 月 26 日。

处有期徒刑二年，并处罚金人民币 5 000 元。二罪并罚，对被告人沈某某决定执行死刑，缓期二年执行，剥夺政治权利终身，并处罚金人民币 5 000 元。上述裁判已于 2021 年 3 月 30 日发生法律效力。

(一)对躯体健康的危害

1. 致死率高

据统计，世界上每年约有 20 万人因吸毒而死亡。毒品等物质滥用过量引发的死亡多发生于年轻的静脉注射吸毒者中，有的吸毒者甚至仅在注射毒品后数分钟内就会突然死亡。除此之外，相较于单一药物滥用群体，多药滥用群体更容易发生过量中毒。其就医时常常会出现诊断困难、抢救失败等情形。例如，混合注射镇静剂和海洛因极易引发呼吸中枢抑制而导致死亡。

滥用“笑气”这一非毒品的危险化学品对于躯体健康和精神健康均有损害。其不但容易导致吸食者精神麻痹、产生幻觉，造成精神失常、精神错乱、抑郁，还可能使长期大量吸食者瘫痪甚至死亡。

2. 消化系统损害

许多毒品具有抑制食欲的作用，不仅可导致吸食者身体消瘦，还会使得某些人体必需的维生素和矿物质匮乏，从而造成营养不良综合征。如阿片类毒品成瘾者在突然停用毒品后容易出现严重腹痛和腹泻、脱水等情况；可卡因成瘾者容易出现肠缺血和坏死等情况，需进行手术治疗。

3. 呼吸系统损害

口吸、鼻吸等滥用方式对肺的影响较大，吸食者容易出现支气管炎、肺炎、哮喘、肺气肿、肺功能减退等情况。毒品中不溶于水的物质，如淀粉、滑石粉等随静脉注射进入血管后容易引起肺栓塞。

4. 心血管系统损害

吸毒容易引起心律失常或心肌缺血性改变。例如，海洛因成瘾者在吸毒后的 24 小时内，多半会出现异常心电图表现；可卡因中毒患者还会有血管痉挛等症状，有的会出现冠状动脉痉挛，甚至心肌梗死。

5. 神经系统病变

长期吸毒会造成智力减退。如过量吸食海洛因会引起呼吸抑制，造成脑缺氧、脑白质病；滥用可卡因会产生慢性癫痫反复发作、颅内出血、共济失调等症状。

6. 性功能障碍

长期吸食海洛因会明显损害性功能。男性主要表现为精子生成障碍和性交障碍；女性主要表现为排卵功能障碍。

(二)精神活性物质所致精神障碍

显然，吸毒等物质滥用会对人类的精神健康造成各种危害，甚至会导致反社会人格。许多吸毒成瘾者对家庭和社会的责任感明显减弱。例如，吸食海洛因成瘾者可能患有依赖综合征、戒断综合征、急性脑综合征、情感障碍、人格障碍、智能障碍、意识障碍等。根据世界卫生组织精神卫生和物质滥用司的一系列报告，精神活性物质滥用人群精神障碍的患病率远高于一般人群。①

《中国精神障碍分类与诊断标准(第 3 版)》明确列举了精神活性物质导致的精神障碍，具体包括酒精导致的精神障碍、阿片类物质导致的精神障碍、大麻类物质导致的精神障碍、镇静催眠药或抗焦虑药导致的精神障碍、兴奋剂导致的精神障碍、致幻剂导致的精神障碍、烟草导致的精神障碍、挥发性溶剂导致的精神障碍以及其他精神障碍等。精神活性物质导致的精神障碍会呈现出不同形式的症状，症状的变异受药物种类及使用者人格等因素的影响。根据 CCMD-3，我国对于精神活性物质导致的精神障碍症状的划分标准是：(1)有精神活性物质进入体内的证据，并有理由推断精神障碍系该物质所致；(2)出现躯体或心理症状，如中毒、依赖综合征、戒断综合征、精神病性症状，以及情感障碍、残留性或迟发性精神障碍等。严重标准是社会功能受损，病程标准是除残留性或迟发性精神障碍以外，精神障碍发生在精神活性物质直接效应所能达到的合理期限之内。

三、吸毒与性病、艾滋病等传染病传播的关系

联合国艾滋病规划署(Joint United Nations Programme on HIV/AIDS，UNAIDS)在 2021 年发布的《零歧视系列简报＃6：艾滋病与被羁押人员》中，呼吁高度重视四类在羁押环境中感染率较高的传染病：艾滋病、乙型肝炎、丙型肝炎、结核病。在我国禁毒防艾和社会治理体系中，也经常出现对这四种传染

---

① 世界卫生组织 194 个会员国均签署了《2013—2030 年精神卫生综合行动计划》，承诺要实现一系列旨在改变精神卫生现状的全球目标。参见世界卫生组织《2022 年世界精神卫生报告：向所有人享有精神卫生服务转型》，2022 年 6 月 17 日。

性疾病进行“四病联防”的要求。根据流行病学中的因果推理，其传播途径如下。

(一)注射吸毒中艾滋病的传播

在各种吸毒方式中，共用注射器吸毒是经血液途径传播艾滋病的最为典型的高危行为，也是艾滋病的最主要传播途径之一。艾滋病在我国开始流行的标志是1989年我国警方在云南省吸毒人群中检测出146例艾滋病病毒感染者。我国艾滋病传播进入快速增长期，呈现出在部分地区吸毒人群中的蔓延势头急剧加速的特点，并且以共用未消毒注射器为主要传播途径。[①] 一些吸毒者为了尽可能吸完针管内残留的毒品，常常把自己血液回抽到针管中并反复“冲洗”，使得针管壁吸附了血液。吸毒者结伴吸毒时，一个注射器一般会被多个吸毒者共同使用。也就是说，使用该注射器的人中只要有一名是艾滋病病毒感染者或艾滋病病人，那么使用该注射器的其他吸毒者不消毒或消毒不彻底就可能会被感染。

根据联合国毒品和犯罪问题办公室的一项统计，2020年全世界大约有1 120万人注射吸毒。每8个注射吸毒者中就有1人感染艾滋病病毒(感染者高达140万人)，且平均38.1%的注射吸毒者不知道自己的艾滋病病毒感染状况。[②] 注射吸毒造成艾滋病传播的概率在统计意义上要高于其他高危行为(图2-1)，但该感染途径也存在性别、人群上的差异。例如，联合国艾滋病规划署根据性别统计了2013年至2017年注射毒品使用者群体的艾滋病病毒流行率，统计发现在许多国家，女性面临艾滋病的威胁和伤害更加严重：虽然女性仅占注射吸毒者群体中的10%～30%，但实际感染率更高；她们面临定罪或监禁的比例、受污名化和歧视的程度也更高。[③]

---

① 参见郑尔达、高良敏、彭霞等：《静脉注射吸毒人群HIV和HCV感染现状及影响因素的Meta分析》，载《中华疾病控制杂志》，2017年第12期。

② 参见联合国毒品和犯罪问题办公室《2022年世界毒品问题报告》，2022年6月27日。

③ 参见联合国艾滋病规划署2021年发布的《零歧视系列简报＃6：艾滋病与被羁押人员》。

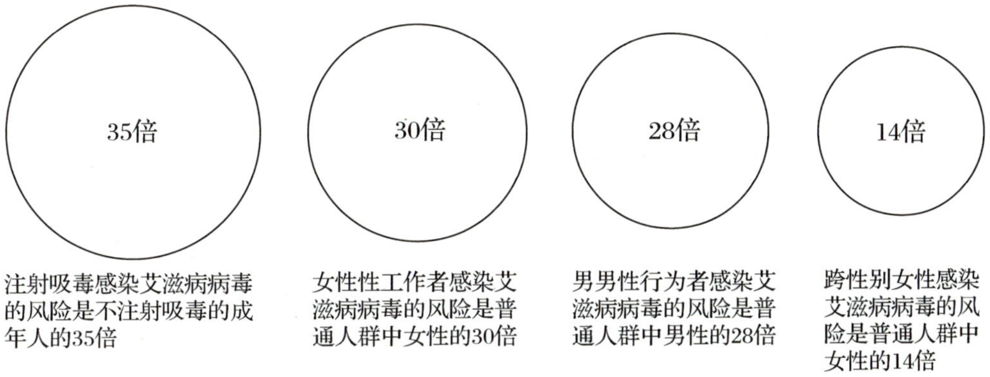

图 2-1　2021 年全球艾滋病病毒感染的相对风险①

(二)注射吸毒中肝炎型病毒的传播

乙肝、丙肝等肝炎型病毒传播与注射吸毒高度相关。根据联合国毒品和犯罪问题办公室的一项报告，2020 年，在全世界 1 120 万注射吸毒的人群中，有近一半的注射吸毒者感染了丙肝病毒(550 万人)，有 120 万注射吸毒者同时感染艾滋病病毒和丙肝病毒。②

(三)加剧不安全性行为中性病、艾滋病的传播

吸毒与性病、艾滋病的传播有密切关系。许多吸毒者的性活动有一些典型特征：一是多性伴、存在商业性行为等；二是安全套使用率极低；三是容易出现过程暴力，进而增加生殖器黏膜破损出血的概率。上述特征不仅使其易患淋病、梅毒、尖锐湿疣、非淋菌性尿道炎等多种性病，也容易传播艾滋病。吸毒容易导致艾滋病性传播和血液传播途径叠加的现象。

(四)吸毒增加肺结核易感性

结核病是结核分枝杆菌侵入人体后引起的一种严重危害人类健康的传染病，具有较强的传染性。结核分枝杆菌主要通过人体的呼吸道传播，吸毒会增加结核分枝杆菌的易感性。海洛因滥用者因免疫功能受损、抵抗力低下、大多生活环境恶劣，是肺结核的高发群体。一些吸毒者往往聚集在不通风的狭小空间吸食毒品，这也容易导致结核分枝杆菌通过气溶胶传播。

---

① 参见联合国艾滋病规划署《2022 全球艾滋病防治进展报告：危急关头》，2022 年 7 月 27 日。

② 参见联合国毒品和犯罪问题办公室《2022 年世界毒品问题报告》，2022 年 6 月 27 日。

第四节 药物促成的性侵害与艾滋病感染

虽然与发生在吸毒等物质滥用行为之后的性行为不同，但药物促成的性侵害也容易导致一些传染病的传播。由于其主体、对象的特殊性，加之相关法律评价、预防和干预策略的差异性，本教材予以单独介绍。

一、药物促成的性侵害的概念

目前，从全球来看，药物促成的性侵害的发生率较高。药物促成的性侵害，是指某人因受酒精、毒品等物质的影响而丧失行为能力之后，受到强奸、猥亵等性侵害，具体包括强制性交、强迫亲吻、性骚扰、性虐待、露阴、窥阴等各种非自愿的性接触和被强迫的性行为。这里的药物多是酒精、毒品等具有镇定、麻醉效果的精神活性物质。

药物促成的性侵害，侵犯了受害人的性自主权。受害人因酒精、毒品等陷入意识模糊状态后，应当被认定为无法表达性同意或拒绝。受害人摄入过量的可促成性侵害的药物，不仅可能暂时昏迷，而且会出现严重嗜睡、呼吸短促或困难等情况，有的还会出现严重呼吸抑制、精神错乱、抽搐、休克、死亡等情况；当同时摄取多种精神活性物质时，吸食者还可能发生猝死的情况。

酒吧、KTV等休闲娱乐场所是药物促成的性侵害案件的高发场所，药物促成的性侵害因此也被称为约会强奸、约会强暴。为达到性侵害的目的，许多“偷猎者”偷偷使用无嗅无味且会让人失去意识的“约会强奸药物”。受害人恢复知觉后，经常发现身处陌生地方，并且存在阴道或肛门酸痛、衣物杂乱、身体瘀伤或精液残留等曾受性侵害的证据。

药物促成的性侵害可能发生在线下见面的网友、顺路搭车旅行的伙伴、进行洽谈的生意伙伴之间，也可能发生在熟人之间。许多药物促成的性侵害的加害人会利用自身的强势地位或者采取一些使受害者产生信任的策略来实施性侵害；有的加害人还会实施一些反侦查的措施，并在受害者恢复意识之前逃离现场。因此，药物促成的性侵害也经常被称为“掠食者强奸”。

二、药物促成的性侵害与感染艾滋病病毒的关系

药物促成的性侵害也容易导致艾滋病病毒的传播。在双方健康状态不明的情况下，一旦有一方是艾滋病病毒感染者或艾滋病病人，艾滋病病毒便极易通过体液交换传播。

通过“捡尸”“迷奸”的方式实施性侵害是缺乏性责任、性道德的表现。有的加害人具有“掠食者强奸”的特征，故意不采取任何安全措施或者在饮酒、吸毒后精神亢奋、动作粗暴，这些均是高危因素。此外，在性侵害时，由于受害人昏迷，在双方健康状态不明的情况下，艾滋病也可能隐性传播。

在进入休闲娱乐场所消费时，不少人忽视对饮品的风险防范，甚至会接受陌生人给予的饮品。一旦遭遇药物促成的性侵害，受害者的正确做法应该是尽快进行检测，并根据检测结果及时服用药物以阻断病毒感染。但遗憾的是，在实践中，一些受害人由于不了解相关渠道，或者出于害怕、恐惧、害羞等原因，错过了暴露后预防、阻断的“黄金时间”。

在药物促成的性侵害刑事案件中，控辩双方经常就受害人是否同意、受害人是否服用相关药物、被告人是否实施性侵害行为、相关后果是否由相关药物和性侵害造成等问题出现争议。因此，在案发后，受害人应当重点收集的证据种类，除犯罪嫌疑人、被告人的供述和辩解，被害人的陈述，证人的证言以外，还要重点关注床单被罩、衣物上残留的生物样本等物证，社交软件聊天信息等电子数据，相关场所的消费记录、登记信息等书证，监控录像等视听资料；还应当及时对呕吐物、尿液等进行检测，对有关痕迹、指纹等进行鉴定。对于受害人而言，要注意收集并保全相关证据材料，避免在未保全证据的情况下立即进行淋浴、清洗衣物等行为。在性侵害发生后，如果受害人经检测发现感染艾滋病病毒，那么相关检测、确诊的证明文件、诊断和治疗记录等都是可以用来指控相关犯罪的重要书证。

第三章　艾滋病病毒的由来、感染与防治

内容导读

感染艾滋病病毒后，如不及时阻断，患者一般会经历急性期、无症状期、艾滋病期三个阶段。从临床来看，艾滋病病毒的传播途径主要包括血液传播、性接触传播、母婴传播等。经过抗病毒治疗，艾滋病病毒载量下降至一定数值，可以达到经性行为无法传播或不具有传染性的标准。“谈艾色变”的主要原因是大众对艾滋病病毒的传播途径和传播条件存在认识误区。日常的生活接触是不会传播艾滋病病毒的。一些存在高危风险的非艾滋病病毒感染者可以提前服用暴露前预防药物(PrEP 方案)；如果发生了可能感染艾滋病病毒的高危行为，那么应当尽快口服暴露后预防或暴露后阻断的药物(PEP 方案)。抗病毒治疗抑制病毒复制和改善免疫功能的效果可以通过定期检测 HIV 病毒载量和 CD4 细胞来评价。在处置职业暴露时，应当贯彻及时处理、全面报告、保密、知情同意等原则。

教学目的和要求

通过本章的学习，学生应了解艾滋病病毒的由来、传播途径和条件等基础知识，正确甄别高危行为与非传播行为；熟悉目前预防、阻断和治疗艾滋病的药物名称和使用方法；掌握发生高危行为后“早检测、早诊断、早援助、早治疗”的“四早”机制。

教学重点和难点

(1)回溯艾滋病病毒的发现过程，了解其在全球和我国的流行状况。

(2)了解 HIV 检测机构及其联系方式。

(3)了解抗病毒治疗的手段和效果。

教学内容和过程

(1)视频教学：“匿名尿液 HIV 抗体检测服务包”的使用方法。

(2)策划一次“艾的抱抱”班会活动：假如我是一个艾滋病病人，您可以给我一个拥抱吗？

第一节　艾滋病病毒的由来

一、艾滋病的发现

（一）卡氏肺孢子菌肺炎、卡波西肉瘤病例报告

艾滋病是在20世纪下半叶被发现的一种严重的传染性疾病。1980年10月，美国加州大学洛杉矶分校医学院等地陆续发现罕见的卡氏肺孢子菌肺炎病例。1981年6月，洛杉矶县卫生局向美国疾病预防控制中心报告了3家医院的5例此种罕见病例。美国疾病预防控制中心立即派员调查，发现这些患者均为男性，29～36岁，持续高烧、体重明显减轻并且具有巨细胞病毒感染、念珠菌黏膜感染等情况，都有男男性接触史。虽然已经使用了当时最好的治疗方法，但还是有5个病人陆续死亡了。1981年6月5日，美国疾病预防控制中心在《发病率与死亡率周报》(*Morbidity and Mortality Weekly Report*，MMWR)上登载了这些离奇病例，这也是世界上首次有关艾滋病的正式记载。1981年7月，纽约大学医学院皮肤病学和微生物学教授弗莱德曼・基恩(Friedman Kien)向美国疾病预防控制中心报告了其自1979年1月以来发现的26例罕见的内皮细胞肿瘤——卡波西肉瘤，患者均为男性同性恋者，26～51岁。到1982年6月，美国疾病预防控制中心共收到355例卡氏肺孢子菌肺炎、卡波西肉瘤病例报告。

（二）不限于同性恋的获得性免疫缺陷综合征

很久以前，艾滋病被认为是一种与同性恋相关的免疫缺陷疾病，并被称为“与同性恋相关的免疫缺陷综合征”。1979年至1980年，在同性恋群体聚居的社区，医生发现，当地曾出现各种与免疫缺陷有关的疾病，如病毒性肝炎、性病、多重病毒性和寄生虫感染等。美国疾病预防控制中心成立了由柯伦(Curran)医生负责的专门工作组，在洛杉矶、纽约、旧金山、迈阿密等地开展病例对照研究，对其性生活史、使用毒品和药品情况等问题进行调查。该调查发现，

这些病人的性生活非常活跃，且滥用毒品和某些药物的情况较为普遍。[①]

1982 年 1 月，美国迈阿密一男子死于卡氏肺孢子菌肺炎。该男子既不吸毒，也不是同性恋者，但曾使用过血液制品。到 1982 年年末，陆续出现 800 多个相似病例，患者也从同性恋者、静脉吸毒者，扩展到血友病病人及受血者、高危人群的配偶和子女等。据此，这一疾病被认为存在多种传播途径。1982 年 9 月，美国疾病预防控制中心正式将这种疾病命名为获得性免疫缺陷综合征（Acquired Immune Deficiency Syndrome，AIDS）。

二、艾滋病病毒的发现

（一）HIV-1 和 HIV-2 毒株

1983 年，以蒙塔尼耶（Montagnier）为首的科研团队从艾滋病病毒感染者和艾滋病病人的淋巴结中分离出淋巴结病相关病毒（Lymphadenopathy-Associated Virus，LAV）。该团队培养从患者身上取出的淋巴细胞，将发现的特征性逆转录酶放在电子显微镜下进行观察。1983 年，他们在《科学》上发表这一研究成果，并将这一病原体命名为 HIV。1983 年 11 月，美国国立卫生研究院细胞生物学家盖洛（Gallo）领导的研究团队从艾滋病病毒感染者和艾滋病病人的淋巴细胞中分离培养出一种病毒，并鉴定其为人类嗜 T 淋巴细胞病毒Ⅲ型（Human T-cell lymphotropic virus type Ⅲ，HTLV-Ⅲ）。HTLV-Ⅲ即为 AIDS 的病原体。1986 年，根据国际病毒分类委员会人类逆转录病毒专家组的建议，这种新出现的病毒被统一命名为人类免疫缺陷病毒（Human Immunodeficiency Virus，HIV）。

1986 年，蒙塔尼耶等从西非艾滋病病毒感染者和艾滋病病人体内分离出一株新病毒，将其命名为Ⅱ型人类免疫缺陷病毒（HIV-2），进而将此前发现的毒株称为 HIV-1。HIV-1 就是引起全球 AIDS 流行的主要病原体（图 3-1）。

---

① 参见王宇、杨功焕：《中国公共卫生·理论卷》，北京，中国协和医科大学出版社 2013 年版，第 54-61 页。

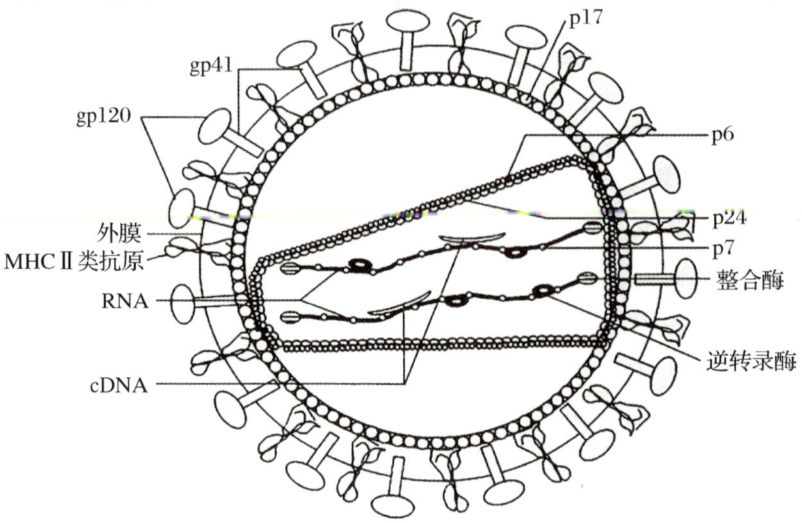

图 3-1 HIV-1 结构示意图①

(二)早期病人和病毒的起源

随着研究的深入，研究人员也陆续在以前的标本中找到了这种人类免疫缺陷病毒。在 100～200 年前，艾滋病很有可能就已经出现。1959 年，有医生在治疗非洲的一名男性病人时，发现他的血浆中有一种怪异的病毒，遂将其血浆冰冻保存。1983 年左右，研究人员从这份血浆中找出了第一代艾滋病病毒(HIV-1 毒株)。通过血样检测，研究人员陆续在 1980 年以前的死亡病例标本中，例如 1959 年的英国曼彻斯特水手病例、1976 年的挪威水手病例等，找出了 HIV-1 毒株。

艾滋病病毒源自哪里至今仍无定论。研究人员分别从非洲绿猴、亚洲短尾猴、猫、牛体内检测出与 HIV 类似的“猴艾滋病病毒”“猫艾滋病病毒”“牛艾滋病病毒”，研究发现，HIV-2 与“猴艾滋病病毒”的遗传结构高度类似。在非洲丛林中，据当地人回忆，有一些人患一种怪病且无法治愈而死亡，症状酷似 1981 年美国报道的 5 例 AIDS 病人。AIDS 被发现 25 年后，美国科学家比特丽斯·哈恩(Beatrice H. Hahn)博士等人深入丛林收集排泄物标本，发现喀麦隆的野生黑猩猩身上存在一种“猿猴免疫缺陷病毒”(Simian Immunodeficiency Virus, SIV)，与最常见的人类艾滋病病毒基因高度相关。哈恩认为，最初可能是有人

① 参见李兰娟、任红：《传染病学》(第 8 版)，北京，人民卫生出版社 2013 年版，第 109 页。

在喀麦隆被黑猩猩咬了一口，或者在猎杀黑猩猩时不慎感染病毒，然后将病毒传播给了其他人。

三、艾滋病的流行状况

(一)全球流行状况

艾滋病的传播不受国界的限制。自 1981 年首次报道艾滋病的病例以来，艾滋病几乎传播到了世界的每一个角落。自发现首例艾滋病病例至 2022 年，全球约有 7 930 万人感染艾滋病病毒，3 630 万人死于艾滋病及相关疾病。2021 年，全球仍然有 170 万名感染艾滋病病毒的儿童。

根据联合国艾滋病规划署《2022 全球艾滋病防治进展报告：危急关头》，2021 年全球超过 150 万人感染艾滋病病毒，即平均每天超过 4 000 人感染，其中 15～24 岁的年轻人超过 1/4。

2021 年，联合国艾滋病规划署发布了一份题为《全球承诺与地区行动》的报告。该报告显示，2010 年至 2020 年，与艾滋病相关的死亡人数及艾滋病的感染速度均在下降，与艾滋病相关的死亡人数下降了 43%，艾滋病的感染速度减慢了 30%。据联合国艾滋病规划署 2021 年对全球艾滋病病毒感染者和艾滋病病人的初步统计，2020 年因艾滋病死亡的人数相比于 2004 年的峰值，已经下降了 61%。联合国呼吁，在 2030 年前要实现“终结艾滋病流行”的目标。联合国希望各国能够关注与流行病学相关的群体、年龄组和地理环境，为其中 95%有感染风险的人提供以人为中心的、有效的艾滋病病毒综合预防方案，确保 95%的感染者知道自己的 HIV 状态、95%的知情患者能够接受治疗、95%的接受治疗者的艾滋病病毒能够得到有效抑制。

(二)中国流行状况

根据中国疾病预防控制中心发布的《中国疾病预防控制中心周报》，截至 2020 年年底，中国已有超过 105 万人感染艾滋病病毒，累计报告死亡 35.1 万人；截至 2021 年年底，我国现存 HIV 感染者约为 114 万例，其中 2021 年新报告 HIV 感染者人数为 12.9 万人，发病率为每 10 万人中有 4.27 例；截至 2022 年 7 月底，我国现存艾滋病病毒感染者和艾滋病病人 117 万例。根据 2023 年 4 月 11 日第八届全国艾滋病学术大会公布的数据，截至 2022 年年底，我国报告存活艾滋病病毒感染者和艾滋病病人有 122.3 万例；2022 年新报告病例数为 10.78 万人。

第二节　艾滋病的传播途径和传播条件

在艾滋病防治领域，高危行为中的“高危”是针对感染艾滋病病毒的危险程度而言的。高危行为是指容易引起艾滋病病毒感染的行为，即与艾滋病病毒感染者和艾滋病病人发生的带有艾滋病病毒体液交换的行为。

感染艾滋病病毒的过程可以概括如下：带有艾滋病病毒的体液进入正常人体内，选择性吸附在 CD4 细胞上，并在辅助受体的帮助下将自身类脂包膜与 CD4 细胞膜融合，使得病毒中的基因物质进入细胞内，从而加工出更多的艾滋病病毒并释放到人体中，最终导致机体免疫功能缺陷。这里的体液包括血液、精液、阴道分泌物、乳液等。从临床来看，艾滋病病毒的传播途径主要包括血液传播、性接触传播、母婴传播。

一、艾滋病的主要传播途径

（一）血液传播

1. 皮肤、黏膜损伤

皮肤和黏膜是人体抵抗病毒感染的第一道防线。在血液传播途径中，感染艾滋病病毒的高危行为主要是导致皮肤、黏膜受损的行为①，它会使得含有一定活性病毒载量的血液直接进入体内。最常见的导致皮肤、黏膜人为损伤的行为是与他人共用注射器注射吸毒。常见的注射吸毒的方式主要有皮下注射、肌肉注射、静脉注射和动脉注射。许多吸毒者在毒瘾发作的情况下经常会混用注射器、不消毒注射器或错误消毒注射器。

2. 血液直接输入

血液直接输入的传播途径主要包括：人体移植艾滋病病毒感染者和艾滋病

---

① 参见中国疾病预防控制中心性病艾滋病预防控制中心《艾滋病防治宣传教育核心信息（2019 版）》，2019 年 10 月 24 日。

病人的器官；直接输入带有艾滋病病毒的血制品，如血液、凝血因子、血蛋白等。目前，我国在器官供体及血源供应等方面均规定了严格的筛选、检测、保存的条件和标准。在日常就医中，患者应当避免使用“黑市”的供体、血源。

（二）性接触传播

艾滋病病毒会存在于精液、男性射精前阴茎排出的透明液体、女性阴道和宫颈分泌液中。在进行性行为时，生殖器的黏膜可能因无保护的直接接触摩擦而破损。在性接触传播中，参与者患有性病、性行为过程暴力、参与者有开放性伤口等情形会增加感染概率。

性接触传播主要是指不安全性行为，包括卖淫嫖娼行为、婚前和婚外的多性伴行为、感染者配偶婚内无保护性行为、男男性行为等。根据流行病学研究推论，使用安全套可以有 90％以上的概率阻止艾滋病经性途径的传播与流行。但是，部分性工作者存在着“知晓率”与“贯彻知晓率”不匹配的现象。根据联合国艾滋病规划署发布的《零歧视系列简报＃5：艾滋病与性工作》，2019 年全球新增的成人艾滋病病毒感染者中约有 8％是性工作者（包括男性和女性），其中，32.8％的性工作者不知道自己是否感染艾滋病病毒。[①] 即使在对艾滋病相关知识掌握程度较高的情况下，一些性工作者也会出现知、信、行分离的现象。

并不是所有艾滋病病毒感染者和艾滋病病人的性交行为都会传播艾滋病病毒。通过性途径感染艾滋病的高危行为主要有无保护性交、多个性伴侣、吸毒后群交和滥交、受到健康状态不明者的性侵害等。

相比于异性性行为，“男同”的性行为更易造成直肠黏膜出血，这一因素大大增加了“男同”感染艾滋病病毒的风险。根据我国近些年发布的艾滋病病毒数据，同性恋群体感染艾滋病病毒的比例在不断上升。

---

① 参见联合国艾滋病规划署 2021 年发布的《零歧视系列简报＃5：艾滋病与性工作》。

案例链接

李某、卢某传播性病案

卢某、李某分别于2016年5月12日、5月27日被南京市疾病预防控制中心确诊为艾滋病病人，后二人至嘉兴市开设盲人按摩店。被告人李某利用社交软件在同性交友群内发布含有性暗示内容的广告招揽客户。被告人李某、卢某故意隐瞒患病事实，在店内为周某、许某、徐某、杨某、王某、谢某某、汤某、吴某、董某、唐某某、李某等客户提供同性性服务，并收取费用。法院认定，卢某、李某在感染艾滋病病毒后卖淫应从重处罚。被告人李某犯传播性病罪，判处有期徒刑2年2个月，并处罚金2万元。被告人卢某犯传播性病罪，判处有期徒刑2年6个月，并处罚金2万元。

(三)母婴传播

母婴传播途径主要包括三类：经胎盘传播，即怀孕时母体内艾滋病病毒通过胎盘传播给婴儿；经分娩传播，即分娩时婴儿进入产道接触到母体血液、阴道分泌物中的艾滋病病毒并被感染；经母乳喂养传播，即哺乳时婴儿摄入含有艾滋病病毒的乳汁并被感染。

目前，及时服用相关药物和采取相关技术，基本上能够实现母婴阻断。感染艾滋病病毒的孕产妇应当尽快接受艾滋病抗病毒治疗工作且确保在其怀孕期间进行全程治疗，并遵医嘱用药；选择进行剖宫产；婴儿出生后用人工喂养代替母乳；对新生儿实施抗病毒预防性治疗，预防和阻断艾滋病的传播。据统计，截至2021年，通过母婴阻断技术的干预，我国艾滋病母婴传播率从干预前的34.8%下降到3.3%。[①]

(四)传播途径的变化

随着艾滋病防控工作的开展，艾滋病的传播途径会发生相应变化。2004年，我国开展了全国既往献血人员艾滋病疫情筛查工作。随着禁毒斗争的广泛开展以及聚焦性传播和消除母婴传播工程的深入，我国针对重点地区、重点人群和重点环节，实施了一系列预防和干预措施，基本控制了采供血传播艾滋病、

① 参见国家卫生健康委员会《消除艾滋病、梅毒和乙肝母婴传播行动计划(2022—2025年)》，2022年12月5日。

母婴传播艾滋病等情况。

二、艾滋病的传播条件

艾滋病病毒是一种核糖核酸病毒。它在体外存活的时长与外界环境的温度、湿度、体液中病毒载量等因素有关，其在体外存活时长为一小时到数天不等。在实验室环境下，血液中的病毒在试管内或密闭环境中可存活 15 天以上；暴露在室外环境中，病毒很快就会因外界环境变化以及体液干涸而遭受结构破坏。常用的消毒药品可以杀灭这种病毒。

案例链接

某留学生不安全性行为传播艾滋病案

在湖北武汉某高校，某男性留学生 A 在某次检查有无感染艾滋病病毒时，初筛试验的结果呈现“阴性”，即不携带艾滋病病毒。后来，A 先后与多名女性大学生同居并发生性关系。某日，A 因患有肺结核入院检查，被意外检测出感染了艾滋病病毒。经排查发现，曾与 A 发生过性关系的两名女大学生 B 和 C 先后被确诊感染了艾滋病。案件公开报道后，许多大学生感到困惑：感染艾滋病病毒的潜伏期是多长？为何 A 的早期初筛试验呈现阴性？艾滋病与肺结核病是否有关联？

(一)传播的三个条件

与艾滋病患者的一般日常生活接触是不会感染艾滋病病毒的。通常认为，艾滋病病毒的传播须满足以下三个条件。

1. 有足够载量的病毒从感染者体内排出

艾滋病传播必须满足艾滋病病毒存在，且足以感染他人的病毒从感染者体内排出的条件。性行为、静脉吸毒行为本身是无法产生病毒的。感染者的血液、精液、男性射精前阴茎中排出的透明液体、女性阴道和宫颈分泌液的病毒载量较高，人们接触这些体液后感染艾滋病的可能性也比较高。唾液、泪液和尿液，或病毒载量很少，或没有病毒。一般认为，单纯的汗液、呕吐物等不含艾滋病病毒。

2. 具备从一个人传给另一个人的特定途径

性交、输血、共用注射针具、手术、针灸、拔牙、美容、怀孕、分娩、哺乳等行为是促成携带病毒体液交换的具体途径。使用安全套、严格消毒、服用阻断药物等措施可以切断这些传播渠道。

3. 病毒通过皮肤、黏膜进入体内

病毒必须进入人体内部才能感染人体。艾滋病病毒可以通过皮肤上的破口、阴道、直肠黏膜、口腔上的微小撕裂与溃疡，或直接经带血液的器具、输入感染者的血液等媒介进入人体体内。在各种暴露类型中，输血、接受性肛交、注射药物期间共用针头、经皮穿刺等方式的感染概率较高。

（二）不会感染艾滋病的日常接触行为

在日常生活、学习中，与艾滋病病毒感染者和艾滋病病人的一般接触行为是不会感染艾滋病病毒的。这些日常接触行为包括：谈话、握手、拥抱、咳嗽、打喷嚏、共用文具、共用劳动工具、共同进餐、一起沐浴、共用被褥、一起游泳、礼节性亲吻、被同一蚊虫叮咬等。艾滋病病毒也不会经由马桶圈、电话机、餐具、卧具、游泳池或浴池等公共设施进行传播。

第三节　定时体检、科学检测与及时阻断

目前，我国的艾滋病流行途径以性传播为主，且影响因素广泛复杂，因此仍需坚持不懈地开展综合预防工作。预防的最佳途径是引导公众定时体检和及早检测，以更快、更早地发现感染者，促进及早治疗，有效抑制病毒；同时，在检测中也可识别出高风险的阴性个体，并进行预防干预。

随着体检项目的发展和便利化，大幅提高社会公众的体检率成为必要工作。定时体检时，在尊重和保障个人信息与隐私的基础上，医院有必要增加对人体免疫系统的体检内容。对于大学生而言，尤其是有过不安全性行为的经历者，需要高度重视日常体检。对于艾滋病病毒感染者和艾滋病病人而言，也需要定时体检，以便及时掌握自己的身体状况。根据临床经验，有过高危行为者，建议每年至少定期进行一次结核病检查，以尽早发现是否感染结核病，并及时接受抗结核病治疗；当身体出现不适时，应当及时到正规医院治疗。

如何在高危人群中普及“发现即治疗”的理念，推广“早检测、早诊断、早援助、早治疗”的“四早”机制？

一、高危人群的界定

高危人群并不等同于已经感染了艾滋病病毒的人群，而是他们面临的感染风险更大。非高危人群也可能实施或遭受风险系数较大的高危行为。以下几类高危人群，需要做好日常防护，每年定时体检并留档保存体检记录。在发生高危行为后，高危人群更应贯彻“早检测”原则。

（一）有高危性行为史者

具体包括卖淫者、嫖娼者、艾滋病病毒感染者和艾滋病病人的性伴侣、异性多性伴侣者、男同性恋者、性病患者等。

（二）有不安全血液及制品接触史者

具体包括“黑市”供血（浆）者，共用注射器静脉吸毒者，怀疑接受过不安全的输血及使用过不安全的血液制品者，艾滋病病毒抗体呈阳性母亲生下的新生儿，使用未经严格消毒器械拔牙、美容、文身者，与艾滋病病毒感染者和艾滋病病人共用过牙刷、剃须刀等物品的人员等。

（三）容易发生职业暴露者

具体包括容易被注射器针头或手术器械刺破皮肤、黏膜的医务人员，接触艾滋病病毒抗体阳性血液样本的实验室人员，艾滋病病毒感染者和艾滋病病人（有吸毒或涉罪等行为）收治或监管场所的工作人员，办理艾滋病病毒感染者和艾滋病病人违法犯罪案件的公安司法机关一线办案人员等。

二、检测途径与方法

即使不是高危人群，当发生了高危行为且出现发烧、皮疹、疲劳、头痛、腹泻、淋巴结肿大等症状，或怀疑自己可能感染 HIV 时，公众应该怎么办？

根据《艾滋病防治条例》第 23 条的规定，国家实行艾滋病自愿咨询和自愿检测制度。县级以上地方人民政府卫生主管部门指定的医疗卫生机构，应当按照国务院卫生主管部门会同国务院其他有关部门制定的艾滋病自愿咨询和检测办法，为自愿接受艾滋病咨询、检测的人员免费提供咨询和初筛检测。

目前，我国各地建立了全面覆盖的检测网络，可提供及时、便利、免费且保密的咨询和检测服务。

（一）网格化、便利化的咨询与检测途径

目前，各省、自治区、直辖市的各级疾病预防控制中心（或卫生防疫站）、

国境卫生检疫机构、各级血站和血液中心、部分皮肤病性病防治医院/门诊、综合医院、传染病医院等部门，均有 HIV 抗体检测实验室。

扩大检测，即尽可能多地发现 AIDS 患者/HIV 感染者。这是我国预防控制艾滋病的核心策略之一。具体而言，公众在发生高危行为后，可以联络以下接受咨询和检测的机构：(1)各地疾控中心自愿咨询检测门诊(VCT)。中国疾病预防控制中心性病艾滋病预防控制中心网站提供了初筛检测服务的自愿咨询检测机构名录和提供确证检测服务的确证实验室名录。(2)各地县级以上医院。(3)各地妇幼保健机构和大部分的基层医疗机构。(4)开展艾滋病预防的社会公益组织。它们可提供检测咨询和转介服务，相关网站和公众号可提供协助和指导服务。除此之外，一些高校设有自助尿液检测包售卖机，公众有需要时可进行自我检测。

(二)检测方法与注意事项：以尿液自我检测为例

送交检测的样本一般包括血液、尿液、口腔黏膜渗出液等。目前，相关检测试剂均已面市。[①] 根据检测目标物的不同，HIV 检测试剂大致分为：抗体检测试剂、抗原检测试剂、核酸检测试剂和 HIV 基因型耐药检测试剂。也有研究者根据检测试剂的使用特点、用途、性能等将其大致分为：HIV 抗体快速检测试剂、HIV 自测试剂、HIV 抗体筛查试剂、HIV 抗体诊断试剂、HIV 抗体确证试剂等。检测机构常用的筛查试验方法包括化学发光试验、免疫荧光试验、快速检测试验、酶联免疫吸附试验、抗原抗体筛查试验等。

对于大学生而言，其最关心的一个问题是如何进行自我检测。自我检测是指个体独自或在其信任的人的陪伴下，自主采集样本、检测、读取结果。自我检测是贯彻“早检测”机制的重要方式。在进行自我检测时，检测者要掌握采集样本、检测过程、结果读取等基本知识和技能，知悉假阴性和假阳性等可能出现的不准确结果，避免误读、误判。

以我国推广的尿液自我检测为例，因尿液中一般不存在艾滋病病毒，尿液自我检测的原理是：感染 HIV 后，机体免疫系统会产生 HIV 抗体来抵抗病毒，这些抗体会出现在尿液等体液中，并且可以被检测出来；无针头采集尿液标本不会引起皮肤损伤。我国首个艾滋病尿液自检试剂在 2019 年被批准上市。

---

① 在 2019 年发布的《艾滋病和艾滋病病毒感染诊断》(WS 293—2019)基础上，中国疾病预防控制中心性病艾滋病预防控制中心组织制定了《艾滋病自我检测指导手册(第一版)》，主要内容共分为 5 部分：艾滋病简介、艾滋病自我检测定义、艾滋病自我检测操作、艾滋病自我检测结果解释、艾滋病自我检测支持服务。

根据疾控中心总结的经验，公众在尿液自我检测时，需要注意的事项(图 3-2 至图 3-4)大致如下：在检测前不要进行剧烈运动；尿液检测最好采用清晨第一次尿，因其处于浓缩状态，尿中的细胞成分容易被检出；不要使用放置时间过长、长菌、有异味的样本；检测前需避免服用维生素 C；女性留尿时除去开始的和最后的尿液，避免阴道分泌物混入尿液；检测卡应平放于台面上，以免倾斜放置造成样本层析速度过快或过慢，影响检验结果；在室温条件下，检测卡从包装中取出后应在 30 分钟内使用，避免在空气中暴露时间过长，因受潮而影响检验结果。需要强调的是，判定尿检结果有反应性(阳性)的主要依据为两条线，如有此结果也无须过分恐慌，因为自我检测结果仅为初筛结果，并不能完全判定已感染，检测者还需要到疾控中心或正规医疗机构等进一步检测以确证是否感染。

如果尿检结果判定为无反应性(阴性)，那么意味着检测者尚未感染，但可能处于“窗口期”内。① 对此检测者也不能掉以轻心，还需结合最后一次高危行为的发生时间、“窗口期”规律来判断是否需要再次进行检测；如仍然怀疑自身有可能感染，建议到疾控中心或正规医疗机构等部门进行更为精准的检测。

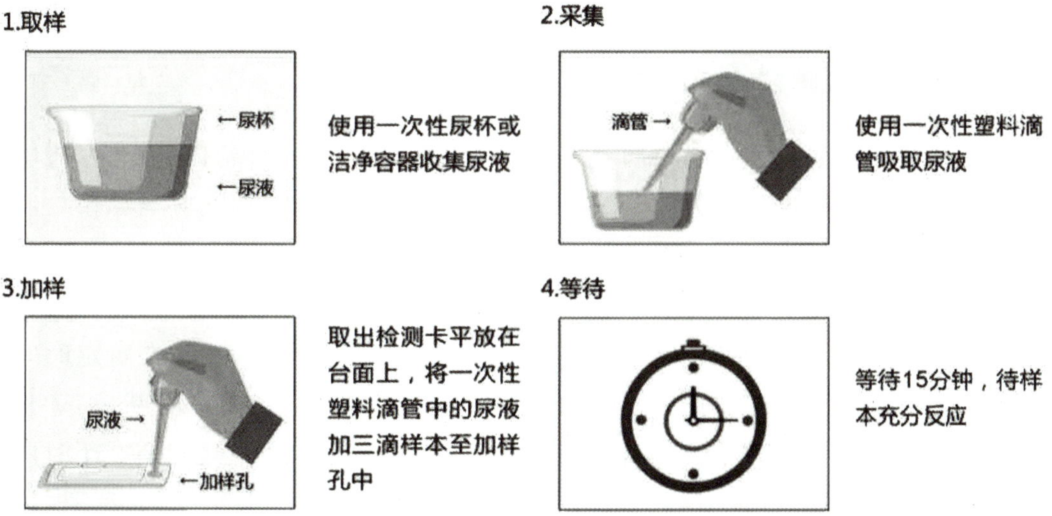

图 3-2　尿液自我检测操作过程②

① 在人体感染艾滋病病毒后，有的感染者难以立即检测出来，需要经过 4～12 周的抗体检测“窗口期”，即在高危行为后的第 4 周、第 8 周、第 12 周后分别检测。如果检测结果均为阴性，且检测者在此期间没有再次发生高危行为，则表示安全。

② 参见中国疾病预防控制中心性病艾滋病预防控制中心：《艾滋病自我检测指导手册(第一版)》，2019 年版，第 19 页。

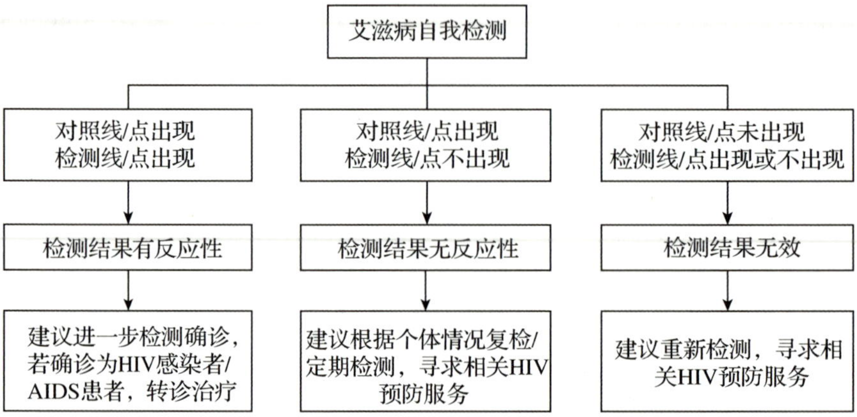

图 3-3　艾滋病自我检测流程①

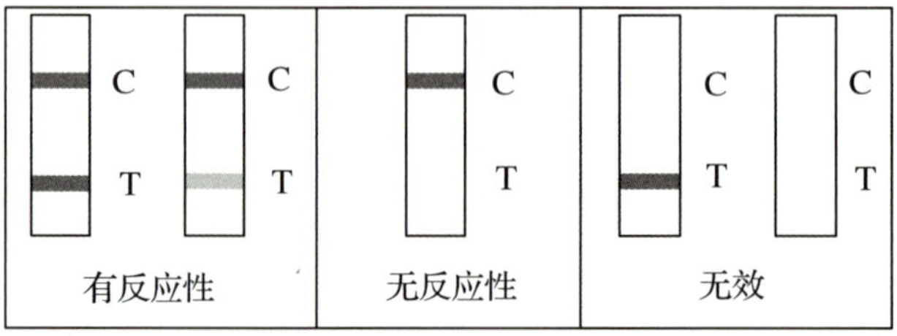

图 3-4　艾滋病自我检测的检测结果示例②

三、暴露后预防和及时阻断

一些有高危风险的非艾滋病病毒感染者可以提前服用暴露前预防药物(PrEP 方案)；如果出现了可能感染艾滋病病毒的高危行为，那么应当尽快口服暴露后预防或暴露后阻断的药物(PEP 方案)。

在艾滋病防治工作中，暴露后预防是指尚未感染 HIV 的人在与艾滋病病毒感染者和艾滋病病人或感染状况不明者发生易感染 HIV 的行为后，在特定时间内服用特定的抗病毒药物的事后临时补救措施，其目的是预防、阻断 HIV 感染。关于特定时间，学术界和实务界有一定争议③，较为流行的观点有 2 小时内最佳时间、24 小时内黄金时间、72 小时内推荐时间、28 天服药期间等。根据世界卫生组织发布的相关指南和建议，如果在可能出现艾滋病病毒感染暴露后

---

① 参见中国疾病预防控制中心性病艾滋病预防控制中心：《艾滋病自我检测指导手册(第一版)》，2019 年版，第 25 页。

② 参见中国疾病预防控制中心性病艾滋病预防控制中心：《艾滋病自我检测指导手册(第一版)》，2019 年版，第 22 页。

③ 有些动物实验研究显示，在暴露后 24～36 小时开始服药将无预防作用；但美国疾病控制与预防中心仍推荐暴露者在情况严重的职业性暴露后的 1～2 周内应该进行预防用药。

及时开始 HIV 暴露后预防治疗，那么暴露者可降低艾滋病感染风险，成功率达 89%。当然，影响预防、阻断的成功率的因素包括首次服药及时性、服药依从性等。每天规律服药比经常漏服的阻断效果好。

第四节 治疗手段与治疗效果评估

一、常见的抗病毒治疗与其他相关治疗方法

（一）高效抗逆转录病毒疗法

作为一种重要的抗逆转录病毒治疗（Anti-Retroviral Therapy，ART）方式，高效抗逆转录病毒疗法（Highly Active Anti-Retroviral Therapy，HAART）也称“鸡尾酒疗法”。其因与鸡尾酒的配制形式相似而得名。其作用原理是：根据不同抗病毒药物的组合，利用逆转录酶抑制剂和蛋白酶抑制剂两类药物中的三种或三种以上药物进行联合治疗。即使不能彻底治愈艾滋病，高效抗逆转录病毒疗法也可以有效抑制病毒复制，恢复患者免疫功能，延长患者生命，提高患者的生活质量。

虽然高效抗逆转录病毒疗法可以显著降低艾滋病相关疾病的发病率及病死率，但患者服用相关药物也会出现一些不良反应和副作用，如全身乏力、头痛、眩晕、恶心、呕吐、腹痛、腹胀、腹泻、肝损害、口炎、皮疹、药疹、肌痛、炎性水肿等，特别严重者还表现为脂代谢障碍、糖代谢障碍、骨代谢障碍等。

（二）间断疗法

间断疗法（Structured/Supervised Treatment Interruptions，STI）是让免疫系统本身通过特异性和非特异性以及与免疫反应发生的协同作用来控制 HIV 病毒，此疗法采用间断性给药的方式，使机体病毒载量反跳，再次刺激免疫系统，进而维持机体对 HIV 特异性免疫反应。对此，不少人持保留意见，认为间断疗法的有效性及安全性还需要进一步临床验证，患者本人不可盲目地间断用药。

（三）其他相关治疗

在患者合并严重的机会性感染时，医生通常需要先对机会性感染进行控制，在患者病情稳定后才可以开始进行抗病毒治疗。强行、先期进行抗病毒治疗容

易引起免疫重建炎症综合征，并可能因其副作用加重机体负担，降低患者服药依从性，严重的可能会加大死亡风险。

这里所说的其他相关治疗主要包括“免疫调节治疗”“营养支持疗法”“中医中药治疗”等。其中，为探索中医药防治艾滋病的有效途径，2004 年，国家中医药管理局、原卫生部、财政部在全国五省联合实施“中医药治疗艾滋病试点项目”。许多临床试验表明，中医药治疗艾滋病疗效显著、费用低廉、潜力较大。具体而言，一些临床症状改善明显；机会性感染发生频次明显减少；中药对病毒载量有一定影响；能从整体上调节人体阴阳，使人体处于平衡状态，增强人体的免疫力等。许多地方正在积极探索“中西医结合”的理念和治疗方案。

二、治疗效果的评估

抗病毒治疗抑制病毒复制和改善免疫功能的效果及成败可以通过定期检测 HIV 病毒载量和 CD4 细胞来评价。定期接受抗病毒治疗的绝大多数患者都取得了不错的效果，但也有死亡的个例。导致死亡的相关因素较多，不能简单归咎于抗病毒治疗手段本身，还应考虑宿主本身、病毒、社会心理等各种因素的影响。

CD4 细胞计数，也就是一般说的“小四值”，根据该数值可以了解一个人的免疫状态，判断治疗效果、疾病进程和临床并发症。

此外，在临床参数检测上，反映抗病毒治疗正面效果的一个常见敏感指标是体重的增加。在恶心症状消失、能保持食物正常摄入的情况下，患者体重一般会有所增加。

第五节 职业暴露处置与安全事故预防

一、艾滋病职业暴露的界定和分级

艾滋病职业暴露，是指相关人员在从事艾滋病防治工作或相关工作过程中，与艾滋病病毒感染者和艾滋病病人的体液发生接触或交换时产生的被感染风险。

在实践中，容易被注射器针头或手术器械刺破皮肤、黏膜的医务人员，接触艾滋病病毒抗体阳性血液样本的实验室人员，艾滋病病毒感染者和艾滋病病人(有吸毒或涉罪等行为)收治或监管场所的工作人员、办理艾滋病病毒感染者和艾滋病病人违法犯罪案件的公安司法机关一线办案人员，从事剃须、美容、修脚、扎针、刮痧、穿耳、文身等营业性服务的工作人员等都是容易遭遇职业暴露的高危人群。其中，护士等医务人员由于针刺伤等原因，面临职业暴露的风险系数最高。① 根据世界卫生组织推荐的“普遍性防护原则”，在为病人提供医疗保健服务时，无论是病人还是医务人员的血液和体液，也不论病人 HIV 抗体是阴性还是阳性，医务人员都应当认为其具有潜在传染性并加以防护。正因如此，各医疗卫生机构普遍强调严格执行输血、用血操作规程和医疗卫生用品、器械的消毒管理制度，加强对腔镜检查、口腔治疗、介入治疗、血液透析及注射等有创诊疗活动的监督管理，防止艾滋病医源性传播和职业暴露。

一般来说，可以根据风险程度对艾滋病职业暴露进行分级(表 3-1)。以下情形可确定为一级暴露：(1)暴露源为体液、血液或者含有体液、血液的医疗器械、物品；(2)暴露类型为暴露源沾染了有损伤的皮肤或者黏膜，暴露量小且暴露时间较短。以下情形可确定为二级暴露：(1)暴露源为体液、血液或者含有体液、血液的医疗器械、物品；(2)暴露类型为暴露源沾染了有损伤的皮肤或者黏膜，暴露量大且暴露时间较长；暴露源刺伤或者割伤皮肤，但损伤程度较轻，为表皮擦伤或者针刺伤。以下情形可确定为三级暴露：(1)暴露源为体液、血液或者含有体液、血液的医疗器械、物品；(2)暴露类型为暴露源刺伤或者割伤皮肤，但损伤程度较重，创伤为深部伤口或者割伤物有明显可见的血液。

① 医务人员面临的职业暴露风险系数最高的原因大致如下：一是与其他传染病相比，艾滋病的传染期长且传染源不易被发现。感染者可在数月到数年甚至 10 余年后不表现任何临床症状。当 HIV 感染者因其他原因到医院就诊时，他们不易被视为潜在的传染源。二是艾滋病病毒感染者和艾滋病病人的临床表现多样且具有非特异性，很容易造成误诊，没有经验的医务人员可能会将这些病人误诊为一般的感冒、肺炎、结核等病人而忽视其传播 HIV 的可能。三是大多数感染者是隐匿的，甚至其本人也不了解自己是否感染了 HIV。四是由于许多人对艾滋病的认识仍然存在偏差，艾滋病病毒感染者和艾滋病病人一旦暴露于众会受到严重的歧视，因此他们不愿意向他人甚至医生说明自己的 HIV 感染情况。所以，医疗工作者根据“普遍性防护原则”，把接触到的所有 HIV 情况不明的人和物质都看作潜在的传染源进行防范，才能最大限度地降低职业暴露的危险。

表 3-1 艾滋病病毒职业暴露级别①

暴露源	暴露类型	暴露级别
体液、血液或者含有体液、血液的医疗器械、物品	暴露源沾染了有损伤的皮肤或者黏膜，暴露量小且暴露时间较短	一级暴露
	暴露源沾染了有损伤的皮肤或者黏膜，暴露量大且暴露时间较长；暴露源刺伤或者割伤皮肤，但损伤程度较轻，为表皮擦伤或者针刺伤	二级暴露
	暴露源刺伤或者割伤皮肤，但损伤程度较重，创伤为深部伤口或者割伤物有明显可见的血液	三级暴露

二、安全事故预防

(一)锐利器具控制途径

医护人员在进行侵袭性操作时，一定要保证足够的光线，尽可能减少创口出血；不要在用过的一次性注射器针头上盖针头套，不要用手毁坏用过的注射器；在缝合创口时，要特别注意减少意外刺伤，应将使用过的注射器直接放到专门的桶(盒)中，统一处理；不要将锐利废弃物同其他废弃物混在一起，不要将锐利废弃物放在儿童可以接触到的地方。

安全处置锐利器具的预防性措施中，医务人员的处理方法最为典型。(1)做好个人防护。在操作过程中，医务人员需要将所有病人的血液、体液、分泌物、排泄物都视为具备传染性的物质，做好个人防护。(2)行政措施。这主要包括优化操作流程、合理安排工作时间、细化针刺伤防护提案及相关指南等。(3)工程控制。在工程控制中，使用自动处理锐器的装置将操作者与风险隔离开，可以减少风险，如使用安全型针具替代普通型针具。(4)替换。在操作过程中，将锐器或潜在锐器更换为其他装置设备，如以塑料材质的采血装置替换玻璃材质的。(5)消除。较为理想的情况是，尽可能减少各个静脉输液护理操作环境中的针具，如使用无须额外动作即可激活针尖的保护装置、穿刺时前端无针、输液期间后端无针连接等。

① 参见原卫生部《医务人员艾滋病病毒职业暴露防护工作指导原则(试行)》(卫医发〔2004〕108号)第10条。

(二)器具严格消毒

目前，符合消毒规范的消毒程序都足以灭杀艾滋病病毒。常用的两种灭菌方法是煮沸和化学灭菌。煮沸是一种有效的灭菌方法，已清洗过的器具应煮沸20分钟。化学灭菌法主要用于不能采用加热法灭菌的器具。以下三种常用的化学灭菌剂足以灭杀HIV：含氯灭菌剂，如漂白粉；2%过氧化氢(双氧水)；70%酒精。

营业性服务场所应当对剃须、美容、修脚、扎针、刮痧、穿耳、文身等器具和公用物品进行严格的消毒处理，防止艾滋病病毒传播。

(三)洗手“七步法”

人的手部通常带有病原微生物。不认真洗手是造成许多病原体在人群中传播的原因之一。如果手上沾了含有艾滋病病毒的体液，那么可以用肥皂液和流动水清洗干净。在此，推荐以下洗手“七步法”。

第一步(内)：洗手掌。流水湿润双手，涂抹洗手液或肥皂，掌心相对，手指并拢相互揉搓。

第二步(外)：洗背侧指缝。手心对手背沿指缝相互揉搓，双手交换进行。

第三步(夹)：洗掌侧指缝。掌心相对，双手交叉沿指缝相互揉搓。

第四步(弓)：洗指背。弯曲各手指关节，半握拳把指背放在另一手掌心旋转揉搓，双手交换进行。

第五步(大)：洗拇指。一手握另一手大拇指旋转揉搓，双手交换进行。

第六步(立)：洗指尖。弯曲各手指关节，把指尖合拢在另一手掌心旋转揉搓，双手交换进行。

第七步(腕)：洗手腕、手臂。揉搓手腕、手臂，双手交换进行。

(四)适当的防护设施

根据可能接触体液量的多少和暴露源的病毒载量水平(具体可区分轻度类型、重度类型、轻重不明类型)，采用适当的防护设施。常用防护设施包括乳胶手套、口罩、防护眼镜、隔离衣等。暴露源的病毒载量水平分类如图3-5所示。

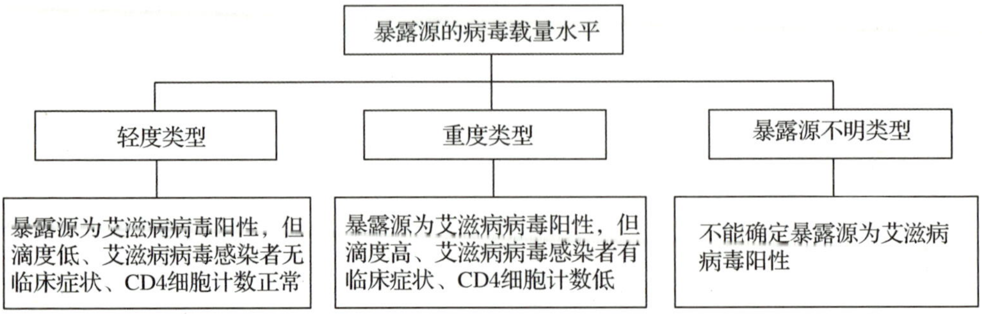

图 3-5　暴露源的病毒载量水平分类①

(五)安全处置废弃物

处理液体废弃物时必须佩戴防护眼镜；搬运废弃物的人必须戴厚质乳胶手套。

三、职业暴露后处理的原则与程序

(一)暴露发生后的处理原则

由于艾滋病病毒传播的特殊性，多数 HIV 职业暴露属于意外暴露。对意外暴露的处理通常应当遵循如下原则：(1)及时处理原则。意外暴露一旦发生，应尽快就近冲洗暴露部位并对其消毒，服用暴露后预防、暴露后阻断药物。服药时间越早越好。(2)全面报告原则。将意外发生的原因和后果全面报告给相关部门和人员，以便为当事人提供医疗、法律、心理等方面的支持，并在发生暴露感染的情况下，对其个人、家庭提供综合保障。(3)保密原则。意外暴露发生后，有关知情者应为当事人严格保密，特别是在已造成暴露感染的情况下，不能违反法律规定向其他人泄露当事人的感染情况。(4)知情同意原则。在提供预防、阻断、治疗药物前，应告知当事人有关注意事项和风险，在其知情同意后提供。

(二)暴露发生后处理程序

根据国家职业卫生标准《血源性病原体职业接触防护导则》，发生血源性病原体意外职业接触后应立即进行局部处理，包括：用肥皂液和流动水清洗被污

---

① 参见原卫生部《医务人员艾滋病病毒职业暴露防护工作指导原则(试行)》(卫医发〔2004〕108号)第 11 条。

染的皮肤，用生理盐水冲洗被污染的黏膜；如有伤口，应当轻轻由近心端向远心端挤压，避免挤压伤口局部，尽可能挤出损伤处的血液，再用肥皂水和流动水进行冲洗；冲洗后应当用消毒液，如 70%酒精或者 0.5%碘伏进行消毒，并包扎伤口；被接触的黏膜，应当反复用生理盐水冲洗干净。

局部处理完成后，要及时进行咨询和检测。针对不同暴露级别和不同类型暴露源病毒载量水平选择暴露后预防用药(图 3-6)，确定治疗剂量和连续使用时间(一般为 28 天)，建议在事故发生后的第 4 周、第 8 周、第 12 周和第 6 个月检测 HIV 抗体，以明确是否发生 HIV 感染。特殊情况下，如暴露者存在基础疾病，免疫功能差，产生抗体延迟，或艾滋病与丙肝合并感染、丙肝尚未发生血清学转换的，可适当延长 HIV 抗体检测的随访时间。长期从事与艾滋病相关工作的人员，随访周期可以延长至一年。

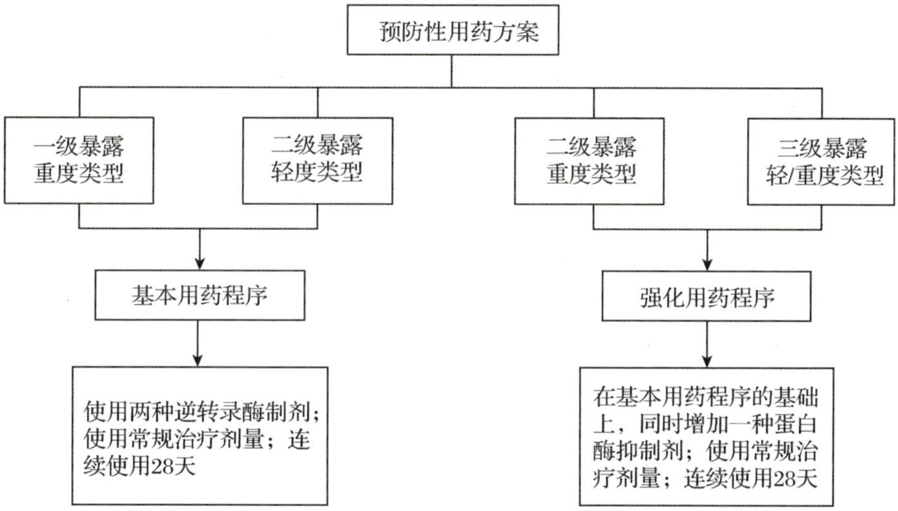

图 3-6 不同暴露级别和不同类型暴露源病毒载量水平的预防性用药方案①

对于容易发生职业暴露的人员，各级人民政府和相关部门应当在津贴补助、工伤认定、心理咨询服务等方面给予其积极支持和充分保障。

① 参见原卫生部《医务人员艾滋病病毒职业暴露防护工作指导原则(试行)》(卫医发〔2004〕108号)第 13 条。

第四章　禁毒防艾工作的基本理念与原则

内容导读

对于社会公众而言，一旦有涉艾高危行为，应当落实“早检测、早诊断、早援助、早治疗”的“四早”机制，坚持“发现即治疗”的原则；对于不幸感染了艾滋病病毒的人员，要反对污名化和拒绝歧视；对于妇女、老年人、青少年等特殊群体还要注意优先保护。近年来，联合国艾滋病规划署一直呼吁，各国应当废除使污名化和歧视长期存在的法律。严惩毒品犯罪、涉艾犯罪，需要坚持实体法层面的罪刑法定原则和程序法层面的程序法定原则。

教学目的和要求

通过本章的学习，学生应理解禁毒防艾的基本理念和原则；了解相关制度、机制的具体要求；提高对现实状况的理性认知水平和增强解决问题的责任担当意识。

教学重点和难点

(1)了解“健康优先”理念在禁毒防艾工作中的具体要求。

(2)认识贯彻“艾滋病感染到我为止”理念的障碍和解决路径。

(3)引导学生分析联合国艾滋病规划署为何特别强调对涉嫌犯罪的艾滋病病毒感染者和艾滋病病人要以非羁押措施为主，并在适用“监禁和剥夺自由措施”时坚持程序法定和零歧视原则。

教学内容和过程

(1)组织学生深入学习《未成年人保护法》和《预防未成年人犯罪法》。

(2)分组讨论：作为一名志愿者如何积极参与禁毒防艾工作中的公益活动。

(3)观看电影《费城故事》[1993 年；导演：乔纳森·戴米(Robert Jonathan Demme)]。

第一节　健康优先

一、健康优先与禁毒防艾工作

(一)健康优先的理念与本质

健康权是一项不可剥夺的人权。

在国家战略层面，坚持“健康优先”的理念，国家在整体发展目标和工作全局中坚持健康的首要地位。“将健康融入所有政策”(Health in All Policies，HiAP)是2013年世界卫生组织在第八届全球健康促进大会上提出的发展理念。有学者指出：“我们应该赋予人群健康以政治上的优先性，为此勾勒出清晰的目标并阐释其基本原理。”①

《“健康中国2030”规划纲要》指出，把“健康优先”作为全民共识和行动准则。在个人生活方式层面，养成健康的生活方式要做到理念先行。青少年的健康成长是实现“健康中国”这一宏伟蓝图的基石，以“健康优先”为理念，就要把青少年健康成长的重心放到他们的身体与心理健康上，将“健康优先”作为设计青少年发展目标的一项行动准则。②

(二)在禁毒防艾中的体现

众所周知，包括吸毒在内的物质滥用不仅容易损害人体的重要组织、器官，干扰和破坏正常的新陈代谢，还可能导致使用者产生各种精神异常征象。虽然艾滋病在《传染病防治法》中仍属于“乙类乙管”范畴，但其依然是一种致死性的重大传染病。为及时、有效地控制毒品、艾滋病在各级各类学校的流行，“健康优先”的理念应被融入学校教育的所有政策。

---

① 参见[美]劳伦斯·戈斯廷：《公共卫生法的理论与定义》，收录于[美]马克斯韦尔·梅尔曼等：《以往与来者：美国卫生法学五十年》，唐超等译，北京，中国政法大学出版社2012年版，第244页。

② 参见全国中小学和高校健康教育教学指导委员会：《中国儿童青少年体育健康促进行动方案(2020—2030)》。该行动方案以“文明其精神，野蛮其体魄”为出发点，从青少年所处的全生态环境入手，辐射课内、课外、校内、校外四大领域，形成校园、家庭、社区一体化的促锻炼、增体质机制。

二、“四早”机制与“发现即治疗”原则

在艾滋病防治工作中，贯彻“健康优先”理念，最为关键的一个环节是实现“四早”机制，即早检测、早诊断、早援助、早治疗，坚持“发现即治疗”的原则。

（一）早检测、早诊断、早援助、早治疗

1.“四早”机制的概念与要求

为落实《“健康中国2030”规划纲要》《国务院关于实施健康中国行动的意见》《遏制艾滋病传播实施方案（2019—2022年）》《教育部办公厅　国家卫生健康委办公厅关于切实加强新时代学校预防艾滋病教育工作的通知》等有关文件的精神，推进新时代学校预防艾滋病教育工作深入开展，全国学校预防艾滋病教育专家组专家在“推进艾滋病检测咨询，开展综合干预服务”工作中特别强调实现“四早”机制。具体而言，学校根据实际情况，因地制宜设立艾滋病自愿咨询检测点、快检点、自助检测材料和安全套自动售卖设施，开展综合干预；大力宣传尽早发现感染艾滋病的“四早”机制，引导有易感染艾滋病病毒高危行为的学生尽早接受咨询检测，落实早检测、早诊断；建立完善青年学生中艾滋病病毒感染者和艾滋病病人的援助、治疗流程，优化咨询和医疗服务，根据感染者的心理特点尽早开展一对一心理疏导，尽早开展免费抗病毒规范治疗，落实早援助、早治疗的工作原则。

许多人在最初意识到自己可能感染了艾滋病病毒的时候，往往会有强烈的情绪反应，包括恐惧、愤怒和不知所措等。尽管知道艾滋病“可防控、可管理、可治疗”，但仍然会感到害怕、无助、悲伤和焦虑，加上对个人信息和隐私泄露的担忧，部分感染者在检测确诊后不会立即使用阻断药物。根据“四早”机制的要求，如果发生了可能感染艾滋病的高危行为，那么应当立即向当地疾病预防控制中心、就近的艾滋病定点医院等机构寻求帮助，以便及时检测、及时服药。

2. 暴露前预防与暴露后预防的比较

一般来说，在预防感染的用药上，HIV阴性者可根据时间先后选择“暴露前预防”（Pre-Exposure Prophylaxis，PrEP）或“暴露后预防”（又称“暴露后阻断”，Post-Exposure Prophylaxis，PEP）两种方法：前者是暴露于HIV高感染风险前预防感染的方法，后者是暴露于HIV高感染风险后预防感染的方法（图4-1）。

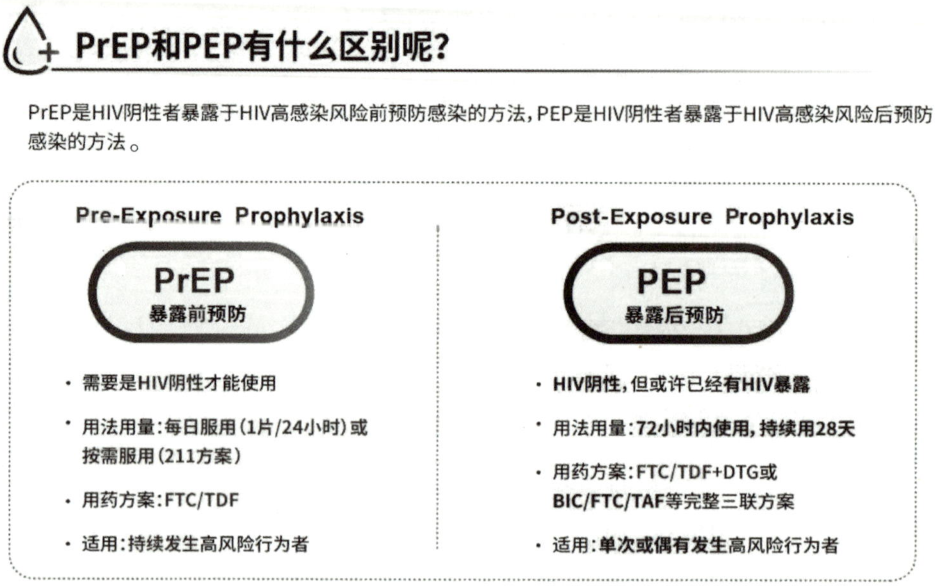

图 4-1　PrEP 与 PEP 的区别①

当前，对于一些有高危风险的非艾滋病病毒感染者而言，PrEP 是降低 HIV 感染风险的有效生物学预防方法。② 据报告，许多国家/地区已将世界卫生组织的 PrEP 推荐意见纳入国家/地区艾滋病诊疗指南。通过临床机构、疾控中心、社会组织、相关企业的携手联合推进，中国 PrEP 规范化实施模式日趋完善(图 4-2)。

在发生高危行为后，建议求询者根据 PEP 工作流程图(图 4-3)处理，在 72 小时内尽快服用阻断药物，越早越好。④ 结合临床经验来看，艾滋病阻断药物的最佳服用时间是在高危接触后 2 小时内，最好不要超过 24 小时的“黄金时间”；如果没能在这一“黄金时间”内及时服用药物，那么在 72 小时内也建议服

① 参见中国疾病预防控制中心性病艾滋病预防控制中心：《艾滋病病毒暴露后预防技术指南(试用)》，2020 年 10 月。

② 2020 年 8 月 11 日，“舒发泰”获得中国国家药品监督管理局批准，用于暴露前预防(PrEP)。“舒发泰”每天需服用一片。本教材仅对该类产品做知识普及，具体效用参见产品说明书。

③ 参见徐俊杰、黄晓婕、刘昕超等：《中国 HIV 暴露前预防用药专家共识》，载《中国艾滋病性病》，2020 年第 11 期。

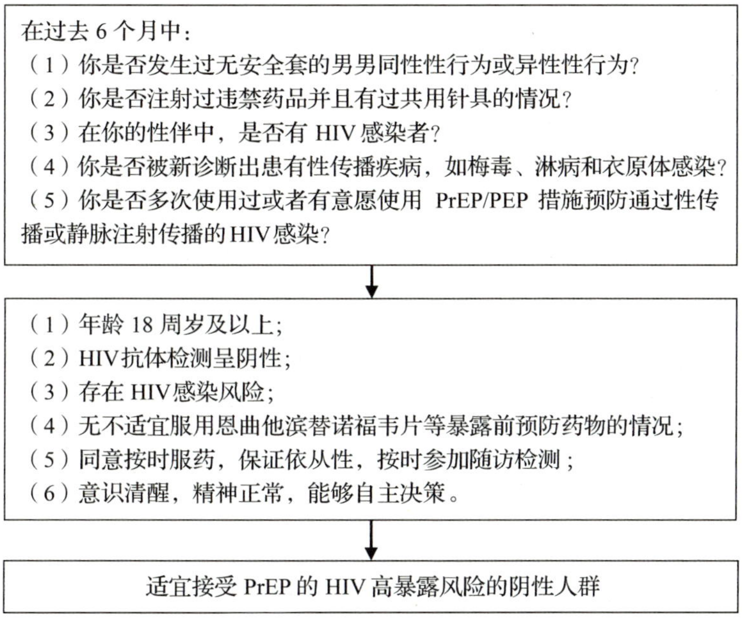

图4-2　启动HIV暴露前预防(PrEP)措施的风险评估流程①

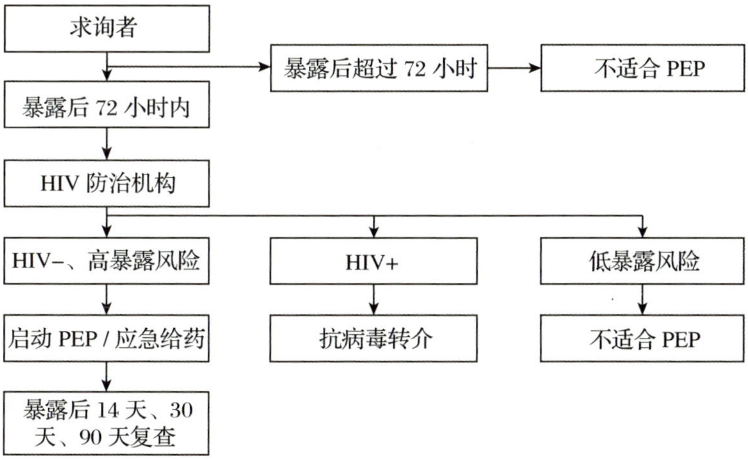

图4-3　PEP工作流程图②

① 需要注意的是，在发生接触伤口这一类型的高危行为后，一般应先用流动水、生理盐水或肥皂水等冲刷可能被感染的部位，同时挤压受伤部位的污血，进行局部的消毒。

② 参见中国疾病预防控制中心性病艾滋病预防控制中心：《艾滋病病毒暴露后预防技术指南(试用)》，2020年10月。

用。阻断药物一般需要每天服用一次或两次，持续 28 天。①

(二)“发现即治疗”原则

在确诊后，应当坚持“发现即治疗”的原则。这是因为，一些患者往往在出现机会性感染后才去医院诊断，在确诊时很有可能已经处于艾滋病期。提高早期治疗覆盖率，有利于减少耐药性的发生、降低药物的毒副作用；有利于恢复免疫功能、减少并发症和机会性感染；有利于延缓疾病进展、延长寿命；有利于减轻政府和家庭的经济负担，进而大大增加公共卫生体系的保护能力。原国家卫生计生委办公厅于 2016 年 6 月发布的《关于调整艾滋病免费抗病毒治疗标准的通知》积极推行“发现即治疗”原则，不再设置 CD4 细胞数门槛（图 4-4）。

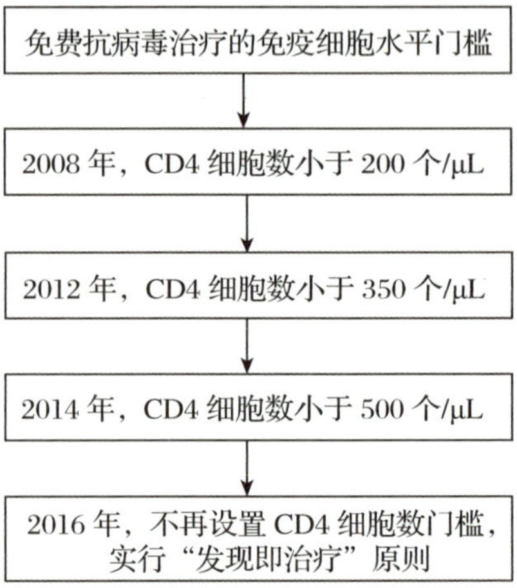

图 4-4　免费抗病毒治疗的 CD4 细胞数的门槛变化

此前，许多人对抗病毒治疗的效果缺乏科学认知，如固执地认为艾滋病病毒感染者和艾滋病病人是“将死之人”“半死之人”，将艾滋病视为“洪水猛兽”，甚至“谈艾色变”。坚持“发现即治疗”原则，体现了人们对艾滋病防治效果的期待和信任。“发现即治疗”这一原则为艾滋病病毒感染者和艾滋病病人指出了一个明确而坚定的方向：即使感染了艾滋病病毒，也无须过度恐慌或自陷“深渊”。

---

① 一般而言，暴露者用药前需经医生评估，检查肝肾功能及艾滋病抗体等，凭处方购买药物。坚持到医院复查，对于存在基础疾患或免疫功能低下、产生抗体延迟等特殊情况的暴露者，随访期可延长至 1 年。一旦出现急性期症状，不管在暴露后多长时间内均应进行 HIV 检测。用药期间的不良反应可能包括头晕、恶心、呕吐、乏力、厌食等。不良反应一般会在用药结束后自行缓解。如在这一期间难以耐受，可向医生寻求帮助，对症治疗。

艾滋病病毒感染者和艾滋病病人通过与医生进行全面、有效的沟通，结合高危行为的时间与采取安全措施的情况、年龄、筛查试验与临床表现等指标对 HIV 风险进行客观的评估、诊断，并立即接受专业、规范的治疗，是可以走出“深渊”，沐浴“阳光”的。当前，以 15 岁年龄为界限制定的分类诊断标准及诊疗指南已经较为成熟（表 4-1）。

表 4-1　HIV/AIDS 的诊断标准①

临床分期	诊断标准	
	成人及 15 岁以上青少年	15 岁以下儿童
Ⅰ期 （HIV 感染早期）	（1）3～6 个月内有流行病学史和（或）有急性 HIV 感染综合征和（或）有持续性全身性淋巴腺病 （2）抗体筛查试验无反应，2 次核酸检测均为阳性 （3）1 年内出现 HIV 血清抗体阳转	15 岁以下儿童 HIV 感染者的诊断需根据 CD4 细胞计数和相关临床表现进行
Ⅱ期 （HIV 感染中期）	（1）CD4 细胞计数为 200～500 个/μL （2）无症状或符合无症状期相关临床表现	

（三）防止主动、被动脱失

在艾滋病防治中，贯彻“健康优先”理念还要求艾滋病病毒感染者和艾滋病病人终身服药。在接受抗病毒治疗时，不能出现停止治疗或中断用药的脱失行为。坚持服药、定期随访是实现抗病毒治疗效果的基础。脱失行为会严重影响抗病毒治疗效果，甚至危害患者生命健康。目前，在我国多数艾滋病病毒感染者和艾滋病病人的治疗工作中，病毒载量基本上能够得到有效抑制，死亡率也已大幅降低。

---

①　参见中华医学会感染病学分会艾滋病丙型肝炎学组、中国疾病预防控制中心：《中国艾滋病诊疗指南（2021 年版）》，载《中国艾滋病性病》，2021 年第 11 期。

第二节　法定主义

在现代法治理论中，法定主义是重要的基本理念之一。在禁毒防艾工作的刑事法规制中，相关部门需要严格遵守刑法、刑事诉讼法的规定，坚持实体法层面的罪刑法定原则和程序法层面的程序法定原则，这是贯彻法定主义的重要内容。

一、罪刑法定原则

罪刑法定原则又称罪刑法定主义，即某一行为是否构成犯罪、构成什么罪、对犯罪处以什么刑罚，均须由法律预先明文规定，也即“法无明文规定不为罪，法无明文规定不处罚”。《刑法》第3条明确规定了罪刑法定原则：“法律明文规定为犯罪行为的，依照法律定罪处刑；法律没有明文规定为犯罪行为的，不得定罪处刑。”在学术界，罪刑法定原则还有一些派生原则。有的学者将其概括为排斥习惯法、禁止有罪类推、禁止重法溯及既往、排斥绝对不定期的刑罚；有的学者将其概括为明确性原则、严格解释原则、实体的正当程序原则等。[①]

对吸毒等物质滥用和传播艾滋病病毒等行为的法律评价受多种因素的影响，在不同的历史时期和不同的国家、地区，差异较大，甚至截然相反。例如，对于吸毒行为，在我国历史上曾将其视为犯罪。1813年，清朝嘉庆皇帝颁布的《吸食鸦片烟治罪条例》，开以刑法手段制裁吸毒者之先河。中华民国初期延续了《大清新刑律》中“关于鸦片烟之罪”的规定。

中华人民共和国成立后，对吸毒行为的法律评价经历了从刑事制裁与行政制裁并用到目前主要进行行政制裁的过程。1963年5月26日，中共中央颁布了《中央关于严禁鸦片、吗啡毒害的通知》，将吸食毒品的行为认定为犯罪并对吸毒犯强制戒毒。1973年1月13日，国务院颁发了《关于严禁私种罂粟和贩卖、吸食鸦片等毒品的通知》，规定了严惩偷运、贩运毒品的犯罪行为并对吸毒者实行强制戒毒。根据2005年通过、2012年修正的《中华人民共和国治安管理处罚

---

① 参见高铭暄、马克昌主编：《刑法学》，北京，北京大学出版社、高等教育出版社2022年版，第25-29页。

法》(以下简称《治安管理处罚法》)第 71 条至第 74 条的规定，对于尚未构成犯罪的下列行为，根据情节、数量等规定了罚款、拘留等处罚措施：(1)非法种植罂粟不满五百株或者其他少量毒品原植物的；(2)非法买卖、运输、携带、持有少量未经灭活的罂粟等毒品原植物种子或者幼苗的；(3)非法运输、买卖、储存、使用少量罂粟壳的；(4)非法持有鸦片不满二百克、海洛因或者甲基苯丙胺不满十克或者其他少量毒品的；(5)向他人提供毒品的；(6)吸食、注射毒品的；(7)胁迫、欺骗医务人员开具麻醉药品、精神药品的；(8)教唆、引诱、欺骗他人吸食、注射毒品的；(9)旅馆业、饮食服务业、文化娱乐业、出租汽车业等单位的人员，在公安机关查处吸毒、赌博、卖淫、嫖娼等活动时，为违法犯罪行为人通风报信的。对吸食、注射毒品的，根据法定主义要求，不得按照刑事犯罪进行追诉。

在禁毒防艾领域，也存在许多关于"刑事化"与否的争议。近些年来，联合国艾滋病规划署一直呼吁，各国应当废除使污名化和歧视长期存在的法律，限制刑事定罪范围。

二、程序法定原则

在刑事法治中，程序法定原则一般包括两个方面的内容：一是立法方面的要求，即刑事诉讼程序应当由法律事先明确规定；二是司法方面的要求，即刑事诉讼活动应当依据国家法律规定的刑事诉讼程序进行。①

在办理涉及禁毒防艾的刑事案件时，贯彻程序法定原则有利于防止程序滥用、程序失灵等情况，并促进国际合作。从国际上看，随着毒品犯罪组织越来越严密、分工越来越细致、涉及地域越来越广泛，打破传统司法主权论下的程序壁垒，促进跨国合作已经成为常态。例如，依法、合理地使用技术侦查措施是各国开展禁毒司法合作中的一个重点。《联合国禁止非法贩运麻醉药品和精神药物公约》《联合国打击跨国有组织犯罪公约》《联合国反腐败公约》等规定了"控制下交付"措施，且要求在遵循各国主权的基础上尊重其法律原则。

根据法定主义的主张，在禁毒防艾领域，应当严格贯彻"宽严相济"的刑事政策。

---

① 参见樊崇义：《刑事诉讼法学》，北京，法律出版社 2020 年版，第 62 页。

第三节　平等与反歧视

一、平等的概念与本质

法律上的平等是一种规则的平等、权利的平等，它反对特权和歧视。平等不是平均主义，也不是结果上的平等，而是允许合理的区别对待。在禁毒防艾的工作中，应当强化政府的持续性投入，改变影响实现平等的法律法规和相关政策措施，同时与社会支持体系积极衔接。

在禁毒防艾的实际工作中，不平等的机会配置和权利保障状况会加大相对弱势群体的生存和发展的压力，尤其是在生理上较为弱势的妇女、儿童以及容易受到传统观念冲击的单阳伴侣、男男性行为者、跨性别女性。

二、反歧视的概念与要求

(一)污名与污名化

根据考证，许多学者认为，stigma 一词源自古希腊，是关于某种图腾标记的说法，较早时期是指用灼热的烙铁在侍奉神的人身上留下记号，后来转变为指用刺或者烙的方式在奴隶或罪犯的躯体上留下记号。1963 年，美国社会学家戈夫曼将污名(stigma)界定为："为了暴露携带人的道德地位有点不寻常和不光彩而做一些记号。"[①]后来，美国学者林克(Link)、费兰(Phelan)又对污名的概念进一步修正，指出污名包含贴标签、刻板印象、隔离、地位丧失和歧视 5 个要素，是 5 个要素共同出现、发生的集合体。[②] 污名化是一个群体将人性的低劣品质强加在另一个群体之上并加以维持的动态过程。它是将群体偏向负面的特征刻板印象化，即"贴标签"。污名化的对象不一定具有"标签"上所呈现的特质。

① 关于 stigma，医疗和公共卫生领域通常译为"羞辱""病耻感""耻辱"；人类学、心理学、社会学、法学等领域通常译为"污名"。

② [美]林克、费兰：《概念化污名》，载《社会学年度评论》，2001 年第 27 期。

污名化会助长和加剧一些政策、制度设计和观念结构中的歧视。[①] “污名化”的要素和其在艾滋病中的诱因结构如图 4-5 所示。

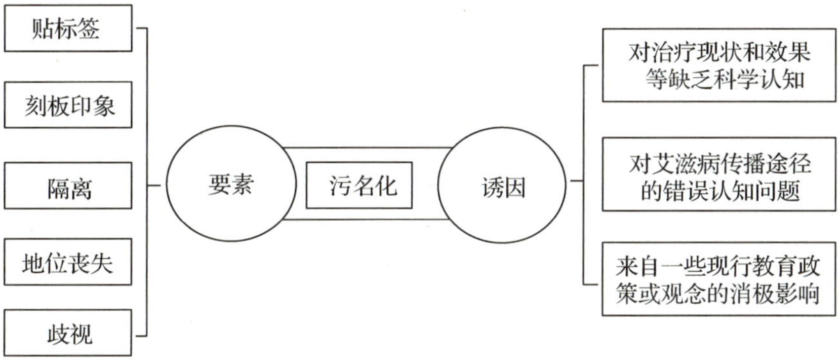

图 4-5 “污名化”的要素和其在艾滋病中的诱因结构

(二)歧视的表现与种类

在很多场合，吸毒人员甚至被归为“成瘾疾病”群体且被视为需要远离的病态化群体，被描述为“有病”“虚弱”“无法维持关系或正常生活”。也有一些人基于传播途径的“病耻感”，将艾滋病病毒感染者和艾滋病病人视为“不洁身自好的人”或者“道德败坏的人”。这些认知和评价具有污名化和歧视的特征。许多污名化的产生，既有个体的原因，比如出于自我保护的心理防御机制，或者出于受到威胁的道德体验；也有群体的原因，如受到宏观社会制度、社会结构等深层次因素的影响。对于被污名者来说，污名化不仅容易带来痛苦，还会加剧歧视和不平等对待现象。

对于艾滋病病毒感染者和艾滋病病人而言，外部歧视主要是指社会公众由于担心自身健康权利会被损害从而对其进行有意的诋毁甚至伤害，许多人因为从众心理也会盲目实施外部歧视行为。内部歧视主要是指感染者因艾滋病病毒的特殊感染途径对自身所产生的病耻感，同时也包括对自身感染艾滋病病毒的悔恨，对死亡的恐惧，以及对未来的绝望。病耻感根据表现形式可划分为预期病耻感、实际病耻感、内化病耻感。预期病耻感是指患者确诊后担心因患病而被羞辱的心理；实际病耻感，是指个体遭受他人的歧视或不公的对待而产生的

① 雷小政、闫姝月、周长维：《艾滋病防治中对优先人群的“去污名化”与特殊保障》，载《医学与法学》，2023 年第 1 期。

体验；内化病耻感，是指患者将患病归咎于自身而产生的自我贬低。外部歧视往往会加重艾滋病病毒感染者和艾滋病病人的内部歧视。

（三）反歧视原则

根据去污名化的要求，我国《艾滋病防治条例》第 3 条规定了反歧视的原则："任何单位和个人不得歧视艾滋病病毒感染者、艾滋病病人及其家属。艾滋病病毒感染者、艾滋病病人及其家属享有的婚姻、就业、就医、入学等合法权益受法律保护。"①在实践中，一些歧视性政策及做法在本质上侵犯了艾滋病病毒感染者和艾滋病病人的人格尊严权、隐私权、平等权等基本权利。②

许多人有这样的疑问，与艾滋病病毒感染者和艾滋病病人一起吃饭是否会感染艾滋病？在每年 5 月 26 日，即"国际反歧视午餐日"，许多医院、红丝带学校都会邀请社会各界人士积极主动与艾滋病病毒感染者和艾滋病病人共进午餐，为"艾"正名，消除歧视。在感染艾滋病病毒上，从流行病学的角度来说，其实每个人都是无辜者。从医疗救治、社会保障上看，实现"保险平等"是重要机制。为贯彻平等原则，切实解决弱势群体的困境，有必要"量体裁衣"，实现政府救助、社会捐助、保险支持和协同保障。

三、对特殊群体的保护

当前，艾滋病传播依然存在感染人群多样化、流行形势复杂化的特点，部分特殊群体的感染问题日益突出。注重对一些特殊群体的优先保护，可以促进平等。

2021 年《关于艾滋病病毒/艾滋病问题的政治宣言》特别主张，将性别平等和身处各种境况与条件下的所有妇女、女童的人权放在减轻艾滋病病毒风险和影响工作的首位，这是实现平等原则的重要内容。该宣言也敦促各成员国使用

---

① 1999 年，原卫生部《关于印发〈对艾滋病病毒感染者和艾滋病病人管理意见〉的通知》（卫疾控发〔1999〕第 164 号）规定："艾滋病病毒感染者和艾滋病病人及其家属不受歧视，他们享有公民依法享有的权利和社会福利。不能剥夺艾滋病病毒感染者工作、学习、享受医疗保健和参加社会活动的权利，也不能剥夺其子女入托、入学、就业等权利。"

② 在反歧视和去污名化的过程中，首先要解决的是"制度性"障碍。在国际上，有人认为，一些国家和地区将性工作、毒品使用、同性关系、性别不确定以及艾滋病病毒暴露、隐瞒和传播"非法化""定罪化"的法律反映并强化了针对关键人群及其家庭的社会偏见。但也有反对者认为，确定"非法化""定罪化"的范围时需要考虑一国的具体国情；严厉打击"黄赌毒"以及恶意传播艾滋病病毒的行为，具有现实合理性。

国家流行病学数据以识别其他具有高 HIV 暴露风险的优先人群，加强对“被边缘化和被定罪的脆弱群体”的优先保护(图 4-6)。

图 4-6　UNAIDS 对“被边缘化和被定罪的脆弱群体”的界定①

下面重点介绍三类特殊群体。

(一)妇女

相较于男性而言，在染毒、涉艾问题上，妇女群体由于自身生理、心理和外部社会评价的差异，往往面临更多的困境；也正因如此，社会必须投入更多的资源加强对妇女的保护。②

感染艾滋病病毒的孕产妇，应当在母婴阻断、生育安全等方面得到更为具体、细致的指导和帮助。

一些有被家暴、被性侵等经历的女性感染者，应当得到更为便利、专业的社会心理服务，以预防和疏导心理问题。

(二)老年人

当前，老年人感染艾滋病病毒的问题已成为全球重大公共卫生问题。老年人感染艾滋病后，病毒对其本人产生的危害十分突出。这是因为，相较于年轻

① 参见联合国艾滋病规划署官方网站。

② 据联合国艾滋病规划署的介绍，2014 年，一名肯尼亚女性艾滋病病毒感染者被卫生机构的专业人员强制实施了输卵管结扎手术，失去了生育能力。肯尼亚高等法院认为，未经本人同意实施这种手术侵犯了这名女性不受歧视的权利，是对其尊严、健康和家庭的伤害。规划署执行主任温妮·拜安伊玛(Winnie Byanyima)声称：“这一裁定是保护女性艾滋病病毒感染者性和生殖健康权的一大进步。”联合国艾滋病规划署提出，随时准备与各国政府合作，以杜绝此类行为的发生，使女性艾滋病病毒感染者能够在不遭受污名化和歧视的情况下获得医疗服务。

人而言，老年人的免疫力更低；感染后更不易被发现，以致延误治疗；患病后，其承受的舆论压力较大。全球 50 岁以上的患病人数正在逐年增加，且增加速度明显高于总体人口的发病率。① 例如，相关统计表明，相关比例由 2011 年的 22%上升到 2020 年的 44%。其中，60 岁以上男性艾滋病阳性新发病例占比由 2011 年的 7.41%上升到 2020 年的 18.21%。

此外，艾滋病防治工作需要结合老年人的感染原因"对症下药"，除加强禁毒防艾基本常识宣传、落实"四早"机制以外，还应当结合老年人常见的情感孤独、寂寞等问题提供社会心理服务、亲情关系修复、社交活动安全指导。

(三)青少年

1. 青少年感染状况

从全球来看，由于许多预防和干预措施缺乏针对性，加上教育的不平衡、保护力度的不到位，又因青少年生活方式、交往方式产生了巨大变化，青少年成为艾滋病的易感人群。

根据中国青少年艾滋病防治教育工程办公室、北京青爱教育基金会发布的《青爱工程"性教育防艾的社会疫苗"探索与实践》白皮书报告，目前，青少年学生成为艾滋病病毒感染高发人群。

大学生正处于心理变化及生理发育的活跃时期，也是艾滋病病毒的易感人群之一。据调查统计，部分在校大学生对艾滋病防治的关注度与认知水平堪忧。根据中国麦可思研究院公布的"2018 年在校大学生性知识教育调查"，55%的受访学生表示"不会刻意关注"艾滋病防治。

2. 最有利于未成年人原则

根据联合国《儿童权利公约》第 3 条的规定，关于儿童的一切行动，不论是由公私社会福利机构、法院、行政当局或立法机构执行，均应以儿童的最大利益为一种首要考虑。作为国际社会普遍认同的未成年人权利保护的最高指导性纲领，该条所确立的"儿童利益最大化"原则成为国际社会广泛认可和接受的处理一切关于儿童问题时首先要考虑的准则。2021 年 6 月正式施行的《未成年人保护法》中明确规定了"最有利于未成年人原则"。该规定是儿童利益最大化原则的本土化表达。与此同时，其分则部分也将未成年人作为首要权利主体，将其

---

① 在感染艾滋病病毒的相关统计中，基于免疫力状况，通常以 50 岁为标准界定老年人。

学习、生活的不同场所、场景进行动态展开，全方位、立体式地构建起政府、学校、家庭、社会、网络、司法六方的保护职责和具体要求，即“六大保护体系”。

根据《中华人民共和国家庭教育促进法》第16条的规定，未成年人的父母或者其他监护人应当关注未成年人心理健康，教导其珍爱生命，对其进行交通出行、健康上网和防欺凌、防溺水、防诈骗、防拐卖、防性侵等方面的安全知识教育，帮助其掌握安全知识和技能，增强其自我保护的意识和能力。在青少年预防艾滋病教育中，家庭教育起着非常关键的作用。面对未成年人提出的生殖、性等方面的问题，父母要用未成年人可接受的语言与方式进行解答，引导未成年人注重养成良好卫生习惯，并保持身体清洁。父母或者其他监护人及其他家庭成员要引导未成年人明白艾滋病病毒、未成年怀孕、性侵害、物质滥用等情况的危害性，引导未成年人平和地面对生理变化，减轻青春期躁动，远离和避免不安全性行为、性侵害等高危行为。

在全球艾滋病防治工作中，受艾滋病影响的儿童是一个受到社会各界高度关注的特殊群体。许多受艾滋病影响的儿童在生理、心理、行为、认知等方面存在一些特殊性，例如，因为监护缺失、监护不当等因素，儿童欠缺情感教育和人格培养，容易产生自闭和抑郁心理。根据“最有利于未成年人原则”，除家庭保护以外，受艾滋病影响的儿童需要更加细致的学校保护、社会保护、网络保护、政府保护、司法保护等。当前，许多地方结合当地受艾滋病影响儿童的实际情况，积极强化了政府主导、社会参与的保护体系建设[①]，如通过多种途径和方式确定家庭教育指导服务机构；要求民政、公安、卫生健康等部门对本地区的受艾滋病影响儿童的安全处境、监护情况、身心健康状况等进行调查评估，并根据评估后确定的类别、风险等级，采取相应的关爱保护措施；落实并提高对受艾滋病影响儿童的基本生活补贴。[②]

---

① 2015年5月27日，最高人民检察院发布《检察机关加强未成年人司法保护八项措施》，提出“推动建立未成年人司法借助社会专业力量的长效机制”，要求各级检察机关主动链接专业社会组织开展未成年人司法保护服务。2018年2月9日，最高人民检察院和共青团中央委员会签署了《关于构建未成年人检察工作社会支持体系合作框架协议》，明确界定社会组织参与未成年人司法保护服务的介入路径和制度保障。

② 雷小政、闫姝月：《患重大疾病未成年人监护问题的规范路径》，载《学术研究》，2024年第1期。

第四节 主体参与

一、主体参与的概念

在社会科学领域，治理是一个区别于传统统治或管理的理念，主要用于界定多主体参与的、共同解决公共问题和处理公共事务的过程。

党的十六大报告首次提出“社会治理”的概念。通常认为，社会治理是一个宽泛的概念，主要是指多元主体在社会领域对社会公共事务进行治理的过程、方式。从管理到治理的变化，突出了公共治理属性，体现了治理主体的多元化、治理决策的科学化与规范化。党的十九大报告从战略高度指出，加强和创新社会治理制度，提高社会治理社会化、法治化、智能化、专业化水平，打造共建共治共享的社会治理格局。党的十九届四中全会提出：“完善党委领导、政府负责、民主协商、社会协同、公众参与、法治保障、科技支撑的社会治理体系，建设人人有责、人人尽责、人人享有的社会治理共同体。”2015 年 12 月，中共中央、国务院印发的《法治政府建设实施纲要（2015—2020 年）》提出：“加强社会治理法律、体制机制、能力、人才队伍和信息化建设，提高社会治理科学化和法治化水平。”2021 年 1 月，中共中央印发的《法治中国建设规划（2020—2025 年）》指出：“广泛推动人民群众参与社会治理，打造共建共治共享的社会治理格局。完善群众参与基层社会治理的制度化渠道。”在我国社会治理方式改革中，主体参与主要体现为坚持系统治理，加强党委领导，发挥政府主导作用，鼓励和支持社会各方面参与，实现政府治理和社会自我调节、居民自治的良性互动。

目前，社会治理观正在经历与时俱进的发展，传统的政府管控模式和旧有的劳动教养体系中的一些强制性的教育矫治方式正在逐步退出历史舞台。针对处于社会弱势和困境状态下的特殊人群，强调主体参与、全面修复社会关系正成为当前社会治理中的一种新思维、新趋势。在防治艾滋病行动中，一个广泛的社会共识是，应当建立社会力量参与机制，以社会治理共同体意识为逻辑起点，整合不同的社会力量，形成社会治理合力。例如，“爱之家”禁毒防艾法律服务工作站和当地党委、政府、律师、警察、检察官、法官、医生、志愿者等群体，合力为艾滋病戒毒人员及其家庭在就业、就医、就学和法律等方面提供全方位的关爱帮扶。扶危解难的举措既有利于增强戒治成效，也有利于促进社会和谐。

案例链接

“爱之家”禁毒防艾法律服务工作站与志愿者关爱帮扶苏某某及其近亲属

苏某某因吸毒共用针具感染艾滋病病毒。经调查，苏某某从小和爷爷相依为命。在他1岁时，父亲就因吸毒去世。母亲在他3岁时也因病离世。他叔叔家还有5个孩子。这5个孩子的命运与他相似，其父母均因病相继离世。一个老人因抚养这6个孩子所遭受的苦难和困顿非常人所能理解。正因如此，苏某某与爷爷感情深厚。苏某某于2017年结婚，并育有一儿一女，照顾叔叔家5个孤儿和自己2个孩子的重担转移到了他和妻子的肩上。在一次偶然的聚会中，他看到朋友在吸食海洛因，并听说吸食之后就能安心睡觉，没有烦恼，没有压力，于是他有了第一次体验，之后逐渐成瘾，并由烫吸改为注射。他在2018年去医院就诊时被确诊为HIV阳性。

某强制隔离戒毒所民警了解到苏某某的家庭情况后，在指导他积极进行抗病毒治疗的同时，对他的家庭实施重点关爱帮扶，多次前往其家中解决实际困难。

在2020年中秋节来临之际，四川布拖县“爱之家”禁毒防艾法律服务工作站的干警和地方志愿者再次来到苏某某的家中，与苏某某的爷爷共同度过了一个团圆的节日。某平台上的爱心人士定向捐赠了衣服、食品等共计40件包裹。大家为老人换上新衣服，帮助老人将所有包裹拆开并登记造册，将暂时用不上的封箱留存，正用得上的归纳分类；还在食品上特别放大标注上生产日期和保质期，在老人的床上铺上厚实的被褥，为老人做了饺子、回锅肉、白菜圆子汤……老人对民警说，他这一辈子都没见到过这么多的好东西，它们把屋子都堆满了。老人真诚地感谢“爱之家”工作站的民警和各位好心的网友，他还想多活几年，争取把这些“东西”都用完。苏某某在得知大家对自己的亲人的帮助后，泪如雨下，表示“一定要戒除毒瘾，积极治疗，回去后好好善待家人，回报社会”。

二、政府主导、部门协同

许多吸毒人员、艾滋病病毒感染者和艾滋病病人在社会关系上面临较多的障碍，并在就学、就业、交友、婚恋等方面不时陷入困境。与其他社会治理问题有所不同的是，要实现对这一弱势群体的倾斜式保护，在禁毒防艾工作中就需要坚持政府主导、部门协同的具体原则。具体而言，作为社会治理重点场域的禁毒防艾工作应当贯彻“完善党委领导、政府负责、社会协同、公众参与、法治保障、科技支撑”的原则。

禁毒防艾工作要贯彻平等原则，尤其要实现一些“政策性改变”，建立健全立法、行政、司法联动治理体系：(1)对于立法和政策制定中的歧视性内容，依据《中华人民共和国立法法》完善合宪性审查与合法性审查。① (2)针对具体歧视行为，拓展更为多元、便利的救济渠道，完善多元化的纠纷解决机制，落实对歧视者的惩戒机制，强化对被歧视者的帮扶。(3)完善检察机关与相关执法部门、司法部门信息共享、案情通报、案件移送制度，发挥民事、行政公益诉讼领域的法律监督职能，督促行业整改、部门履职。

当然，在禁毒防艾工作中，政府的主导性不等于“大包大揽”，要尊重“专业分工”。例如，对于不适合由政府供给的专业性服务，应当优化政府购买服务目录，鼓励和支持政府购买。又如，对于相关政策的制定、专项计划和举措的评估与论证，政府要积极吸纳事业单位、社会力量的参与。

三、全社会参与

当前，我国社会治理改革的共同体建设十分重视人人有责、人人尽责、人人享有的全社会参与。我国禁毒防艾工作的一个核心策略也是以预防为先，动员全社会参与，实行综合治理。其中，积极培育和发展专业化的社会力量是一个重要的发展方向，许多社会力量比政府力量更能深入民间，更懂得民声，更了解民情。当前，在涉及未成年人毒品犯罪、涉艾犯罪案件中，许多公安司法机关积极吸纳社会工作者参与对犯罪嫌疑人、被告人的心理测评、社会调查、

---

① 一般而言，对地方政策提出审查或修订意见，可以通过以下四种途径：(1)行政复议或行政诉讼中的附带审查；(2)向人大常委会等提交合法性审查申请；(3)由人大代表或政协委员提交建议、议案或提案；(4)立法征求意见时提出意见。

帮教服务等工作，促进了“宽严相济”刑事政策和少捕、慎诉、慎押刑事司法政策的“落地”。

案例链接

福建胡某某贩卖毒品案①

胡某某，男，2001年9月出生，在校学生。2020年7月14日，胡某某通过社交软件，以人民币160元的价格将3颗重0.75克的“聪明药”贩卖给一男子。同年7月22日，胡某某通过社交软件与该男子再次商定以人民币100元的价格贩卖3颗“聪明药”，并约定在福建省漳州市诏安县某书店门口交易，交易时被公安机关当场抓获。经鉴定，查获的“聪明药”中检测出莫达非尼成分。

2020年8月26日，公安机关以胡某某涉嫌贩卖毒品罪向福建省晋江市人民检察院移送审查起诉。检察机关认为，胡某某在明知莫达非尼系国家管制的精神药品的情况下，为谋取非法利益，向他人贩卖含有莫达非尼成分的“聪明药”1.48克，其行为构成贩卖毒品罪。但是，胡某某贩卖毒品的数量较小，部分毒品未流入社会，且具有坦白、认罪认罚等从轻处罚情节，案发时系应届高三毕业生，学校证实胡某某在校期间一贯表现较好，且审查起诉时胡某某已被某技术学院录取。检察机关综合考虑胡某某涉嫌犯罪情节、在校表现、认罪悔过情况，决定就是否以贩卖毒品罪起诉胡某某召开听证会，邀请人大代表、公安机关代表、辩护人及熟悉学生身心特点的中学教师参与听证。听证员一致认为，胡某某主观恶性较小，作为在校期间一贯表现较好的准大学生，他具有教育挽救的可能性，同意对其做相对不起诉的意见。检察机关遂依法对胡某某作出不起诉决定。

检察机关本着对涉罪青少年高度负责的态度，制订个性化的帮教方案，主动对接学校、家庭、社区，不定期向被不起诉人胡某某及其家属询问其行为表现，关心其思想、生活、学习情况，向其提供由检察机关与社工事务所联合组织的帮教服务，由专业社工定期与其谈话，了解其思想动态，有针对性地加强引导教育，努力做到监管与教育并重，并组织其参加志愿活动，丰富其课余生活，促使其重塑积极向上的人生目标。目前胡某某已戒掉毒瘾，在校表现良好，成绩优异。

① 参见最高人民检察院《检察机关依法惩治新型毒品犯罪典型案例》，2021年6月25日。

在关爱帮扶艾滋病戒毒人员等特殊群体时，针对其具体的困境，要帮助他们实现从宏观到微观的“积极性改变”，往往需要社会力量广泛参与和专业机构的支持。在对受艾滋病影响儿童进行优先保护、特殊保护时，许多社会工作服务机构、公益慈善组织、志愿服务组织等积极融入其中，在服药指导、心理疏导、行为矫治、关系修复等专业服务上可以起到摸清需求、精准对接的作用。

在全面、深入贯彻“四免一关怀”政策时，能否实现全社会力量的参与和支持是影响其成效的一个关键问题。

第五章　全球战略与中国道路、中国经验

内容导读

在禁毒防艾工作中，坚持社会综合治理理念，以人的发展为中心，从物质、心理、法律等层面进行有效的建设，才有望在深层次的结构化因素中消除污名化和歧视因素的消极影响。

一直以来，中国积极支持和参与联合国在艾滋病防治上的全球性战略，将国际上的优秀经验和实践运用到国内，推动国际交流和合作。我国积极落实"四免一关怀"政策和遏制艾滋病传播的"六大工程"，基本实现"十三五"期间制定的艾滋病防治目标任务，尤其是有效地控制了母婴传播和通过注射吸毒传播等传播路径。在"十四五"期间，推进艾滋病防治工程需要从社会治理的角度优化其中的系统化思维、框架结构和运行机制。乡村地区的艾滋病防治工作还需要密切结合脱贫攻坚的经验，积极将禁毒工作融入乡村振兴事业。

教学目的和要求

通过本章的学习，学生应理解世界卫生组织、联合国艾滋病规划署在艾滋病防治及物质滥用防治上的核心战略；从宏观和微观上准确把握我国艾滋病防治工作与总体国家安全观、社会治理体系改革的密切关系；熟悉我国的“四免一关怀”政策和遏制艾滋病传播的“六大工程”。

教学重点和难点

(1)了解世界艾滋病日中的世界主题与中国主题。

(2)掌握防治艾滋病与总体国家安全观的关系。

教学内容和过程

(1)观看电影《最爱》(2011年；导演：顾长卫)。

(2)讨论：探讨“到2030年终结艾滋病流行”目标的内涵。

第一节 全球战略

在全球防治艾滋病的进程中，有哪些核心战略？这可以从一些重要活动、专业机构、主要目标、标准化建议等方面进行归纳和总结。

一、世界艾滋病日

1988 年 1 月，世界卫生组织将每年的 12 月 1 日定为世界艾滋病日，号召世界各国和相关国际组织在这一天举办相关活动，宣传和普及预防艾滋病的知识。确定世界艾滋病日并开展宣传活动，有利于加强全球公众对艾滋病的认知和理解，使世界人民共同肩负起防艾抗艾的使命和责任。

从 1988 年第一个世界艾滋病日开始，基于艾滋病防治工作进程的变化和防治过程中遇到的不同问题，世界卫生组织陆续确定了多个宣传主题。其中，2022 年，第 35 个世界艾滋病日的主题是“Equalize”，即平等化。如何理解这一主题的意蕴和宗旨？现任联合国秘书长古特雷斯（Guterres）在主题活动致辞中结合当前的困难和挑战进行了“点题”，“为消灭艾滋病，我们必须结束阻碍进步的不平等现象……在这个世界艾滋病日，我们齐声发出呼吁‘平等化’！‘平等化’口号是行动的口号，号召采取行之有效的实际行动，帮助终结艾滋病，提高艾滋病治疗、检测和预防服务的可用性、质量和适用性。这意味着需要更多的财政资源，更好的法律、政策和做法，以解决艾滋病病毒感染者，特别是边缘化人群面临的污名化和排斥的情况。每个人都需要被尊重、被接纳，也需要更好共享技术，特别是在全球南方和北方之间进行这种分享，从而平等地获得最好的艾滋病科学知识，使艾滋病大流行过程中长期存在的不平等现象能够而且必须得到克服。如果我们实现平等化，就可以终结艾滋病”。

在每年的世界艾滋病日，我国国家卫生健康委员会和国务院防治艾滋病工作委员会办公室会结合全球战略要求和我国的实际情况，确定当年的艾滋病日宣传主题。

二、联合国艾滋病规划署

联合国艾滋病规划署于 1996 年正式成立。联合国艾滋病规划署致力协调各方力量对抗艾滋病，汇聚了联合国系统下多家组织的努力和资源，包括联合国儿童基金会、联合国开发计划署、联合国教科文组织、联合国难民署、联合国人口基金、国际劳工组织、世界卫生组织等。1996 年 6 月，联合国艾滋病规划署在中国北京设立了办公室，即联合国艾滋病规划署驻华办事处。

联合国艾滋病规划署的主要职责是提高各国应对艾滋病的能力，确保长期、持续采取行动应对艾滋病的流行，具体包括帮助各国制定防治艾滋病的计划、政策，指导和协调有关艾滋病的预防和调查研究工作，降低社区对艾滋病的脆弱性和易感性，减轻艾滋病流行所造成的影响等。其核心战略和工作亮点大致包括以下几个方面。

1.“教育＋”倡议

“教育＋”倡议是一项基于权利促进性别平等的行动议程，旨在确保少女和年轻妇女有平等获得优质中等教育以及关键的教育和卫生服务的机会，并支持她们的经济自主权和赋权。这些改革可以帮助女性降低感染艾滋病病毒的概率和成为“少女母亲”的可能性。

2. 消灭儿童艾滋病全球联盟

2022 年 8 月 1 日，在加拿大蒙特利尔举行的第 24 届世界艾滋病大会上，联合国艾滋病规划署、联合国儿童基金会、世界卫生组织共同宣布成立“消灭儿童艾滋病全球联盟”。除联合国机构以外，该联盟还包括民间组织、受艾滋病影响最严重的一些国家政府及国际合作伙伴。

该联盟强调，为消灭儿童艾滋病，应优先采取以下行动：(1)缩小感染艾滋病病毒的孕产妇间的治疗差距，并优化治疗方案；(2)在孕产妇中预防、控制艾滋病病毒感染与传播；(3)为有高危行为、已经感染艾滋病病毒的婴儿、儿童和青少年提供可及的检测、治疗及后续护理的服务；(4)解决在权利和性别平等方面的问题，并应对阻碍获得服务的社会结构性障碍。

3. 平等获得抗击艾滋病病毒的前沿技术

根据世界卫生组织发布的《2017 年艾滋病毒耐药性报告》，艾滋病病毒的耐药问题日趋严重；同时，由于价格高昂、技术垄断等因素，部分人群无法及时获得 PrEP、PEP 等预防、阻断感染的药物。在全球大规模地应用防治艾滋病病毒的药物或者技术，对于实现“终结艾滋病”这一目标具有积极的意义。联合国艾滋病规划署呼吁，政府、企业和资助者应确保每一个需要长期抗逆转录病毒药物的人都能获得它们。

4. 挽救生命：非刑事化

2021年6月8日，在联合国大会艾滋病问题高级别会议上，各成员国同意设定一项目标：在2025年之前，将具有限制性法律与政策框架并导致服务可及性降低甚至缺失的国家比例降低至10%以下。这一目标针对的一个核心问题就是禁毒防艾领域刑事问题的扩大化，即仍有许多国家和地区将接触、不披露和隐性传播艾滋病病毒等行为归为刑事犯罪。对这部分人群的非罪化被认为是“到2030年终结艾滋病流行”的关键因素之一。2021年11月1日，联合国艾滋病规划署发表声明，呼吁各方采取紧急行动，纠正刑事化问题对艾滋病病毒、病毒性肝炎以及其他健康问题的负面影响。

5. 消除污名化与歧视的全球伙伴关系

2018年，在联合国艾滋病规划署方案协调委员会中非政府组织代表团(PCB NGO Delegation)的呼吁下，联合国艾滋病规划署、联合国妇女署、联合国开发计划署、全球艾滋病病毒感染者网络和全球抗击艾滋病、结核病和疟疾基金会等组织共同确立了“消除污名化与歧视的全球伙伴关系”(Global Partnership to Eliminate Stigma and Discrimination)，要求各国在6个方面采取行动反对污名化和歧视：医疗卫生、司法、教育、工作场所、社区和人道主义环境。

6. 全球艾滋病预防联盟

为进一步实现消除艾滋病的目标，全球艾滋病预防联盟于2017年成立并启动，旨在为全球新增艾滋病病毒感染者负担最重的28个国家的艾滋病预防计划带来新的动力，优化相关方案和干预措施，重新“点燃”这些国家对艾滋病预防的火热激情。

7. 艾滋病零歧视日

国际上的艾滋病防治领域有个重要的“三零愿景”：零新发感染、零歧视和零死亡。2014年2月28日，时任联合国副秘书长、联合国艾滋病联合规划署执行主任米歇尔·西迪贝(Michel Sidibé)在中国北京宣布，将于3月1日启动首个世界“艾滋病零歧视日”，并在每年确定主题、加强宣传，这旨在团结全球，消除对艾滋病一切形式的歧视性目光与做法。艾滋病零歧视日的主题标志为蝴蝶，象征着蜕变、重生、美丽和自由，也代表每个人对艾滋病病毒感染者和艾滋病病人的关爱与祝福。

2014 年，联合国艾滋病规划署提出了“到 2030 年终结艾滋病流行”的目标。其完整提法是指“在 2030 年以前终结艾滋病对公共卫生的威胁”，并不是治愈每个艾滋病病毒感染者和艾滋病病人。2015 年 9 月 25 日，联合国可持续发展峰会在美国纽约召开，正式通过了覆盖经济、环境、卫生、就业、教育、气候等方面的 17 个可持续发展目标，并承诺力争在 2030 年前实现。其中，“终结艾滋病”被列为目标 3——“良好健康与福祉”的重要内容之一，它与无贫穷、零饥饿、优质教育、性别平等、经济增长、缩小差距等目标的实现密切相关。

2016 年 6 月 8 日，联合国召开艾滋病问题高级别会议，各会员国一致通过《关于艾滋病病毒/艾滋病问题的政治宣言》，所有领导人承诺至 2030 年终结艾滋病流行。

2021 年 6 月 8 日至 10 日，联合国大会通过了新的全球艾滋病防治政治宣言，各国承诺“到 2030 年终结艾滋病流行”的目标不变，并为此采取更加切实的行动和努力。

第二节　中国道路与中国经验

2012 年 11 月 30 日，在第 25 个世界艾滋病日到来之际，中共中央总书记、中央军委主席习近平来到北京市社区药物维持治疗第七门诊部，看望艾滋病患者，参加艾滋病防治志愿者培训交流活动。习近平同志指出，防治艾滋病是一个复杂的医学问题，也是一个紧迫的民生问题、社会问题，需要全民参与、全力投入、全面预防；要从个人健康、家庭幸福、社会和谐的角度，看待艾滋病防治工作；要让每一个艾滋病感染者和病人都能感受到党和政府的关怀，感受到社会的温暖。

在我国，依据“全民参与、全力投入、全面预防”立场开展的艾滋病防治是一项关系到国家总体安全运行和发展的基础性、关键性工程。在贯彻全球性战略的同时，我国在艾滋病防治道路探索上有如下特色。

一、践行总体国家安全观

（一）总体国家安全观的概念

2015 年 7 月 1 日，第十二届全国人民代表大会常务委员会第十五次会议通过了《中华人民共和国国家安全法》（以下简称《国家安全法》）。《国家安全法》第 2 条规定："国家安全是指国家政权、主权、统一和领土完整、人民福祉、经济社会可持续发展和国家其他重大利益相对处于没有危险和不受内外威胁的状态，以及保障持续安全状态的能力。"

总体国家安全观是一个紧密联系、开放包容、观点相互贯通的科学思想体系。其核心要义是要以人民安全为宗旨，以政治安全为根本，以经济安全为基础，以军事、科技、文化、社会安全为保障，以促进国际安全为依托。在我国，艾滋病防治与总体国家安全观息息相关。

（二）体现人民安全

人民安全是国家安全的宗旨。国家安全工作归根结底是保障人民利益，实现人民安全。艾滋病的防治绝非"小众"问题，它已经事关中国的可持续发展和国家安全。禁毒防艾通识教育不仅关系社会公众的生命安全与健康，还影响整个社会秩序的和谐与稳定。当前，在艾滋病防治中，贯彻"不抛弃、不放弃、不歧视"的理念，同时在心理、医疗、法律等方面提供全面的帮助，促使艾滋病患者树立"艾滋病感染到我为止"的目标，有利于保障和维护人民安全。

如果说，总体国家安全观的核心目标是人民安全，那么青少年的健康成长、老年人的老有所依就是人民安全的重中之重。遏制艾滋病在青少年、老年人等重点人群中的传播，正是保障人民安全的核心体现。

（三）促进"微区域"安全

社会是一个整体，作为一个具有自我维系能力的结构，其可以分解为许多具有紧密关联的"微区域"。总体国家安全就是无数"微区域"安全的集合。"微区域"间进行安全交互、主客观的互动建构，形成社会整体稳定的保障机制。"微区域"安全是铸就社会整体稳定、总体国家安全的"细胞"。

艾滋病病毒感染者和艾滋病病人免疫力普遍低下，部分患者会同时感染其他传染性疾病。他们在生理、认知结构、机会性感染、社会支持等方面的特殊状态，更易引发社会公众对于自身健康与安全的担忧。可以说，越是对艾滋病病毒感染者和艾滋病病人持排斥、歧视态度，越会增加其融入社会和家庭的难度，越容易诱发他们报复社会的心理，并由此增加艾滋病的传播和扩散概率。

我国有一些出于吸毒、涉罪等原因收治、管理艾滋病病毒感染者和艾滋病病人的特定场所，如强制隔离戒毒所、看守所、监狱等。强化这些场所内安全管理和教育矫治手段，降低恶意传播率和再次违法犯罪率，不仅是保障场所内部安全的重要手段，也是提高外部社会安全系数的重要途径。许多戒毒场所在安全管理工作中以积极探索“六无”为主要工作目标，即所内无收治人员脱逃、无非正常死亡、无所内案件、无毒品流入所内、无生产安全事故、无重大疫情。“六无”目标体现了“微区域”安全的理念，有利于保障人民安全。

二、“四免一关怀”政策

（一）政策内容

根据《中华人民共和国宪法》第45条的规定，中华人民共和国公民在年老、疾病或者丧失劳动能力的情况下，有从国家和社会获得物质帮助的权利。为加强艾滋病防治工作，遏制艾滋病流行蔓延，维护正常经济社会秩序，自2006年，我国正式实施了“四免一关怀”政策。侧重于政府保障的“四免一关怀”政策及措施是我国艾滋病防治中最具代表性的一系列制度安排。在这项政策的推动下，艾滋病检测、抗病毒治疗、预防母婴传播以及高危人群预防和干预等重点工作取得了显著进展。

1.“一免”

免费抗病毒治疗。一开始是指农村和城镇未参加基本医疗保险等医疗保障制度的经济困难人员中的艾滋病病人，可到当地卫生部门指定的传染病医院或设有传染病区(科)的综合医院服用免费的抗病毒药物，接受抗病毒治疗。在实际工作中，艾滋病病毒感染者和艾滋病病人均可以获得抗病毒治疗的免费药物。

2.“二免”

免费自愿咨询检测。即所有自愿接受艾滋病咨询和病毒检测的人员，都可在各级疾病预防控制中心和各级卫生行政部门指定的医疗机构中进行免费咨询和艾滋病病毒抗体初筛检测。

3.“三免”

免费母婴阻断。即对已感染艾滋病病毒的孕妇，由当地承担艾滋病抗病毒治疗任务的医院提供健康咨询、产前指导和分娩服务，及时免费提供母婴阻断药物和婴儿检测试剂。

4.“四免”

艾滋病遗孤免费就学。即地方各级人民政府要通过多种途径筹集经费，开展艾滋病遗孤的心理康复工作，为其提供免费义务教育。在实际工作中，各级政府相关部门还为艾滋病遗孤和感染艾滋病儿童提供生活补助。

5.“一关怀”

国家对艾滋病病毒感染者和艾滋病病人家庭实施关怀救助。各级人民政府将经济困难的艾滋病病毒感染者和艾滋病病人及其家属纳入政府补助范围，按有关社会救济政策的规定给予生活补助，扶助有生产能力者从事力所能及的生产活动，增加其收入。

(二)评价

我国政府针对艾滋病病毒感染者和艾滋病病人及其家属实行的“四免一关怀”政策在运行中陆续解除了大部分患者的后顾之忧，帮助他们稳定了病情，减轻了心理压力，改善了生活质量，提高了抗病毒治疗的依从性。

其中，随着《未成年人保护法》《预防未成年人犯罪法》的实施和各地实施条例的出台，我们需要进一步深化“四免一关怀”政策与未成年人“六大保护”体系的融合，尤其是健全和优化对受艾滋病影响儿童等特殊群体的监护权、教育权的保障，减轻污名化和歧视对他们造成的伤害和不利影响。①

三、遏制艾滋病传播的“六大工程”

(一)“六大工程”的提出

2019 年，经国务院批准，国家卫生健康委员会、中央宣传部、中央政法委和教育部等十部门在联合发布的《遏制艾滋病传播实施方案(2019—2022 年)》中强调，在巩固现有防控成效的基础上，需要突出重点地区、重点人群和重点环

---

① 雷小政：《知艾防艾，强化青少年生命健康教育》，载《民生周刊》，2022 年第 16 期。

节，并精准实施“六大工程”。

1. 预防艾滋病宣传教育工程

该工程由艾滋病防治协调机制办公室牵头，具体包括：增强个人健康责任意识，加强公共场所和流动人口宣传，加强老年人宣传教育，加强易感染艾滋病危险行为人群的健康教育，加强媒体宣传，以提升防治宣传技术水平。

2. 艾滋病综合干预工程

该工程由卫生健康部门牵头，具体包括：大力推广使用安全套，强化综合干预，加强重点干预，充分发挥社会组织的作用。

3. 艾滋病扩大检测和治疗工程

该工程由卫生健康部门牵头，具体包括：完善检测策略，推进主动检测，加强流行病学调查和告知工作，不断提高抗病毒治疗服务质量。

4. 预防艾滋病社会综合治理工程

该工程由政法部门牵头，具体包括：依法做好相关领域社会管理，加强合成毒品等物质的管控，加强不法社交媒体和网络平台的清理。

5. 消除艾滋病母婴传播工程

该工程由卫生健康部门牵头，具体包括：落实预防母婴传播综合干预措施，提升预防艾滋病母婴传播的综合服务水平，逐步开展消除艾滋病母婴传播的工作。

6. 学生预防艾滋病教育工程

该工程由教育部门牵头，具体包括：强化部门协同合作，加强普通中学、中等职业学校的性健康和预防艾滋病教育，落实普通高等学校、职业院校预防艾滋病教学任务，开展多种形式的宣传教育和综合干预活动。

（二）与脱贫攻坚、乡村振兴的融合

脱贫攻坚与乡村振兴是中国共产党为实现“两个一百年”奋斗目标制定的重要战略，也是社会治理体系改革的“重头戏”。①

在乡村地区完善艾滋病防治工程中，保障艾滋病病毒感染者和艾滋病病人劳动和就业的权利与乡村振兴事业发展密切相关。这关系到他们的生存保障、

① 2021年7月1日，习近平总书记在庆祝中国共产党成立100周年大会上庄严宣告，经过全党全国各族人民持续奋斗，我们实现了第一个百年奋斗目标，在中华大地上全面建成了小康社会，历史性地解决了绝对贫困问题，正在意气风发向着全面建成社会主义现代化强国的第二个百年奋斗目标迈进。

社会融入，以及乡村“微区域”安全。稳定就业、增加劳动收入也是帮扶这一群体顺利回归社会的关键所在。在强制隔离戒毒场所、看守所、监狱里，许多收治或关押的艾滋病病毒感染者和艾滋病病人来自乡村，出所后也大多会回到乡村。许多场所积极探索帮扶多渠道就业的措施，加强知识培训，极大降低了这一人群融入乡村建设的难度。①

（三）全国学校深化预防艾滋病教育

1. 全国学校预防艾滋病教育“七个共识”

教育部、国家发展和改革委员会、财政部、国家卫生健康委员会、国家市场监督管理总局印发的《关于全面加强和改进新时代学校卫生与健康教育工作的意见》为我国禁毒防艾通识教育在全国学校的落地提供了具体措施和明确要求，具体包括：构建分学段、一体化健康教育内容体系；修订《中小学健康教育指导纲要》，落实《普通高等学校健康教育指导纲要》；崇尚科学、尊重生命，引导学生主动学习掌握日常锻炼、传染病预防、食品卫生安全、合理膳食、体格检查、心理健康、生长发育、性与生殖健康、心肺复苏、安全避险与应急救护等方面的知识和技能；把预防新型毒品等毒品教育纳入健康教育课程；落实预防艾滋病专题教育任务，加强青春期、性道德和性责任教育；开发健康教育教学资源；开展全国学校健康教育示范课与教研交流。

为进一步推进新时代学校预防艾滋病教育工作，促进青年学生身心健康，教育部全国学校预防艾滋病教育专家组在2021年7月9日发布以下专家共识：(1)履行部门职责，健全协同合作机制；(2)建设学校预防艾滋病教育师资队伍，加强师资培训；(3)开展多种形式的预防艾滋病宣传教育，做到人群精准化；(4)创新行为干预方法，倡导健康生活方式；(5)推进艾滋病检测咨询，开展综合干预服务；(6)提供心理支持，共建和谐校园；(7)以社会主义核心价值观为引领，树立健康第一的理念。

---

① 具体措施大致包括：积极引入志愿者和导师进行就业与创业的职业培训，授予等级证书；对参加电大、函大、高等教育自学考试者，协调有关部门为他们提供必要的条件与知识培训；成立转介帮扶中心，协调户籍所在地或者现居住地公安机关、现居住地司法机关、疾控中心、定点医疗机构、民政部门和村(居)委员会，完成基本信息转介、医疗信息转介以及后续照管工作，实现出所后生活有着落、就业有门路。

2. 青年学生预防艾滋病教育核心信息

为遏制艾滋病在青年学生人群中的传播和流行，促进青年学生身心健康，在教育部、国家卫生健康委员会有关司局的指导下，中国疾病预防控制中心性病艾滋病预防控制中心联合教育部全国学校预防艾滋病教育专家组，根据青年学生的特点和需求，修订了《青年学生预防艾滋病宣传教育核心信息(2021版)》，为学校开展预防艾滋病宣传教育工作提供参考和指导。

(1)危害性认识。

①了解艾滋病是一种危害大、病死率高的重大传染病，目前既不可治愈，也没有疫苗。

②了解目前我国青年学生中艾滋病主要传播方式为性传播，特别是男性同性性行为传播。

③了解不能通过外表判断一个人是否感染了艾滋病病毒，只有通过检测才能判断。

(2)预防知识。

①学习掌握性健康知识，提高自我保护意识与技能，做自己健康的第一责任人。

②了解拒绝不安全性行为，正确使用安全套。

③了解使用毒品会增加感染艾滋病病毒的风险。

④了解性病可增加感染艾滋病病毒的风险，必须及时到正规医疗机构诊治。

⑤了解使用消毒不严格的被艾滋病病毒感染的工具文眉、打耳洞、拔牙等也有造成艾滋病传播的可能。

⑥了解日常学习和生活接触不会传播艾滋病。

⑦了解发生易感染艾滋病危险行为后，必要时可采取药物阻断，减少艾滋病病毒感染的风险。

(3)检测与治疗。

①了解发生高危行为后，应该主动进行艾滋病检测与咨询，早发现、早诊断。

②了解疾控中心、医院等机构均能提供保密的艾滋病咨询和检测服务。

③明白感染艾滋病病毒后应尽早接受抗病毒治疗。

(4)法律法规。

①了解艾滋病病毒感染者和艾滋病病人应得到理解和关怀，反对歧视艾滋病病毒感染者和艾滋病病人。

②了解故意传播艾滋病要承担法律责任。

3. 建立健全校园工作体系

根据上述规范性文件的精神，各学校作为禁毒防艾教育的直接责任主体和实施主体，应当建立自上而下的组织领导体制，加强统一规划管理，明确责任划分，加强分工协作。结合各地实践探索，可以提炼出以下校园工作体系改革方案。

(1)与主管机关、部门的沟通机制。

各级政府防治艾滋病工作办公室和卫生健康部门应当积极协调落实年度防艾经费，并设立专项经费用于教育系统和各学校预防艾滋病教育。卫生健康部门会同教育行政部门规范和落实各学校艾滋病情况通报制度、定期会商机制、师资培训和宣传活动。

各学校应将预防艾滋病教育情况纳入年度业务考评。对禁毒防艾教育工作不负责任、造成严重后果的部门和个人，应当依法严肃问责。

(2)传染性疾病防控领导小组。

传染性疾病防控领导小组可作为校园禁毒防艾教育的主管机构，与卫生健康部门等可以定期组织情况通报和防控会议。

该小组应当协调相关院系，融合交叉学科完善禁毒防艾课程建设；发挥校团委对学生社团的领导职能，组织多元化的主题宣传活动；鼓励和支持学生成立禁毒防艾方面的社团；在校园防治艾滋病教育中倡导“不歧视、不抛弃、不放弃”理念，并在保护个人信息和隐私的基础上为感染艾滋病病毒学生提供必要的关爱帮扶。

(3)校医院、心理咨询中心等部门综合干预。

各学校应当设置便于学生咨询的传染性疾病服务窗口和绿色通道，为学生提供免费的咨询、检测、诊断服务。如有学生发生高危行为或被诊断感染艾滋病病毒，向学校寻求帮助，校医院和心理咨询中心等应当启动应急预案，指导学生进行暴露前预防、暴露后预防。

(4)推广安全套和艾滋病检测包。

各学校应当重视全面性教育工作，加强对不安全性行为的反思性教育和对安全性行为的指导性教育。

各学校应当根据实际情况，在学生公寓、校医院等相关场所提供免费的、品质有保障的安全套、自助检测材料。[①]

① 一般认为，安全套能有效地避免体液接触，降低暴露风险，在发生性行为时正确地使用安全套是预防艾滋病最有效的措施。建议使用安全套时注意以下规则：(1)通过正规渠道领取或购买，使用前要注意安全套的有效期、生产厂家及合格证；(2)在发生性行为前，准备两个或以上安全套，以备破裂时立即更换；(3)在阴茎勃起未接触对方性器官前要戴上安全套；(4)戴安全套前，要将安全套前端的小囊捏扁；(5)射精后应立即抽出，注意安全套有无破损；(6)一个安全套只能使用一次。

第六章　新时代法治建设与公共法律服务

内容导读

党的二十大报告指出，法治社会是构筑法治国家的基础。目前，我国围绕禁毒防艾工作已经形成包括宪法、法律、行政法规、行政规章、地方性法规、团体与行业规范等在内的较为全面的禁毒防艾法治体系。在禁毒防艾工作中，我国强化了法律保障机制，在立法、执法、司法、守法各环节基本上遵循了刚柔并济、宽严相济的策略：一方面，对毒品犯罪案件、涉艾犯罪案件坚持“从严惩治”的方针；另一方面，绝大多数艾滋病病毒感染者和艾滋病病人，包括艾滋病戒毒人员，即使是因吸毒共用针具而感染的，实际上都可归为被动感染、无辜感染的不幸群体。针对他们可能遭受的诸多污名化和歧视问题，我国依据平等原则相继完善了司法救济机制和公共法律服务体系。当前，根据全面依法治国战略，有必要在艾滋病病毒感染者隐私权、受教育权、劳动就业权、婚姻自主权与生育权等方面进一步实施倾斜式保护。

教学目的和要求

通过本章的学习，学生应了解最高人民法院《关于审理毒品犯罪案件适用法律若干问题的解释》和“两高两部”《关于依法严厉打击传播艾滋病病毒等违法犯罪行为的指导意见》的出台背景、意义和主要规定；理解艾滋病病毒感染者和艾滋病病人，包括艾滋病戒毒人员，在隐私权、受教育权、劳动就业权、婚姻自主权与生育权等权利保障上的特殊困难；探讨全面建立健全依法治艾体系的路径。

教学重点和难点

(1)了解各类毒品犯罪的构成要件，掌握与艾滋病病毒传播关系较为密切的毒品犯罪类型。

(2)辨析恶意传播艾滋病病毒时故意伤害罪与传播性病罪的差异。

(3)分析在刑事、行政、民事等领域强化对吸毒、染艾特殊人群进行倾斜式保护的正当性及现实局限。

(4)从法教义学的角度分析《中华人民共和国民法典》(以下简称《民法典》)第1053条中婚姻一方对重大疾病的如实告知义务、违反如实告知义务的婚姻撤销权、一年的除斥期间等法律规定。

教学内容和过程

(1)观看《中国艾滋病实录》(2011年；导演：张征)。

(2)小组讨论：在依据平等原则保护艾滋病病毒感染者和艾滋病病人的隐私权、受教育权、劳动就业权、婚姻自主权与生育权等基本权利时，如何与社会公众的知情权、健康权等之间实现价值平衡。

近年来，为深入推进禁毒防艾工作，我国针对毒品犯罪、涉艾犯罪坚持了“从严惩治”的方针和“依法严厉打击”的态度。在惩治犯罪的同时，如何贯彻尊重和保障人权的原则？如何厘定出罪与入罪、此罪与彼罪、一罪与数罪的界限？

第一节　毒品犯罪案件的刑事法规制

一、毒品犯罪的概念

毒品犯罪，是指违反国家有关禁毒的法律法规，破坏毒品管制活动，应该受到刑法处罚的犯罪行为。我国对毒品犯罪案件坚持从严惩治的方针。其中，《刑法》在第 6 章第 7 节毒品犯罪中具体规定了 12 项罪名。2016 年，最高人民法院发布的《关于审理毒品犯罪案件适用法律若干问题的解释》系统规定了 28 种毒品的定罪量刑数量标准，新增了甲卡西酮、曲马多、安钠咖等 12 种新类型毒品的定罪量刑数量标准，下调了涉及氯胺酮的定罪量刑数量标准。

在 2023 年的第 36 个国际禁毒日，最高人民法院公布了 10 起毒品犯罪和涉毒次生犯罪典型案例。这些案例被认为表明了我国“零死角”打击毒品犯罪的坚定立场，有利于增强全民识毒、防毒、拒毒意识。当前，在我国所有犯罪案件中，毒品犯罪案件占比大、配置刑罚重、死刑适用数量多。

毒品犯罪是艾滋病传播的“温床”。各类毒品犯罪的泛滥，都会直接或间接地加剧艾滋病经注射吸食毒品、吸毒后不安全性行为传播的情况。严厉打击各类毒品犯罪是艾滋病防治工程中至关重要的一个环节。

二、涉及毒品罪名的具体认定

(一)走私、贩卖、运输、制造毒品罪

走私、贩卖、运输、制造毒品罪是指明知是毒品而故意实施违反海关、工商、交通、运输、毒品管理等行政法规，走私、贩卖、运输、制造毒品的行为。本罪是选择性罪名。本罪的主体界定如下：贩卖毒品罪的主体为已满 14 周岁的人；走私、运输、制造毒品罪的主体为一般主体，即达到刑事责任年龄且具有

刑事责任能力的自然人。本罪侵犯的客体是国家对毒品的管制以及他人的身心健康权利。本罪的客观方面表现为走私、贩卖、运输、制造毒品的行为。走私毒品，是指明知是毒品而非法将其运输、携带、邮寄进出国(边)境的行为。贩卖毒品，是指出售毒品，或者以出售为目的而购入毒品的行为。运输毒品，是指明知是毒品而采取携带、邮寄、利用他人或者使用交通工具等方法在国(边)境范围内将毒品从一地运送到另一地的行为。制造毒品，是指对天然原料进行加工，从中提炼、配制出毒品，或者以人工合成方法将化学原料合成为毒品的行为。本罪的主观方面表现为故意。法律对犯此罪的处罚进行了区分规定。

根据《刑法》第 347 条的规定，走私、贩卖、运输、制造毒品，有下列情形之一的，处十五年有期徒刑、无期徒刑或者死刑，并处没收财产：(1)走私、贩卖、运输、制造鸦片一千克以上、海洛因或者甲基苯丙胺五十克以上或者其他毒品数量较大的；(2)走私、贩卖、运输、制造毒品集团的首要分子；(3)武装掩护走私、贩卖、运输、制造毒品的；(4)以暴力抗拒检查、拘留、逮捕，情节严重的；(5)参与有组织的国际贩毒活动的。

走私、贩卖、运输、制造鸦片二百克以上不满一千克、海洛因或者甲基苯丙胺十克以上不满五十克或者其他毒品数量较大的，处七年以上有期徒刑，并处罚金。走私、贩卖、运输、制造鸦片不满二百克、海洛因或者甲基苯丙胺不满十克或者其他少量毒品的，处三年以下有期徒刑、拘役或者管制，并处罚金；情节严重的，处三年以上七年以下有期徒刑，并处罚金。

单位犯走私、贩卖、运输、制造毒品罪的，对单位判处罚金，并依照《刑法》第 347 条的规定处罚其直接负责的主管人员和其他直接责任人员。利用、教唆未成年人走私、贩卖、运输、制造毒品，或者向未成年人出售毒品的，从重处罚。对多次走私、贩卖、运输、制造毒品，未经处理的，毒品数量累计计算。

目前，涉案毒品结构正逐步发生变化：传统、新型毒品“并存”格局愈加明显。海洛因、甲基苯丙胺、氯胺酮通常占据涉案毒品前三位，但涉甲卡西酮、γ-羟基丁酸、合成大麻素、氟胺酮等新型毒品的犯罪数量总体呈上升态势。[①] 对于走私、贩卖、运输、制造毒品罪的，应当强化对涉合成毒品、新型毒品案件的打击力度。同时，也要注意到，非药用麻醉药品、精神药品和新精神活性物

---

① 参见孙航：《党的十八大以来的人民法院禁毒工作》，载《人民法院报》，2022 年 6 月 26 日。

质的交叉滥用、多物质滥用等问题较为严峻，对青少年的生命安全与健康构成了较大威胁；在许多个案中，它们也是加剧艾滋病传播的主要物质。新型活性物质已具有毒品地位，被列入管制，对走私、贩卖、运输、制造此类物质者，应当重拳出击，从严惩治。

根据 2022 年公安部、国家烟草专卖局、国家市场监督管理总局、教育部联合印发的《清理整治向未成年人销售电子烟严厉打击涉电子烟违法犯罪专项工作方案》，在各级各类学校周边，要依法查处销售电子烟的违法行为，严厉打击在电子烟油中添加合成大麻素等新型毒品的违法犯罪案件，彻查生产源头，捣毁制售网络。

（二）非法持有毒品罪

非法持有毒品罪是指违反国家毒品管理法规，非法持有毒品且数量较大的行为。本罪的主体是一般主体，即达到刑事责任年龄且具有刑事责任能力的自然人。本罪侵犯的客体是国家对毒品的管制以及他人的身心健康权利。本罪的客观方面表现为行为人非法持有毒品且数量较大的行为。本罪的主观方面表现为故意，行为人须明知是毒品而非法持有，但不一定要明知毒品名称、数量、含毒量等要素。

根据《刑法》第 348 条的规定，非法持有鸦片一千克以上、海洛因或者甲基苯丙胺五十克以上或者其他毒品数量较大的，处七年以上有期徒刑或者无期徒刑，并处罚金；非法持有鸦片二百克以上不满一千克、海洛因或者甲基苯丙胺十克以上不满五十克或者其他毒品数量较大的，处三年以下有期徒刑、拘役或者管制，并处罚金；情节严重的，处三年以上七年以下有期徒刑，并处罚金。

近年来，随着我国戒毒管控措施不断加强，非法持有毒品犯罪呈下降趋势。根据统计，2021 年全国法院一审审结非法持有毒品案件 1 595 件，较 2015 年高峰时期的 10 875 件下降了 85.33%。①

（三）包庇毒品犯罪分子罪

包庇毒品犯罪分子罪是指向司法机关做假证明掩盖其罪行，或者帮助其湮灭罪证，以使毒品犯罪分子逃避法律制裁的行为。本罪的主体是一般主体，即

① 参见孙航：《党的十八大以来的人民法院禁毒工作》，载《人民法院报》，2022 年 6 月 26 日。

达到刑事责任年龄且具有刑事责任能力的自然人。本罪侵犯的客体是司法机关同毒品犯罪分子做斗争的正常活动。本罪的客观方面表现为向司法机关做假证明掩盖其罪行，或者帮助其湮灭罪证，以使毒品犯罪分子逃避法律制裁的行为。其中被包庇的对象只能是走私、贩卖、运输、制造毒品的犯罪分子。本罪的主观方面表现为故意，行为人必须明知包庇对象是走私、贩卖、运输、制造毒品的犯罪分子。

根据《刑法》第 349 条的规定，犯本罪的，处三年以下有期徒刑、拘役或者管制；情节严重的，处三年以上十年以下有期徒刑。掩护、包庇走私、贩卖、运输、制造毒品的犯罪分子的缉毒人员或者其他国家机关工作人员，依照该条第 1 款的规定从重处罚。

（四）窝藏、转移、隐瞒毒品、毒赃罪

窝藏、转移、隐瞒毒品、毒赃罪是指明知物品是毒品或者毒品犯罪所得的财物而为犯罪分子窝藏、转移、隐瞒的行为。本罪的主体是一般主体，即达到刑事责任年龄且具有刑事责任能力的自然人。本罪侵犯的客体是国家对毒品的管制和国家司法机关的正常活动。本罪的客观方面表现为走私、贩卖、运输、制造毒品的犯罪分子窝藏、转移、隐瞒毒品、毒赃的行为。本罪的主观方面表现为故意，要求行为人明知是用于走私、贩卖、运输、制造的毒品、毒赃而故意实施上述行为。

根据《刑法》第 349 条的规定，犯本罪的，处三年以下有期徒刑、拘役或者管制；情节严重的，处三年以上十年以下有期徒刑。

（五）非法生产、买卖、运输制毒物品、走私制毒物品罪

非法生产、买卖、运输制毒物品、走私制毒物品罪是指非法生产、买卖、运输醋酸酐、乙醚、三氯甲烷或者其他用于制造毒品的原料、配剂，或者携带上述物品进出境的行为。严厉打击这类犯罪，有利于切断后续毒品犯罪的源头。本罪的主体是一般主体，即达到刑事责任年龄且具有刑事责任能力的自然人。根据《刑法》第 350 条第 3 款的规定，单位亦属于该罪主体。本罪侵犯的客体是国家对醋酸酐、乙醚、三氯甲烷或者其他用于制造毒品的原料或者配剂的管制。本罪的客观方面表现为行为人实施了非法生产、买卖、运输制毒物品、走私制毒物品的行为。本罪在主观方面均以故意为限，要求行为人明知是制毒物品而

实施生产、买卖、运输、走私的行为。

根据《刑法》第350条的规定，犯本罪且情节较重的，处三年以下有期徒刑、拘役或者管制，并处罚金；情节严重的，处三年以上七年以下有期徒刑，并处罚金；情节特别严重的，处七年以上有期徒刑，并处罚金或者没收财产。对犯《刑法》第350条前两款罪的单位，判处罚金，并依照该条前两款的规定处罚其直接负责的主管人员和其他直接责任人员。

案例链接

马某某等非法生产、买卖、运输制毒物品案①

2019年三四月份，被告人马某某、胡某某共谋出资生产制毒物品盐酸羟亚胺。马某某委托被告人李某某寻找场地并负责生产，聘请被告人许某某作为技术员指导生产，胡某某负责提供生产工艺图纸。后李某某租用山西省介休市一公司作为生产窝点，与许某某等人组织工人生产盐酸羟亚胺。同年12月，马某某、胡某某从被告人刘某某处购买易制毒化学品溴素5 010千克及甲苯12 000千克，运至上述窝点。马某某等人生产盐酸羟亚胺共计2 723.67千克，出售1 470千克，其中，马某某15次参与出售1 470千克，胡某某6次参与出售630千克，李某某7次参与出售900千克，被告人周某某4次参与出售615千克，被告人王某某4次参与出售300千克，被告人祁某某2次参与出售100千克，马某某、胡某某、李某某、周某某、王某某还参与运输盐酸羟亚胺。2020年6月15日，公安人员在江苏省建湖县马某某岳父家查获马某某、胡某某藏匿的盐酸羟亚胺1 253.67千克、含有羟亚胺和邻氯苯基环戊酮成分的固液混合物260.69千克。

本案由江苏省盐城市亭湖区人民法院审理。法院认为，被告人马某某、胡某某、李某某非法生产、买卖、运输制毒物品，情节特别严重，其行为均已构成非法生产、买卖、运输制毒物品罪。被告人许某某非法生产制毒物品，情节特别严重，其行为已构成非法生产制毒物品罪。被告人周某某、王某某非法买卖、运输制毒物品，情节特别严重，其行为均已构成非法买卖、运输

① 参见《最高人民法院2021年十大毒品（涉毒）犯罪典型案例》，载《人民法院报》，2021年6月26日。

制毒物品罪。被告人刘某某、祁某某非法买卖制毒物品，情节特别严重，其行为均已构成非法买卖制毒物品罪。在共同犯罪中，马某某、胡某某、李某某均系主犯，应按照其参与的全部犯罪处罚，许某某、周某某、王某某、祁某某系从犯，应依法从轻或者减轻处罚。刘某某系累犯，应依法从重处罚。8人均如实供述犯罪事实，可从轻处罚。除刘某某以外，其余7人均退缴违法所得，可酌情从轻处罚。据此，依法对被告人马某某判处有期徒刑12年，并处罚金人民币100万元；对被告人刘某某判处有期徒刑9年，并处罚金人民币40万元；对被告人胡某某、李某某、许某某、周某某、王某某、祁某某分别判处有期徒刑10年6个月至5年不等的刑罚，并处罚金。宣判后，被告人在法定期限内没有上诉、抗诉。上述判决已于2021年2月11日发生法律效力。

（六）非法种植毒品原植物罪

非法种植毒品原植物罪是指行为人明知是罂粟、大麻等毒品原植物仍非法种植且种植数量较大，或者经公安机关处理后又种植，或者抗拒铲除的行为。本罪的犯罪主体是一般主体，即达到刑事责任年龄且具有刑事责任能力的自然人。本罪侵犯的客体是国家对毒品原植物种植的管制。本罪的客观方面表现为行为人实施了违反国家有关法规，非法种植毒品原植物数量较大的，或经公安机关处理后又种植以及抗拒铲除的行为。本罪的主观方面表现为故意，过失不构成本罪。

根据《刑法》第351条的规定，非法种植罂粟、大麻等毒品原植物的，一律强制铲除。有下列情形之一的，处五年以下有期徒刑、拘役或者管制，并处罚金：

（1）种植罂粟五百株以上不满三千株或者其他毒品原植物数量较大的；

（2）经公安机关处理后又种植的；

（3）抗拒铲除的。

非法种植罂粟三千株以上或者其他毒品原植物数量大的，处五年以上有期徒刑，并处罚金或者没收财产。非法种植罂粟或者其他毒品原植物，在收获前自动铲除的，可以免除处罚。

(七)非法买卖、运输、携带、持有毒品原植物种子、幼苗罪

非法买卖、运输、携带、持有毒品原植物种子、幼苗罪是指非法买卖、运输、携带、持有未经灭活的罂粟等毒品原植物种子或者幼苗的行为。本罪的主体是一般主体，即达到刑事责任年龄且具有刑事责任能力的自然人。本罪侵犯的客体是国家对毒品原植物种子、幼苗的管制。本罪的客观方面表现为非法买卖、运输、携带、持有未经灭活的毒品原植物种子、幼苗的行为。对“未经灭活”的认定和评判，除了看毒品原植物种子、幼苗是否死亡，还需要看其是否经过人为的灭活处理。不论是否死亡，非法买卖、运输、携带、持有未经过灭活处理的毒品原植物种子、幼苗，均有可能构成本罪。本罪的主观方面表现为故意，要求行为人明知是毒品原植物种子、幼苗而故意实施上述行为。

根据《刑法》第 352 条的规定，非法买卖、运输、携带、持有未经灭活的罂粟等毒品原植物种子或者幼苗，数量较大的，处三年以下有期徒刑、拘役或者管制，并处或者单处罚金。

(八)引诱、教唆、欺骗他人吸毒罪

引诱、教唆、欺骗他人吸毒罪是指以引诱、教唆、欺骗的方法促使他人吸食、注射毒品的行为。本罪的主体是一般主体，即达到刑事责任年龄且具有刑事责任能力的自然人。本罪侵犯的客体是国家对毒品的管制以及他人的身心健康权利。本罪的客观方面表现为行为人实施了引诱、教唆、欺骗他人吸食、注射毒品的行为。引诱，是指以金钱、物质等方式进行勾引、诱使、拉拢他人，使他人产生吸毒意愿的行为。教唆，是指以宣扬吸毒后的体验、示范吸毒方法和劝说、授意、怂恿他人等其他方法，故意唆使他人吸毒的行为。欺骗，是指以虚构事实、隐瞒真相和制造假象等方式使他人发生不知不觉吸毒的行为。本罪的主观方面表现为故意，是指明知是引诱、教唆、欺骗他人吸毒的行为而有意实施的主观心理状态。

根据《刑法》第 353 条的规定，引诱、教唆、欺骗他人吸食、注射毒品的，处三年以下有期徒刑、拘役或者管制，并处罚金；情节严重的，处三年以上七年以下有期徒刑，并处罚金。引诱、教唆、欺骗未成年人吸食、注射毒品的，从重处罚。

案例链接

古某引诱、教唆他人吸毒，容留他人吸毒案①

2020年10月，被告人古某与严某某、李某某(均系未成年人)在四川省宜宾市南溪区罗龙街道严某某母亲家中居住，古某明知严某某、李某某没有吸毒史，却在二人面前制作吸毒工具，询问二人是否愿意尝试吸毒，并示范吸毒方法，讲述吸毒后的体验，引诱、教唆二人吸食毒品，先后和严某某、李某某一起吸食了其提供的甲基苯丙胺(冰毒)。同年11月，古某多次在其租住的宜宾市南溪区南山一品二期房间内容留吸毒人员及严某某、李某某吸食甲基苯丙胺。

本案由四川省宜宾市南溪区人民法院一审，宜宾市中级人民法院二审。法院认为，被告人古某通过向他人宣扬吸食毒品后的感受等方法，诱使、教唆他人吸食毒品，其行为已构成引诱、教唆他人吸毒罪。古某多次提供场所容留吸毒人员及未成年人严某某、李某某吸食毒品，其行为已构成容留他人吸毒罪；对古某所犯数罪，应依法并罚。古某引诱、教唆未成年人吸毒，且其曾因犯引诱、教唆他人吸毒罪被判处有期徒刑，刑满释放后5年内又实施本案犯罪，系累犯，应依法从重处罚。古某到案后如实供述自己的主要犯罪事实，可依法从轻处罚。据此，依法对被告人古某以引诱、教唆他人吸毒罪判处有期徒刑2年6个月，并处罚金人民币3 000元；以容留他人吸毒罪判处有期徒刑1年1个月，并处罚金人民币3 000元，决定执行有期徒刑3年4个月，并处罚金人民币6 000元。宜宾市中级人民法院于2021年9月18日作出二审刑事裁定，现已发生法律效力。

(九)强迫他人吸毒罪

强迫他人吸毒罪是指故意强迫他人吸食、注射毒品的行为。本罪的主体是一般主体，即达到刑事责任年龄且具有刑事责任能力的自然人。本罪侵犯的客体是国家对毒品的管制以及他人的身心健康权利。本罪的客观方面表现为行为人实施了强迫他人吸食、注射毒品的行为。强迫，主要是指违背他人意志，使用暴力、胁迫、虐待或者其他强制手段。本罪的主观方面表现为故意。

---

① 参见《最高人民法院发布2022年十大毒品(涉毒)犯罪典型案例》，载《人民法院报》，2022年6月26日。

根据《刑法》第 353 条的规定，强迫他人吸食、注射毒品的，处三年以上十年以下有期徒刑，并处罚金。强迫未成年人吸食、注射毒品的，从重处罚。

(十)容留他人吸毒罪

容留他人吸毒罪是指为他人吸食、注射毒品提供场所的行为。本罪的主体是一般主体，即达到刑事责任年龄且具有刑事责任能力的自然人。本罪侵犯的客体是社会管理秩序和人们的身心健康。本罪的客观方面表现为行为人实施了容留他人吸毒的行为。为他人提供吸毒场所的地点、次数、人数以及提供时间的长短，均不影响本罪的构成。本罪的主观方面表现为故意，过失不构成本罪。

根据《刑法》第 354 条的规定，容留他人吸食、注射毒品的，处三年以下有期徒刑、拘役或者管制，并处罚金。

近年来，容留他人吸毒案件的总体数量在锐减。2021 年全国法院一审审结容留他人吸毒案件 11 203 件，较 2015 年高峰时期的 35 867 件下降了 68.77%。[①] 但是，个案呈现的危害性，尤其是其与艾滋病传播之间的密切关系不容小觑。在容留他人吸毒时，许多吸食毒品的方式及吸毒后发生的不安全性行为，如聚众淫乱，容易导致艾滋病等传染病的传播。在容留他人吸毒时，利用他人吸毒后无力反抗及毒品上瘾的情况，强行与他人发生性关系者，同时构成强奸罪。在容留他人吸毒时，造成艾滋病等传染病的传播后果者，应当从重处罚。

案例链接

林某某强奸、引诱他人吸毒，容留他人吸毒案[②]

被告人林某某，男，汉族，1972 年 5 月 24 日出生，无业。1996 年 2 月 9 日因犯流氓罪被判处有期徒刑 5 年；2000 年 4 月 20 日因犯盗窃罪被判处有期徒刑 3 年，合并余刑，决定执行有期徒刑 4 年 6 个月。

2016 年上半年的一天，被告人林某某将同村的被害人林某(女，未满 14 周岁)带至家中，诱骗林某吸食甲基苯丙胺。林某吸食后感觉不适，林某某让林某躺到床上休息，后不顾林某反抗，强行对林某实施奸淫。林某某威胁林

---

① 参见孙航：《党的十八大以来的人民法院禁毒工作》，载《人民法院报》，2022 年 6 月 26 日。

② 参见《最高人民法院 2021 年十大毒品(涉毒)犯罪典型案例》，载《人民法院报》，2021 年 6 月 26 日。

某不许将此事告知家人，并要求林某每星期来其家一次。后林某某多次叫林某来其家中吸食毒品，并与林某发生性关系。林某吸毒上瘾后，也多次主动找林某某吸毒，并与林某某发生性关系。2019 年 10 月 1 日，林某某被公安人员抓获。另查明，2016 年初至 2019 年 6 月，被告人林某某多次在家中等地容留多人吸食甲基苯丙胺。

本案由湖南省邵阳市中级人民法院一审，湖南省高级人民法院二审。法院认为，被告人林某某引诱他人吸食甲基苯丙胺，其行为已构成引诱他人吸毒罪；林某某利用幼女吸毒后无力反抗及毒品上瘾的情况，与之发生性关系，其行为又构成强奸罪；林某某多次容留他人吸食甲基苯丙胺，其行为还构成容留他人吸毒罪。林某某引诱幼女吸毒，并长期奸淫幼女，情节恶劣，应依法从重处罚。对其所犯数罪，应依法并罚。据此，对被告人林某某以强奸罪判处无期徒刑，剥夺政治权利终身；以引诱他人吸毒罪判处有期徒刑 3 年，并处罚金人民币 1 万元；以容留他人吸毒罪判处有期徒刑 2 年，并处罚金人民币 1 万元；决定执行无期徒刑，剥夺政治权利终身，并处罚金人民币 2 万元。上述裁判已于 2021 年 1 月 21 日发生法律效力。

（十一）非法提供麻醉药品、精神药品罪

非法提供麻醉药品、精神药品罪是指依法从事生产、运输、管理、使用国家管制的麻醉药品、精神药品的人员，违反国家规定，向吸食、注射毒品的人提供国家规定管制的能够使人形成瘾癖的麻醉药品、精神药品的行为。本罪的主体是特殊主体，即依法从事生产、运输、管理、使用国家管制的麻醉药品、精神药品的人员。本罪侵犯的客体是国家对麻醉药品、精神药品的管理制度。本罪的客观方面表现为违反国家规定，向吸毒者提供国家规定管制的能够使人形成瘾癖的麻醉药品、精神药品。提供对象限于“吸食、注射毒品的人”；行为人提供麻醉药品、精神药品的行为必须是利用了职务或者工作上的便利。本罪的主观方面表现为故意。

根据《刑法》第 355 条的规定，犯本罪的，处三年以下有期徒刑或者拘役，并处罚金；情节严重的，处三年以上七年以下有期徒刑，并处罚金。单位犯非法提供麻醉药品、精神药品罪的，对单位判处罚金，依照该条第 1 款的规定处

罚其直接负责的主管人员和其他直接责任人员。

(十二)妨害兴奋剂管理罪

2020 年 12 月，《中华人民共和国刑法修正案(十一)》设立了妨害兴奋剂管理罪，正式将妨害兴奋剂管理行为入刑。妨害兴奋剂管理罪是指引诱、教唆、欺骗运动员使用兴奋剂参加国内、国际重大体育竞赛，或者明知运动员参加国内、国际重大体育竞赛而向其提供兴奋剂的情节严重的行为，以及组织、强迫运动员使用兴奋剂参加国内、国际重大体育竞赛的行为。本罪的主体是一般主体，即达到刑事责任年龄且具有刑事责任能力的自然人。本罪侵犯的客体是国家对兴奋剂的管理制度、重大体育竞赛公平公正的管理秩序和运动员的健康权利。本罪的客观方面表现为引诱、教唆、欺骗运动员使用兴奋剂参加国内、国际重大体育竞赛；明知运动员参加上述竞赛而向其提供兴奋剂的情节严重的行为；组织、强迫运动员使用兴奋剂参加国内、国际重大体育竞赛的行为。本罪的主观方面表现为故意。

根据《刑法》第 355 条之一的规定，犯本罪且情节严重的，处三年以下有期徒刑或者拘役，并处罚金。组织、强迫运动员使用兴奋剂参加国内、国际重大体育竞赛的，依照该条第 1 款的规定从重处罚。

(十三)小结

打击各类毒品犯罪，有必要充分结合禁毒防艾工作的相关战略、部署和政策。从禁毒防艾工作的角度看，需要密切注意毒品种类的发展变化、严厉查处毒品等物质的来源和走向，涉及的犯罪类型有走私、贩卖、运输、制造毒品罪，非法持有毒品罪，包庇毒品犯罪分子罪，窝藏、转移、隐瞒毒品、毒赃罪，非法提供麻醉药品、精神药品罪，妨害兴奋剂管理罪等。相对特殊的是，根据血液传播途径的规律性，涉及具体吸毒行为的犯罪，容易导致艾滋病等传染病的传播。在打击引诱、教唆、欺骗他人吸毒罪，强迫他人吸毒罪，容留他人吸毒罪时，还要密切关注犯罪行为在疾病传播上的后果，以准确定罪量刑。

第二节 涉艾犯罪的刑事法规制

一、涉艾犯罪的概念

在艾滋病传播事件中，经常发生各种类型的纠纷。根据《传染病防治法》第77条的规定，单位和个人违反本法规定，导致传染病传播、流行，给他人人身、财产造成损害的，应当依法承担民事责任。根据《艾滋病防治条例》第62条的规定，艾滋病病毒感染者或者艾滋病病人故意传播艾滋病的，依法承担民事赔偿责任；构成犯罪的，依法追究刑事责任。

根据《遏制艾滋病传播实施方案(2019—2022年)》和《关于依法严厉打击传播艾滋病病毒等违法犯罪行为的指导意见》，我国对涉艾犯罪予以严厉打击和惩处。与一般的犯罪种类界定有所不同的是，基于艾滋病病毒传播的特殊途径和犯罪嫌疑人、被告人的社会危险性等因素，我国的司法解释一般将假冒或利用艾滋病病毒感染事实或身份实施的犯罪类型界定为涉艾犯罪，以便实行更为全面、高效的刑事法规制。也就是说，涉艾犯罪的主体包括但不限于艾滋病病毒感染者和艾滋病病人，实际上已经拓展至一般主体。在实践中，一些艾滋病病毒感染者和艾滋病病人基于非法占有、报复特定人员或不特定的社会公众、制造恐慌等动机，利用自身感染艾滋病病毒的事实或身份实施犯罪。

二、涉艾犯罪的认定标准

针对涉艾犯罪，在实践中存在许多关于出罪与入罪、此罪与彼罪、一罪与数罪等问题的争议。[①] 2019年，在《刑法》相关规定的基础上，为了确保法律的普遍适用性，消除冲突和分歧，最高人民法院、最高人民检察院、公安部、司法部《关于依法严厉打击传播艾滋病病毒等违法犯罪行为的指导意见》(以下简称《指导意见》)规定了11种相关罪名的认定标准。

---

① 雷小政、闫姝月：《重大传染病患者涉罪的社会危险性评估与程序应对》，载《暨南学报(哲学社会科学版)》，2023年第10期。

相对而言，在 11 种涉艾犯罪中，从理论与实践来看，前三种犯罪，即故意伤害罪、传播性病罪、寻衅滋事罪，不仅案件数量占比较大，相关争议也较为常见。

(一)故意伤害罪

长期以来，故意传播艾滋病病毒导致他人感染的行为，究竟构成故意杀人罪，还是故意伤害罪，抑或创设传播艾滋病罪？长期以来学术界对此争议较大。

艾滋病虽然是一种致死性疾病，但随着抗病毒治疗手段的发展，它已经属于"可防控可管理可治疗"的范畴。在《传染病防治法》中，其属于"乙类乙管"的慢性、重大传染病，也就是说，传播艾滋病病毒在主观动机上不宜认定为具有剥夺他人生命的故意。基于其对身体健康的重大损害，《指导意见》统一规定，明知自己感染艾滋病病毒或者患有艾滋病而卖淫、嫖娼或者故意不采取防范措施与他人发生性关系、致人感染艾滋病病毒者，根据《刑法》第 234 条第 2 款的规定，以故意伤害罪定罪处罚。

故意采取针刺等方法，致人感染艾滋病病毒者，根据《刑法》第 234 条第 2 款的规定，以故意伤害罪定罪处罚；未致人感染艾滋病病毒，但造成他人身体轻伤以上伤害者，根据《刑法》第 234 条的规定，以故意伤害罪定罪处罚。明知他人感染艾滋病病毒或者患有艾滋病而隐瞒情况，介绍与其他人发生性关系，致人感染艾滋病病毒者，以故意伤害罪的共犯论处。

基于刑法谦抑性，上述《指导意见》规定，告知对方自己感染艾滋病病毒或者患有艾滋病，或者明知他人感染艾滋病病毒或者患有艾滋病，双方仍自愿发生性关系者，不作为犯罪处理。

案例链接

周某某故意伤害案①

2013 年 1 月 16 日，被告人周某某因母亲住院去献血，被四川省攀枝花市疾病预防控制中心检测出是艾滋病患者。2013 年 7 月，被告人周某某与吴某某确立了恋爱关系并同居。其间，周某某为达到与吴某某长期交往的目的，

---

① 参见四川省攀枝花市东区人民法院(2015)攀东刑初字第 242 号刑事判决书。

不但没有告诉吴某某自己患有艾滋病，还在明知自己系艾滋病患者以及该病传播途径的情况下，故意不采取任何保护措施与吴某某发生性关系。吴某某于2014年6月20日被确诊为艾滋病患者。攀枝花市东区人民检察院指控被告人周某某故意传播艾滋病，致被害人吴某某染上艾滋病，应以故意杀人罪（未遂）定罪处罚。其推理逻辑是，艾滋病仍然是无法彻底治愈的致死性传染病，艾滋病病人在明知自己感染艾滋病病毒或者患有艾滋病的情况下，故意与人发生不安全性行为致他人感染艾滋病病毒的，在主观目的和后果上，属于明知有可能危害他人的生命而故意实施上述行为。

攀枝花市东区人民法院经审理认为，周某某在隐瞒自己感染艾滋病病毒的情况下与吴某某发生性关系，不能视为吴某某自愿与其发生性关系。在本案中，周某某主观上没有剥夺他人生命的故意，只有伤害他人身体的故意，因此公诉机关指控的罪名不当。周某某故意伤害他人身体，致一人感染艾滋病，其行为已构成故意伤害罪，依法应当处罚。鉴于被告人周某某归案后能如实供述自己的罪行，依法对其从轻处罚。法院判决被告人周某某犯故意伤害罪，判处有期徒刑5年。

（二）传播性病罪

卖淫、嫖娼行为容易加剧梅毒、淋病等严重性病和艾滋病的传播。根据流行病学研究推论，安全套使用率在90%以上才能有效阻止艾滋病经性途径的传播和流行。[①] 但是，部分性工作者存在着“知晓率”与“贯彻知晓率”不匹配的现象。根据联合国艾滋病规划署发布的《零歧视系列简报＃5：艾滋病与性工作》，2019年全球新增的成人艾滋病病毒感染者中约有8%是性工作者（包括男性和女性）。其中，32.8%的性工作者不知道自己是否感染艾滋病病毒。

根据《刑法》第360条的规定，明知自己患有梅毒、淋病等严重性病卖淫、嫖娼的，处五年以下有期徒刑、拘役或者管制，并处罚金。在实践中，争议较多的一个问题是，在卖淫、嫖娼时，明知自己感染艾滋病病毒或患有艾滋病而卖淫、嫖娼者，究竟认定为故意伤害罪，还是传播性病罪？明知自己感染艾滋

---

① See Zhou C，Rou K，et al.，*High prevalence of HIV and syphilis and associated factors among low-fee female sex workers in mainland China：a cross-sectional study*. BMC Infectious Diseases，2014(1)：1-9.

病病毒或者患有艾滋病而卖淫、嫖娼，未致人感染艾滋病病毒者，根据《刑法》第 360 条的规定，以传播性病罪定罪，并从重处罚。也就是说，选择认定故意伤害罪还是传播性病罪的关键在于，有没有在卖淫、嫖娼时致人感染艾滋病病毒。在调查核实查证后，确定未致人感染艾滋病病毒的行为人，依照传播性病罪从重处罚；造成他人感染艾滋病病毒的行为人，依故意伤害罪进行定罪处罚。

此外，为全面遏制在卖淫、嫖娼中传播艾滋病的现象，明知他人感染艾滋病病毒或者患有艾滋病仍介绍其卖淫的行为人，同时构成介绍卖淫罪、故意伤害罪，应依照处罚较重的规定定罪处罚。

案例链接

曾某传播性病案①

2019 年 8 月 7 日 6 时 20 分，曾某在四川泸县立石镇一房屋内与廖某某进行性交易。二人发生完性关系后被巡逻民警当场查获。曾某曾于 2015 年 11 月 30 日被市疾病预防控制中心确诊为 HIV-1 抗体阳性。一审法院判决认为，被告人曾某明知自己已感染艾滋病病毒而多次卖淫，其行为已构成传播性病罪，应当依法追究其刑事责任。

（三）寻衅滋事罪

近年来，由于法治观念淡薄、缺失，一些艾滋病病毒感染者和艾滋病病人以自己的身份威胁、恐吓他人的案件频发。有的甚至以患者的身份要挟他人，并把它当成一种“职业”。还有一些并非艾滋病病毒感染者或艾滋病病人的普通人员利用社会公众的“恐艾”心理，假冒或利用艾滋病病毒感染者或艾滋病病人的身份，威胁、恐吓他人，甚至起哄闹事。为保障社会秩序，应当严厉惩治这类违法犯罪行为。对于艾滋病病毒感染者和艾滋病病人而言，这也意味着，即使自身面临被歧视等诸多困境，也要坚持道德底线、法律底线。

假冒或者利用艾滋病病毒感染者或者艾滋病病人身份，以谎称含有或者实际含有艾滋病病毒的血液为工具，追逐、拦截、恐吓他人，情节恶劣，破坏社会秩序者，根据《刑法》第 293 条第 1 款第 2 项的规定，以寻衅滋事罪定罪处罚。其犯罪主体是一般主体，包括但不限于艾滋病病毒感染者或者艾滋病病人。

编造致人感染艾滋病病毒等虚假信息，或者明知是编造的虚假信息而仍在

① 参见四川省泸州市中级人民法院(2020)川 05 刑终 50 号二审刑事裁定书。

信息网络上散布，或者组织、指使人员在信息网络上散布谣言，起哄闹事，造成公共秩序严重混乱者，根据《刑法》第 293 条第 1 款第 4 项的规定，以寻衅滋事罪定罪处罚。

寻衅滋事罪是一种故意的犯罪。对前款中“明知”的认定，应当结合行为人的主观认知、行为表现、案件的具体情节等综合分析，准确认定。对无确实、充分的证据证明主观明知者，不得以犯罪论处。

案例链接

庄某寻衅滋事案

广州天河公安警方通报，2021 年 10 月 6 日，刘某(女，25 岁)在社交平台上发文称，10 月 5 日 17 时许，其在广州市天河区某商场内怀疑被一名男子用针头扎到右手背，因担心感染艾滋病病毒而服用了阻断药物。10 月 7 日，庄某(男，33 岁)在同一个社交平台发帖，称在同一区域也曾被人“针扎”。10 月 6 日凌晨 1 时许，天河警方接刘某报警后，立即派员赶到现场展开调查。在调查过程中，锁定 1 名男子(周某，29 岁)，并将其带回公安机关协助调查。经查看现场监控视频，周某经过刘某身边瞬间，两人手部有轻微触碰情形；未发现周某手上持有物品。周某配合医院进行了艾滋病病毒检测，结果呈阴性。10 月 9 日，天河警方向刘某通报了有关调查情况。刘某对广州警方的工作表示肯定并对调查结果表示认可。10 月 9 日，天河警方将另一名网友庄某带回派出所协助调查。经查，庄某供认，因其在不久前有不安全性行为，害怕感染艾滋病，急需阻断药物，看到刘某的帖文后，虚构“在相同区域被针扎”的经历，遂在同一平台发布并与刘某取得联系，意图向其讨教获取阻断药物的途径。庄某发布虚构文章后，造成了周围一些群众的恐慌。庄某因涉嫌寻衅滋事罪被天河警方依法刑事拘留。

(四)敲诈勒索罪

假冒或者利用艾滋病病毒感染者或者艾滋病病人身份，以谎称含有或者实际含有艾滋病病毒的血液为工具，敲诈勒索公私财物数额较大或者多次敲诈勒索的，根据《刑法》第 274 条的规定，以敲诈勒索罪定罪处罚。

(五)诈骗罪

出售谎称含有艾滋病病毒的血液，骗取他人财物，数额较大的，根据《刑法》第 266 条的规定，以诈骗罪定罪处罚。

(六)抢劫罪

假冒或者利用艾滋病病毒感染者或者艾滋病病人身份，以谎称含有或者实际含有艾滋病病毒的血液为工具，以暴力、胁迫或者其他方法抢劫公私财物的，根据《刑法》第 263 条的规定，以抢劫罪定罪处罚。

(七)传授犯罪方法罪

通过语言、文字、动作或者其他方式传授能够致人感染艾滋病病毒的具体方法者，根据《刑法》第 295 条的规定，以传授犯罪方法罪定罪处罚。

(八)以危险方法危害公共安全罪

采用危险方法，意图使不特定多数人感染艾滋病病毒，危害公共安全但尚未造成严重后果者，根据《刑法》第 114 条的规定，以危险方法危害公共安全罪定罪处罚；致人重伤、死亡或者使公私财产遭受重大损失者，根据《刑法》第 115 条第 1 款的规定定罪处罚。

(九)非法买卖危险物质罪

非法买卖含有艾滋病病毒的血液，危害公共安全者，根据《刑法》第 125 条第 2 款的规定，以非法买卖危险物质罪定罪处罚。

(十)非法采集、供应血液罪

非法采集、供应含有艾滋病病毒血液的行为人，根据《刑法》第 334 条第 1 款的规定，以非法采集、供应血液罪定罪处罚。

(十一)非法利用信息网络罪

设立网站、通讯群组，用于销售谎称含有或者实际含有艾滋病病毒的血液等违法犯罪活动，情节严重者，根据《刑法》第 287 条之一的规定，以非法利用信息网络罪定罪处罚。

(十二)依法不予起诉或免予刑事处罚

在追究涉艾犯罪时，应当坚持惩罚犯罪与保障人权并重的原则。上述《指导意见》特别强调，基于法律规定的构成要件、宽严相济的刑事政策和认罪认罚从宽制度等因素，对上述行为依法不起诉或者免予刑事处罚的行为人，应当依法予以治安管理处罚或者其他行政处罚，不能“一放了之”。

第三节　基本权利的倾斜式保护

一、倾斜式保护概述

（一）倾斜式保护的概念

作为社会法的基本原则，倾斜式保护是由“倾斜立法”和“保护弱者”两个方面构成的。其立足于当事人之间的具体人格差别与实际发展中的不平等状况，试图用一种特殊的法律“武器”矫正不平等现象，因此在社会治理的层面上具有政治意义。特定行业与领域的不平等关系催生了一系列倾斜保护型法，如《中华人民共和国消费者权益保护法》等。值得注意的是，在制度层面，倾斜保护型法也可能面临赋权无效、赋权被滥用、施加责任过严或不足等问题。[①]

（二）倾斜式保护的要求

当前，吸毒人员、艾滋病病毒感染者和艾滋病病人在许多领域面临权利保障上的难题。相较而言，吸毒属于违法行为，而感染艾滋病病毒则是事实与规范上的不幸事件，绝大多数传播的事件都是被动感染、无辜感染。之所以特别强调对艾滋病病毒感染者和艾滋病病人，包括艾滋病戒毒人员进行倾斜式保护，并依法保障其基本权利免受侵犯，很大程度上是因为对这一重大传染病患者群体的污名化和歧视现象依然深刻、广泛存在，亟待进行突破传统、超越常规的立法与司法改革。[②]《艾滋病防治条例》第 3 条体现了倾斜式保护的理念，但更侧重于原则性和宣示性：“任何单位和个人不得歧视艾滋病病毒感染者、艾滋病病

---

① 参见丁晓东：《法律如何调整不平等关系？论倾斜保护型法的法理基础与制度框架》，载《中外法学》，2022 年第 2 期。

② 雷小政、闫姝月、周长维：《艾滋病防治中对优先人群的“去污名化”与特殊保障》，载《医学与法学》，2023 年第 1 期。

人及其家属。艾滋病病毒感染者、艾滋病病人及其家属享有的婚姻、就业、就医、入学等合法权益受法律保护。”在隐私权、受教育权、劳动就业权、婚姻自主权与生育权等方面，现有法律迫切需要进一步完善实施性细则。

二、保护隐私权

（一）隐私权的概念与构成

关于隐私权的界定，学术界和实务界众说纷纭。一般而言，隐私权，是指自然人享有私人生活安宁与私人信息秘密依法受到保护，不被他人非法侵扰、知悉、收集、利用和公开的人格权。隐私权的具体权能包括个人生活安宁权、个人信息的控制与保守权、隐私的利用权等。

根据《艾滋病防治条例》第 42 条的规定，对确诊的艾滋病病毒感染者和艾滋病病人，医疗卫生机构的工作人员应当将其感染或者发病的事实告知本人。在实践中，一些艾滋病病毒感染者和艾滋病病人在知道自己感染的情况下，通常会对自己的家庭、同事、亲友、邻居、老师、同学等人员隐瞒病情，主要是担心泄露身份信息会影响周边社会交往；一旦这一身份信息被公开，患者难免承受较多的心理压力，并不时受到一些排斥和疏远。

对于艾滋病病毒感染者和艾滋病病人而言，隐私权是对其影响最为深远的一项人格权。以下三方面权能，尤其应该受到倾斜式保护：自己的身体与他人保持一定距离，并不被他人观察和随意评价；涉及疾病的信息属于秘密，不得被他人宣扬；在咨询、检测、治疗等方面，个人具有做出决定的自主性。在咨询和检测环节的隐私保护方面，《艾滋病免费自愿咨询检测管理办法（试行）》明确规定，要做好咨询和检测服务的保密工作，不得向无关人员泄露艾滋病病毒抗体检测呈阳性人员的任何个人资料。关于艾滋病病毒感染者、艾滋病病人及其家属的隐私保护，根据《艾滋病防治条例》第 39 条的规定，未经本人或者其监护人同意，任何单位或者个人不得公开艾滋病病毒感染者、艾滋病病人及其家属的姓名、住址、工作单位、肖像、病史资料以及其他可能推断出其具体身份的信息。

案例链接

冯某某申请医疗赔偿案①

1996 年 6 月 25 日，冯某某因煤矿塌方事故受伤入住平鲁医院接受手术治疗。平鲁医院在未对供血者进行艾滋病病毒检测的情况下，于术中为冯某某进行输血。后来，冯某某因身体不适被确诊感染艾滋病病毒，并于 2011 年向山西省朔州市中级人民法院起诉主张赔偿。法院判决，平鲁医院每年支付原告冯某某后期误工费。具体按照山西省每年公布的在岗职工平均工资标准，即从 2012 年开始执行，期限 20 年。2012 年、2013 年、2014 年、2015 年、2016 年、2017 年费用于当时判决生效后一个月内支付。从 2018 年起，每年 1 月 10 日前一次性付清。

（二）例外情形

从生命伦理学角度来看，当艾滋病病毒感染者和艾滋病病人的隐私权与社会公众、密切接触者的知情权、健康权等发生剧烈冲突时，应当进行必要的价值权衡。

作为一般规则，艾滋病病毒感染者和艾滋病病人的隐私不能公开。在流行病学调查和指导、高危行为、医疗救助、司法介入、社会帮扶等领域，对其隐私权的保护存在一些例外情形。例如，基于维护公共卫生、预防性接触传播和职业暴露等目的，《艾滋病防治条例》第 38 条要求艾滋病病毒感染者和艾滋病病人应当履行下列义务：(1)接受疾病预防控制机构或者出入境检验检疫机构的流行病学调查和指导；(2)将感染或者发病的事实及时告知与其有性关系者；(3)就医时，将感染或者发病的事实如实告知接诊医生；(4)采取必要的防护措施，防止感染他人。

对于无行为能力人或者限制行为能力人感染艾滋病的情况，为便于治疗、帮扶，根据《艾滋病防治条例》第 42 条的规定，对确诊的艾滋病病毒感染者和艾滋病病人，医疗卫生机构的工作人员应当将其感染或者发病的事实告知本人；本人为无行为能力人或者限制行为能力人的，应当告知其监护人。

---

① 参见山西省高级人民法院(2017)晋民终 228 号二审判决书。

(三)防艾健康码

在实践中，为遏制不安全性行为中的艾滋病传播，基于自主、自愿原则，许多社会公益组织呼吁特定的艾滋病病毒感染者和艾滋病病人让渡部分隐私。例如，根据性道德、性责任、性安全的要求，“浙江海岸联合公益机构”在部分群体中鼓励运用“防艾健康码”。检测者可以通过公众号“阳光测 SCT”进行线下预约检测或者线上申请免费试剂，完成 HIV 自我检测服务，并及时回传自检结果，待公益社工进行审核后，即可完成“防艾健康码”发放。“防艾健康码”记载艾滋病检测情况和疫苗接种信息，能够促进知情交友、健康交友、文明交友，大大降低恶意传播的风险。

三、保护受教育权

(一)受教育权的概念

受教育权是公民所享有的、由国家保障实现的接受教育的权利，是宪法赋予的一项基本权利，也是公民享受其他文化教育的前提和基础。根据联合国大会 1966 年通过的《经济、社会及文化权利国际公约》第 13 条的规定，本公约缔约各国承认，人人有受教育的权利。缔约国公认，教育应鼓励人的个性和尊严的充分发展，加强对人权和基本自由的尊重。《中华人民共和国教育法》第 9 条第 2 款规定：“公民不分民族、种族、性别、职业、财产状况、宗教信仰等，依法享有平等的受教育机会。”

(二)受教育权的特殊保障

在我国，艾滋病病毒感染者和艾滋病病人同其他公民一样，受宪法和法律法规保护，享有平等的受教育权。根据《艾滋病防治条例》第 3 条规定，艾滋病病毒感染者、艾滋病病人及其家属享有的入学合法权益受法律保护。为积极贯彻《中华人民共和国义务教育法》，严格落实“四免一关怀”政策，我国特别重视艾滋病遗孤等受艾滋病影响儿童的免费就学工作。2015 年，根据《关于进一步落实受艾滋病影响儿童医疗教育和生活保障等政策措施的通知》的要求，应落实对受艾滋病影响儿童接受教育的合法权益的保护工作；在家庭困难学生的资助体系中统筹解决受艾滋病影响儿童的资助问题，保证不让受艾滋病影响的儿童上不起学或辍学。

在落实和保障艾滋病病毒感染者和艾滋病病人的受教育权时，需要明确，根据对传播途径、条件的规律性认识，在日常生活、教学活动的接触中，并不会轻易发生艾滋病传播事件。2004 年，《预防控制艾滋病宣传教育知识要点》明确指出，与艾滋病病毒感染者或者艾滋病病人在日常生活和工作中接触不会被感染。各级各类学校有必要意识到，对待感染艾滋病病毒的学生，在入学、就学资格上，不仅要“一视同仁”，还要进行倾斜式照顾。

（三）实践争议与走向

在实践中，一些艾滋病病毒感染者和艾滋病病人，包括受艾滋病影响的儿童的受教育权无法得到有效保障。这是因为，受制于科学认知水平等因素，仍有许多人认为，艾滋病病毒会在学校的日常教育活动中不可控制地传播，人们无法消除相应的风险，这导致“恐艾”心理在一些校园蔓延。某大学在知悉大一学生李某感染艾滋病病毒后采取了一定的隔离措施，对其采取远程教学的教育形式；某大学要求感染学生贾某提前毕业，后以休学为名进行劝退。学校应当依法保障感染学生享有平等的受教育机会，上述具有歧视性的做法侵犯了感染学生的受教育权，容易引发一系列不良的社会影响。对于各级各类学校而言，应当立足于生命安全与健康教育体系的完善，遵循公共卫生科学原理，健全艾滋病防治校园工作体系，实现全面预防和精准干预。在上述案例中，涉嫌歧视感染学生的高校应当反思并明确，一所大学不仅要有大楼、大师，还要有大爱。唯有如此，大学生活才有温度，才可期待。

依法保障艾滋病病毒感染者和艾滋病病人的受教育权，需要在资源投入、观念改革上做双重努力。鉴于一些受艾滋病影响的儿童在受教育权上的特殊需求，一些地方积极探索建立专门的全日制学校接收这一特殊群体，并为其提供涵盖日常教学、医疗救治、就业技能、心理辅导等方面的综合教育。以山西省临汾红丝带学校为例，尽管其在专业教育上与其他普通义务教育行列的学校存在一定差距，但在权利保障、消除歧视、教学效果等方面实现了“正名”：与受艾滋病影响儿童一起进行教学活动、餐饮、游戏等日常接触均不会传播艾滋病病毒；不少学生从红丝带学校考上了大专院校，并且顺利就业。许多根深蒂固的偏见应当休矣，是时候摘下“有色眼镜”了。

案例链接

临汾红丝带学校的教学

临汾红丝带学校创建于2006年9月1日，是一所专门收治受艾滋病影响的儿童的全日制学校。学校的前身是临汾市传染病医院绿色港湾病区“爱心小课堂”。这一病区收治的受艾滋病影响的儿童都是经母婴传播感染艾滋病病毒的。可以说，他们都是纯粹无辜的受害者。艾滋病病毒带给孩子们的影响，除了病痛的折磨，更沉重的是心理上的巨大压力。遭受孤立、没有玩伴、无法与当地同龄的儿童在一起上学读书成了他们共同的境遇。

2011年12月1日，山西省临汾市教育局正式批复成立临汾红丝带学校。从此，该校被纳入国家义务教育行列。2017年，临汾红丝带学校设立了单独的标准化高考考场。目前，红丝带学校已有7人考上大学，2人考上研究生。每年的5月26日，临汾红丝带学校都要举办与受艾滋病影响的儿童共进午餐活动并邀请社会各界代表参与，向外界宣示，“共进午餐，不会传染”。

四、保护劳动就业权

(一)劳动就业权的概念

劳动就业权，又称劳动权，是指具有劳动权利能力与劳动行为能力，并且有劳动愿望的劳动者，依法从事有劳动报酬或经营收入的劳动的权利。劳动就业权是劳动者赖以生存的权利。根据《中华人民共和国劳动法》第3条的规定，劳动者享有平等就业和选择职业的权利、取得劳动报酬的权利、休息休假的权利、获得劳动安全卫生保护的权利、接受职业技能培训的权利、享受社会保险和福利的权利、提请劳动争议处理的权利以及法律规定的其他劳动权利。

(二)劳动就业权的特殊保障

1. 平等的就业机会和公平的就业条件

劳动者就业，不应因民族、种族、性别、宗教信仰不同而受到歧视。劳动就业问题直接关系到艾滋病病毒感染者和艾滋病病人及其家庭的生存和发展。除社会保障以外，国家应当构建倾斜式保护机制，为其提供平等的就业机会和公平的就业条件。

为保障这一特殊人群的劳动就业权，《艾滋病防治条例》第3条明确规定了艾滋病病毒感染者、艾滋病病人及其家属享有的就业权受法律保护。据此，招聘录用、职业中介活动、劳动就业、劳动关系的延续、社会保障、就业政策制定等环节应当严格贯彻平等与反歧视原则。例如，根据《中华人民共和国就业促进法》(以下简称《就业促进法》)第26条、第30条的规定，用人单位招用人员、职业中介机构从事职业中介活动，应当向劳动者提供平等的就业机会和公平的就业条件，不得实施就业歧视。用人单位招用人员，不得以是传染病病原携带者为由拒绝录用。但是，经医学鉴定传染病病原携带者在治愈前或者排除传染嫌疑前，不得从事法律、行政法规和国务院卫生行政部门规定禁止从事的易使传染病扩散的工作。在贯彻"四免一关怀"政策的过程中，各地政府普遍将符合救助条件的艾滋病病人纳入相关社会救助范围。越来越多的社会组织、爱心企业、志愿者积极加入并推动对这一特殊人群的就业帮助工作。

2. 就业歧视与救济渠道

根据我国加入的《1958年消除就业和职业歧视公约》，就业歧视包括："(1)基于种族、肤色、性别、宗教、政治见解、民族血统或社会出身的任何区别、排斥或优惠，其效果会取消或损害就业或职业机会均等或待遇平等；(2)有关会员国经与有代表性的雇主组织和工人组织(如存在此种组织)以及其他适当机构协商后可能确定的其他此类区别、排斥或优惠，其效果会取消或损害就业或职业机会均等或待遇平等。"当前，一些用人单位对艾滋病病毒感染者和艾滋病病人设置了不合法、不合理的就业准入条件。例如，在入职体检中，用人单位违反自愿咨询和自愿检测制度的规定，不区分岗位、行业，一律强制要求劳动者进行艾滋病病毒抗体检测。一些企业发现员工是艾滋病病毒感染者和艾滋病病人，直接选择辞退员工。即使未被辞退，一些员工也会受到许多冷漠化、差别化对待，进而不得不放弃工作机会。

从反就业歧视的角度看，用人单位不得因职工感染艾滋病病毒解除聘用或劳动合同，对艾滋病病毒感染者和艾滋病病人进行调岗的时候也要对其病状及调整原因承担保密责任。针对艾滋病防治领域的就业歧视问题，我国相继出台了一系列法律法规，提供了多元化的救济渠道。例如，《就业促进法》第62条明确规定，对违反本法规定、实施就业歧视的单位，劳动者可以向人民法院提起诉讼。违反规定以感染艾滋病病毒为由解除与劳动者的劳动关系的用人单位，一般依照《中华人民共和国劳动合同法》相关规定进行处理。在实践中，遭遇就业歧视的劳动者，可以根据情况寻求举报投诉、申请调解、提起仲裁或诉讼等渠道，维护自身合法权益。

案例链接

用人单位私自取样、检测艾滋病纠纷

谢某按应聘的某公司要求在四川省内江市第六人民医院进行入职体检。该医院在未告知谢某且未征得其同意的情况下，将其血液样本提供给当地疾病预防控制中心，并进行艾滋病检测。根据《艾滋病防治条例》第23条的规定，国家实行艾滋病自愿咨询和自愿检测制度。谢某认为，是否为艾滋病病毒感染者，系其隐私，其有自主决定是否公开和检测的权利。在未经其同意的情况下私自取样、检测并获取相关隐私信息，侵犯了他人的隐私权。同时，谢某接到应聘公司人事部门的通知，因体检不合格，公司决定让其回家养病。公司再未主动联系过谢某，也不再向其发放工资。谢某遂将公司诉至法院。在法院的主持下，原告被告双方达成调解协议：双方现场签署了一份为期两年的劳动合同；被告之一的某公司同时支付原告谢某6.3万元人民币作为此前拖欠的工资（二倍计算）。加上此前劳动仲裁委裁决被告支付谢某的6 758.74元，调解协议总价值逾17万元。[①] 该案例是国内第一例艾滋病病毒感染者与企业达成调解协议后签订劳动合同的纠纷，在社会上起到了一定的示范作用。

艾滋病病毒感染者和艾滋病病人的劳动就业权应当受到倾斜式保护，除非岗位和行业的特殊性限制。

（三）特定岗位和行业的准入限制

基于对艾滋病的传播途径、条件的规律性认识，为避免病毒的传播，《就业促进法》《传染病防治法》等法律法规也对部分岗位和行业的准入问题进行了特别限制。这是在艾滋病病毒感染者和艾滋病病人的劳动就业权和社会公众知情权、健康权之间进行价值平衡的一种选择。例如，经医学鉴定，传染病病原携带者在治愈或者排除传染嫌疑前，不得从事法律、行政法规和国务院卫生行政部门规定禁止从事的易使传染病扩散的工作。目前，将艾滋病病毒抗体检测作为入职体检检测必要项目的职业有：公务员、部分事业单位、飞行员、海员等。

考虑到皮肤破损、体液交换等条件容易直接造成艾滋病传播，许多公共服

---

① 参见凡闻：《查出艾滋，成绩第一名被拒！起诉医院侵犯隐私，有网友却说应公开》，大河报网，2018年10月26日。

务行业对健康合格证明、健康检查项目做出了特殊要求。例如，宾馆、酒店、发廊、洗浴桑拿等营业性服务场所中直接为顾客服务的人员，应当依照国家规定定期进行健康检查。经营者应当查验服务人员的健康合格证明，不得允许未取得健康合格证明的人员从事直接为顾客服务的工作。承担健康检查的医疗卫生机构应当将艾滋病检测列入营业性服务场所服务人员的健康检查项目。

五、保护婚姻自主权与生育权

(一)婚姻自主权与生育权概念

婚姻自主权，又称婚姻自由权，是指公民自主决定自己婚姻状况、不受他人非法干涉的权利，包括结婚自主权和离婚自主权。生育权，又称生殖权，是指公民享有生育子女及获得与此相关的信息和服务的权利，包括生育自由和生殖健康。公民在行使婚姻自主权和生育权时，必须符合法律的规定，既不允许任何人侵犯，也不允许当事人滥用。

行使婚姻自主权，必须遵循《民法典》中“婚姻家庭编”明确规定的结婚的条件与程序、离婚的条件与程序等。艾滋病病毒感染者和艾滋病病人是否属于不应结婚或不宜结婚的人群？随着抗病毒治疗效果的发展，应当明确，他们与其他公民一样，具有平等的婚姻自主权。《民法典》第 1048 条在禁止结婚的情形中删除了此前《中华人民共和国婚姻法》(以下简称《婚姻法》)中“患有医学上认为不应当结婚的疾病”的表述，在第 1051 条“婚姻无效”的情形中删除了此前《婚姻法》中“婚前患有医学上认为不应当结婚的疾病，婚后尚未治愈的”这一表述。也就是说，在我国现行法律体系中，一方或双方感染艾滋病病毒已经不属于“禁止结婚”的情形，也不是必然导致“婚姻无效”的情形。艾滋病病毒感染者和艾滋病病人的婚姻自主权得到了进一步的确认和保障。

在行使生育权时，不能一味强调“多子多福”，还要考虑“优生优育”，同时，也要注意对妇女生育自由的特殊保障。在生育的全过程中，妇女不仅要面临生理的负担，还要承受巨大的心理压力，甚至还会有生命危险。因此，妇女有按照国家有关规定生育子女的权利，也有不生育的自由。此外，在生育权中，也要特别注意保障母亲和婴儿的健康。在我国，根据《中华人民共和国母婴保健法》(以下简称《母婴保健法》)第 14 条、第 15 条、第 16 条的规定，医疗保健机构应当为育龄妇女和孕产妇提供孕产期保健服务。对患严重疾病或者接触致畸物质、妊娠可能危及孕妇生命安全或者可能严重影响孕妇健康和胎儿正常发育的，医疗保健机构应当予以医学指导。医师发现或者怀疑患严重遗传性疾病的育龄夫妻，应当提出医学意见。育龄夫妻应当根据医师的医学意见采取相应的措施。

(二)婚姻中的如实告知义务与撤销权

1. 婚前医学检查争议

(1)法律规定。

在我国，婚检曾是一种强制性要求。所谓“强制”，并非指直接强制实施检查，而是不自行检查就不予结婚登记。根据 1994 年《婚姻登记管理条例》第 9 条第 3 款的规定，在实行婚前健康检查的地方，申请结婚登记的当事人，必须到指定的医疗保健机构进行婚前健康检查，向婚姻登记管理机关提交婚前健康检查证明。根据《母婴保健法》第 12 条的规定，男女双方在结婚登记时，应当持有婚前医学检查证明或者医学鉴定证明。

2003 年 7 月 30 日，国务院第 16 次常务会议通过《婚姻登记条例》(中华人民共和国国务院令第 387 号)，其第 5 条仅要求内地居民在结婚登记时应当出具下列证件和证明材料：①本人的户口簿、身份证；②本人无配偶以及与对方当事人没有直系血亲和三代以内旁系血亲关系的签字声明。其并不要求出具婚检证明材料，也无须重大疾病的签字声明。① 一般认为，自《婚姻登记条例》于 2003 年 10 月 1 日实施以来，婚前医学检查事实上已成为公民的自愿行为。

(2)学理争议。

针对《婚姻登记条例》是否违反《母婴保健法》的规定，有观点认为，二者立法目的不同，前者所规定的只是婚姻登记的专门事项，并没有规定婚检问题，也就未在文字上与后者相抵触。也有观点认为，此为立法层面的冲突，需要进行漏洞补充。在学术界，也有学者持“折衷说”的观点，从性责任、性道德和生育子女的生命健康的角度出发，主张以自愿性婚检为主，但是，基于特定疾病

① 对于该条例未规定强制性婚检的原因，民政部给出的解释是：一是婚姻登记机关根据婚检机构出具的检查结果无法认定当事人是否患有不应当结婚的疾病，是否可以办理登记。二是由于检查没有针对性，婚检中存在检查项目多、收费高等问题，群众反映强烈。新修订的条例没有要求申请结婚登记的当事人提交婚前医学检查证明。因此，目前不能把持有婚前医学检查证明作为结婚登记的必要条件，那样既流于形式，又增加群众负担。如果结婚当事人从双方健康的角度考虑，那么可以自愿到医院检查身体。

的先期症状等因素，拟结婚的一方可以要求对方提供婚检证明。

2. 如实告知义务与撤销权

(1)亲密伴侣中的自我扩张理论。

依据自我扩张理论，在任何一段亲密关系中，每个人都有自我扩张的动机，即将他人的资源、特质等纳入自我以发展或维持自己与他人的关系。① 这一动机部分根源于人们对社会认同和社会接纳的关注与渴求，尤其是借此获得“群体身份”的需求。② 相比其他关系，在亲密伴侣关系中各主体之间的互动性较为隐秘，基于认同、接纳、合群的期待，自我扩张的动机往往更加强烈。

在尊重艾滋病病毒感染者和艾滋病病人的婚姻自主权的同时，也要考虑到，一些感染者和病人在自我扩张动机的驱动下，通过传播艾滋病病毒的方式维持亲密伴侣关系。这是因为，“患有艾滋病”的群体被许多群体刻板地排除在“我群”之外。这是患艾人员获得“群体身份”或群体归属感的关键障碍。以“周某某故意伤害案”③为例，周某某认为其“患有艾滋病”属于“无法改变的命运”。由于担心被排斥和边缘化，周某某在病情“曝光”后，害怕女友吴某某会拒绝与其继续交往，遂滋生了“要病就病到一起”的想法，并认为“这样就不会分开”。对亲密伴侣故意隐瞒感染情况，大大增加了艾滋病经性传播途径传播的概率。这不仅是对亲密伴侣人身权的严重侵害，也是对社会伦理秩序的严重破坏。

(2)《民法典》第 1053 条的法教义学分析。

为避免重大疾病对婚姻另一方自主权、生育权的不利影响，《民法典》第 1053 条规定了重大疾病一方的如实告知义务，以保障婚姻另一方的知情权和处分权：“一方患有重大疾病的，应当在结婚登记前如实告知另一方；不如实告知的，另一方可以向人民法院请求撤销婚姻。请求撤销婚姻的，应当自知道或者应当知道撤销事由之日起一年内提出。”从法教义学的角度，这一条文规定了三个内容。

一是针对重大疾病的如实告知义务。根据文义解释，艾滋病应当属于重大

---

① See Aron, A., & Aron, E. N. *Self and Self-Expansion in Relationships*. In G. J. O. Fletcher, & J. Fitness(Eds.), *Knowledge Structures in Close Relationships: A Social Psychological Approach*, Lawrence Erlbaum Associates, Inc. (1996), pp. 325-344.

② 参见章森榕、杨君：《从群体心理到认同建构——多学科视角下的身份认同研究述评》，载《广东社会科学》，2022 年第 2 期。

③ 参见四川省攀枝花市东区人民法院(2015)攀东刑初字第 242 号刑事判决书。

疾病的范畴。在这一规定中，履行告知义务的主体较为狭窄，仅限于患有重大疾病的婚姻一方。实际上，一些地方性法规依据职责的维度拓展了告知主体，涵括了医疗卫生机构的补充告知权限，同时将告知对象从婚姻另一方拓展至性伴侣。例如，根据《云南省艾滋病防治条例》第 20 条的规定，艾滋病检测机构应当指定专门人员将确证的艾滋病检测阳性结果及其治疗服务信息告知本人，对限制民事行为能力或者无民事行为能力人应当告知其监护人。感染者和病人应当将感染艾滋病病毒的事实及时告知其配偶或者性伴侣；本人不告知的，医疗卫生机构有权告知。

二是婚姻撤销权。作为不履行如实告知义务的后果，《民法典》在第 1053 条直接赋予了婚姻另一方向人民法院请求撤销婚姻的权利。对一些有重大疾病的人群而言，规定这一救济手段，实际上可以促使其主动进行婚前检查，或者依法履行告知义务。

三是撤销权的行使期间。为督促被欺骗、隐瞒者及时行使撤销权利，同时考虑婚姻关系的稳定性和社会关系的安定性，《民法典》在第 1053 条特别规定了，请求撤销婚姻的，应当自知道或者应当知道撤销事由之日起一年内提出。该期间为除斥期间，不适用诉讼时效中止、中断和延长的规定。

案例链接

吴某与廉某撤销婚姻案①

2021 年 5 月 21 日，吴某(女)与廉某(男)登记结婚。在共同生活几日后，吴某发现廉某在服用拉米夫定、替诺福韦等治疗艾滋病的药品，经询问，才知道廉某在结婚前就已经患有艾滋病，却隐瞒病情与之结婚。吴某依法提起诉讼撤销婚姻。法院认为，夫妻一方患有重大疾病的，应当在结婚登记前如实告知另一方；若未告知，另一方可以向人民法院请求撤销婚姻；而被告廉某所患疾病属于法定不宜结婚的重大疾病。被告廉某未尽如实告知义务，影响了吴某结婚的真实意思，且廉某所患疾病必然会影响正常的夫妻生活。据此，依照《民法典》第 1053 条之规定，判决撤销原告吴某与被告廉某的婚姻关系。

---

① 参见吉林省长春净月高新技术产业开发区人民法院(2021)吉 0194 民初 1984 号民事判决书。

(三)生育中的母婴阻断

在保障作为艾滋病病毒感染者和艾滋病病人的孕产妇的生育权时，应当实施母婴阻断。孕期的胎盘传染、生产中的产道传染、产后的哺乳传染是母婴传播的三个感染渠道，母婴阻断是指针对母婴传播的三个感染渠道而进行的干预。对于希望怀孕生子的感染HIV的单阳夫妻，除阳性一方应接受抗病毒治疗降低传染性以外，阴性一方也可以在专业医生的指导下采用HIV暴露前预防。如果孕产妇已确诊感染了艾滋病病毒，那么可尽快启动HIV抗病毒治疗并确保孕期全程进行。在临床上，阻断艾滋病母婴传播的主要方式有药物阻断、剖宫产、人工喂养等。相关医学研究表明，在不使用母婴阻断的情况下生育的婴儿被感染的概率为30%～40%；实施母婴阻断后，婴儿被感染率能降到1%～2%。可以说，妊娠期间抗病毒治疗的开始时间越早，病毒阻断效果越显著。

在我国，2001年，国家卫生健康部门为阻断母婴传播启动了防治艾滋病母婴传播干预项目，并陆续发布了一系列文件，指导和督促各地开展这一工作。孕产妇检测率不断提高，根据一项官方统计，到2017年年底，我国孕产妇艾滋病的检测率已经到了95%以上，感染艾滋病的孕产妇和其所生儿童的抗病毒治疗率达到了90%以上，母婴传播已得到有效控制，儿童新发感染逐年减少。当前，我国艾滋病的母婴传播率处于历史最低水平。

第四节　公共法律服务

一、公共法律服务概述

(一)公共法律服务的概念与种类

提供公共法律服务是现代国家合法性的基础，是一项国家义务。关于公共法律服务的概念，2014年1月，司法部发布的《关于推进公共法律服务体系建设的意见》进行了界定，即司法行政机关统筹提供旨在保障公民基本权利、维护人民群众合法权益、实现社会公平正义和保障人民安居乐业所必需的法律服务，它是公共服务的重要组成部分。在中央层面，党的十八届四中全会明确提出了公共法律服务的具体规范要求，推进覆盖城乡居民的公共法律服务体系建设，加强民生领域法律服务。完善法律援助制度，健全司法救助体系。

在我国，公共法律服务通常也是保障和改善民生的一系列重要举措，具体包括为全民提供法律知识普及教育和法治文化活动；为经济困难和特殊案件当事人提供法律援助；开展公益性法律顾问、法律咨询、辩护、代理、公证、司法鉴定等法律服务；开展预防和化解民间纠纷的人民调解活动等。当前，各级政府作为公共法律服务供给责任主体，要充分发挥组织、协调、实施和保障等作用，将公共法律服务纳入基本公共服务均等化规划、公共法律服务清单以及政府购买服务清单，相关经费列入财政预算。[①] 2019 年 7 月 10 日，中共中央办公厅、国务院办公厅印发的《关于加快推进公共法律服务体系建设的意见》提出，到 2022 年，基本形成覆盖城乡、便捷高效、均等普惠的现代公共法律服务体系；到 2035 年，基本形成与法治国家、法治政府、法治社会基本建成目标相适应的公共法律服务体系。

(二)法律援助的概念与形式

作为公共法律服务体系的重要组成部分，法律援助是国家建立的保障经济困难公民和特殊案件当事人获得必要的法律咨询、代理、刑事辩护等无偿法律服务，维护当事人合法权益、维护法律正确实施、维护社会公平正义的一项重要法律制度。根据《中华人民共和国法律援助法》(以下简称《法律援助法》)第 22 条的规定，法律援助机构可以组织法律援助人员依法提供下列形式的法律援助服务：(1)法律咨询；(2)代拟法律文书；(3)刑事辩护与代理；(4)民事案件、行政案件、国家赔偿案件的诉讼代理及非诉讼代理；(5)值班律师法律帮助；(6)劳动争议调解与仲裁代理；(7)法律、法规、规章规定的其他形式。2015 年中共中央办公厅、国务院办公厅印发的《关于完善法律援助制度的意见》强调综合法律援助资源状况、公民法律援助需求等因素，进一步放宽经济困难标准，降低法律援助门槛，使法律援助覆盖人群逐步拓展至低收入群体，惠及更多困难群众；认真组织办理困难群众就业、就学、就医、社会保障等领域中涉及法律援助的案件，积极提供诉讼和非诉讼代理服务，重点做好农民工、下岗失业

① 参见《中华人民共和国乡村振兴促进法》第 48 条的规定。地方各级人民政府应当加强基层执法队伍建设，鼓励乡镇人民政府根据需要设立法律顾问和公职律师，鼓励有条件的地方在村民委员会建立公共法律服务工作室，深入开展法治宣传教育和人民调解工作，健全乡村矛盾纠纷调处化解机制，推进法治乡村建设。

人员、妇女、未成年人、老年人、残疾人和军人军属等群体的法律援助工作，切实维护其合法权益。

二、禁毒防艾中的法律援助

在我国，包括法律援助在内的公共法律服务体系建设还存在着发展不平衡、不充分的问题，主要体现为法律服务水平在城乡间、地域间、群体间的差异。在禁毒防艾工作中，政府应当积极提供立体化、倾斜式的公共法律服务，积极维护吸毒、染艾人群的合法权益。

(一)申请法律援助的范围和条件

1. 基于重刑案件的法律援助

基于对诉讼行为能力保障、特殊案件公正性需求等因素的考量，根据《法律援助法》第25条的规定，属于下列人员之一、没有委托辩护人的刑事案件的犯罪嫌疑人、被告人，人民法院、人民检察院、公安机关应当通知法律援助机构指派律师担任辩护人：(1)未成年人；(2)视力、听力、言语残疾人；(3)不能完全辨认自己行为的成年人；(4)可能被判处无期徒刑、死刑的人；(5)申请法律援助的死刑复核案件被告人；(6)缺席审判案件的被告人；(7)法律法规规定的其他人员。对于其他适用普通程序审理的刑事案件，被告人没有委托辩护人的，人民法院可以通知法律援助机构指派律师担任辩护人。

我国禁毒防艾工作对毒品犯罪、涉艾犯罪坚持从严惩治的方针，不少案件属于重刑案件。例如，根据统计，2012年至2021年，全国毒品犯罪案件中判处五年有期徒刑以上刑罚的重刑率总体为23.09%，各年度重刑率分别高于同期全部刑事案件重刑率8～17个百分点。特别是在2015年之后，毒品犯罪案件数量逐年下降的情况下，重刑率始终保持高位，2021年较2015年提升了6个百分点，反映出人民法院坚持严惩毒品犯罪。① 不少毒品犯罪、涉艾犯罪的犯罪嫌疑人、被告人可能符合被判处无期徒刑、死刑的对象要求。继2007年最高人民法院会同最高人民检察院、公安部联合发布《办理毒品犯罪案件适用法律若干问题的意见》之后，最高人民法院统一死刑裁判标准，其中包括5种可判处死刑

---

① 参见孙航：《党的十八大以来的人民法院禁毒工作》，载《人民法院报》，2022年6月26日。

立即执行的具体情形。[1] 毒品犯罪仍然是我国判处死刑立即执行的主要案件类型。在被执行死刑的毒品犯罪罪犯中，有不少是艾滋病戒毒人员。为重刑案件，尤其是可能判处无期徒刑、死刑的案件提供法律援助，有利于提高死刑案件的审判质量，降低冤假错案的发生率。

2. 基于经济困难的法律援助

在毒品犯罪、涉艾犯罪中，许多犯罪嫌疑人、被告人及其家庭面临经济困境。根据《法律援助法》第 24 条的规定，刑事案件的犯罪嫌疑人、被告人因经济困难或者其他原因没有委托辩护人的，本人及其近亲属可以向法律援助机构申请法律援助。此外，根据《法律援助法》第 31 条的规定，在许多行政法、民事法、社会法等领域，身为吸毒人员、艾滋病病毒感染者和艾滋病病人的当事人，因经济困难没有委托代理人的，可以向法律援助机构申请法律援助：(1)依法请求国家赔偿；(2)请求给予社会保险待遇或者社会救助；(3)请求发给抚恤金；(4)请求给付赡养费、抚养费、扶养费；(5)请求确认劳动关系或者支付劳动报酬；(6)请求认定公民无民事行为能力或者限制民事行为能力；(7)请求工伤事故、交通事故、食品药品安全事故、医疗事故人身损害赔偿；(8)请求环境污染、生态破坏损害赔偿；(9)法律、法规、规章规定的其他情形。

3. 不受经济困难条件限制的法律援助

《法律援助法》第 32 条规定了当事人申请法律援助时不受经济困难条件限制的情形。其中，对于毒品犯罪、涉艾犯罪的犯罪嫌疑人、被告人，以及普通吸毒人员、艾滋病病毒感染者和艾滋病病人而言，需要重视的是“再审改判无罪请求国家赔偿”“遭受虐待、遗弃或者家庭暴力的受害人主张相关权益”两类情形。在涉艾犯罪中，对于故意伤害罪、传播性病罪、寻衅滋事罪等罪名的认定标准，在如何判断是否系“明知”“故意”等主观状态上，公安司法机关之间、控辩之间也经常出现较大分歧。对于再审改判无罪请求国家赔偿的，应当强化法律援助的支持力度。此外，从社会责任的角度来看，吸毒、感染人员本身也是受害者。

---

[1] 具体包括：具有毒品犯罪集团首要分子身份、武装掩护毒品犯罪、暴力抗拒检查、拘留或者逮捕、参与有组织的国际贩毒活动等严重情节；毒品数量达到实际掌握的死刑数量标准，并具有毒品再犯、累犯，利用、教唆未成年人走私、贩卖、运输、制造毒品或者向未成年人出售毒品等法定从重处罚情节；毒品数量达到实际掌握的死刑数量标准，并多次走私、贩卖、运输、制造毒品，向多人贩毒，在毒品犯罪中诱使、容留多人吸毒，在戒毒监管场所贩毒，国家工作人员利用职务便利实施毒品犯罪，或者身为职业犯、惯犯、主犯；毒品数量达到实际掌握的死刑数量标准，并具有其他从重处罚情节；毒品数量超过实际掌握的死刑数量标准，且没有法定、酌定从轻处罚情节。

在许多个案的回溯追踪中，法院发现不少人曾被性侵害或曾面临虐待、遗弃或者家庭暴力等不法侵害，对其加强法律援助，是实现平等原则的重要体现。

(二)法律援助的运行与衔接

针对吸毒人员、艾滋病病毒感染者和艾滋病病人的法律援助，在程序适用上，尤其是在与运行机制、社会支持机制等要素的衔接中，也有一些特殊之处。为便于他们及时获得法律援助，《法律援助法》第 39 条第 1 款对强制隔离戒毒人员等群体申请法律援助的转交职责和期限进行了特别规定：“被羁押的犯罪嫌疑人、被告人、服刑人员，以及强制隔离戒毒人员等提出法律援助申请的，办案机关、监管场所应当在二十四小时内将申请转交法律援助机构。”当前，各地检察机关也在逐步加强驻所检察室的法律监督能力，强化对强制隔离戒毒人员各项基本权利的保障，妥善处理相关投诉、举报、控告与申诉等事务。

在一些吸毒、染艾情况较为严重的地区，这一特殊人群的实际法律援助需求更为宽泛、多元。许多从戒毒场所回归社会的艾滋病吸毒人员在经过抗病毒治疗之后，尽管不具有传染性，但仍然很难顺利回归社会。有不少人的家庭依旧较为贫困，还有人在工作、就学等方面受到歧视。针对艾滋病戒毒人员，凉山彝族自治州“爱之家”禁毒防艾法律服务工作站(图 6-1)将工作和服务阵地前移，打通与社会治理的“最后一公里”，援助不仅面向其本人，还重点强调对其未成年子女、父母、配偶等近亲属的帮助；在形式上，援助注重专业化的社会力量的参与，实现法律援助与普法、脱贫攻坚、社会帮扶等活动的联动。提供如此广泛、兼具“大爱”的法律援助，方能实现“倾斜式保护”的要求，实现优化社会治理的目标。

图 6-1　“爱之家”禁毒防艾法律服务工作站标识

第七章　大学生的健康生活方式

内容导读

从青少年健康成长的角度来看，禁毒防艾通识教育的教育目标，是在抓好其学业成绩的同时，促使他们远离伤害生命、健康的一系列风险因素，养成健康的生活方式。大学生除要学会识别显性的恶意传播以外，还要掌握对隐秘传播行为的预判能力；在休闲娱乐场所、恋爱交往中，明确健康与不健康的界限，积极提升识别风险、远离风险的能力。大学生需要提高对毒品、艾滋病病毒的科学认知水平，掌握相关风险控制的技能，学会运用法律规则来捍卫合法权益，从而实现更加幸福、快乐的生活目标。我们要相信，毒瘾是可以戒掉的。许多戒毒人员在脱毒、身心康复后，可以顺利回归社会。

教学目的和要求

通过本章的学习，学生应掌握健康生活方式的概念和要求；了解在休闲娱乐场所消费、在社交软件交友及与恋人交往时的哪些行为存在传播艾滋病病毒及其他传染性疾病的风险、隐患，进而树立安全防范意识，掌握自我保护技能。

教学重点和难点

(1)掌握如何避免在休闲娱乐场所成为一些新型隐性犯罪的被害人，学会自我保护的基本技能。

(2)掌握安全性行为的“ABCD法则”。

教学内容和过程

(1)情境研讨：某大学生被朋友邀请到一电竞酒店内吸食“笑气”，不幸被陌生人性侵，其该如何寻求法律救济？

(2)文献收集：收集在网络上自愿公布身份的艾滋病病人事例，分析他们在日常生活中的境况与遭遇。

第一节 健康的生活方式与预防为先的教育理念

一、健康生活方式的概念

健康的生活方式，是指有益于健康的习惯化行为方式。2017年，原国家卫生计生委、国家体育总局、全国总工会、共青团中央和中华全国妇女联合会共同制定的《全民健康生活方式行动方案(2017—2025年)》提出，各地要结合工作实际，组织实施"三减三健"(减盐、减油、减糖，健康口腔、健康体重、健康骨骼)、适量运动、控烟限酒和心理健康等内容的专项行动，向全社会推广健康生活方式。

上述"三减三健"的内容属于合理膳食的范畴，其效果大多指向慢性病防控。对于大学生而言，比较公认的健康生活方式一般包括：生活有规律，没有不良嗜好，讲究个人卫生、环境卫生和饮食卫生，讲科学、不迷信，平时注意保健，生病及时就医，积极参加有益健康的文体活动和社会活动等。健康生活方式的外延，不仅包括身体健康，还包括心理健康。同时，健康生活方式的养成也是一个学会预防、拒绝、摒弃陋习的过程，即远离或走出损害生命和健康的不良习惯和行为。

二、预防为先的教育理念

在禁毒防艾的通识教育中，坚持健康生活方式是贯彻预防为先教育理念的核心内容。根据预防为先的教育理念，禁毒防艾工作需要坚持"关口"前移，重点针对青少年群体，在中小学生阶段就深入开展关于健康生活方式的通识教育。

(一)中小学生命安全与健康教育

从性健康教育的发展及其规范要点可以看出，各级各类学校已经意识到，从中小学阶段开始，结合健康生活方式开展有关性健康、性责任、性安全的教育，能有效预防性侵害事件的发生。

如何才能远离和避免被传播艾滋病病毒及其他传染性疾病的风险、隐患？

根据预防为先的教育理念，中小学应当进行“筑底性”的通识教育，即以生命安全与健康为主线，协同进行艾滋病防治教育、毒品等物质滥用预防教育、全面性教育、心理健康教育、道德与法治教育。进行这些教育的一个核心目标是引导学生们接受生命安全与健康教育，从小自觉抵制伤害生命和健康的不良生活习惯和行为，养成健康的生活方式。

2021 年 11 月，教育部指出，将生命安全与健康教育全面融入中小学课程教材，是实现生命安全与健康教育系列化、常态化、长效化的重要举措，对培养德智体美劳全面发展的社会主义建设者和接班人具有重要意义。根据《生命安全与健康教育进中小学课程教材指南》，各中小学应当充分考虑中小学不同年龄学生的身心发育特征和认知水平，对教育目标和内容进行系统设计，在小学、初中和高中三个学段有序铺开，循序渐进、螺旋上升；依据学科特点，以核心素养为导向，选取生命安全与健康教育的相关内容作为学科教学素材，将其有机整合到学科教育中，注重趣味性、互动性、体验性、生成性，提升教育实效性。当前小学的道德与法治、科学、劳动等课程，初中的生物、道德与法治、历史等课程，高中的思想政治、生物、劳动、综合实践活动等课程，日益重视新型毒品、常见传染性疾病和相关传染源及其传播渠道、预防措施等教育内容(表 7-1)。

表 7-1　生命安全与健康教育进中小学课程教材的目标内容及学科覆盖建议(节选)

<table>
<tr><th rowspan="2">领域</th><th rowspan="2">要点</th><th colspan="2">目标内容</th><th rowspan="2">主要教授学段</th><th rowspan="2">相关学科覆盖建议</th></tr>
<tr><th>一级</th><th>二级</th></tr>
<tr><td rowspan="5">健康行为与生活方式</td><td rowspan="5">个人卫生与保健</td><td>认识酒精，拒绝饮酒</td><td>了解酒精对生长发育和健康的危害</td><td>小学</td><td>道德与法治</td></tr>
<tr><td>认识毒品，杜绝毒品</td><td>了解毒品对身体和心理的主要危害</td><td>小学</td><td>道德与法治</td></tr>
<tr><td>远离烟草、酒精和毒品</td><td>了解烟草、酒精和毒品危害身体健康的机制</td><td>高中</td><td>思想政治</td></tr>
<tr><td rowspan="2">强化公共卫生意识</td><td>能够自觉抵制不良的生活习惯和行为</td><td>高中</td><td>思想政治</td></tr>
<tr><td>能够自觉抵制影响和危害公共卫生的活动，提升公共卫生意识和社会责任感</td><td>高中</td><td>思想政治</td></tr>
</table>

续表

领域	要点	目标内容		主要教授学段	相关学科覆盖建议
		一级	二级		
生长发育与青春期保健	青春期性健康	理解性、爱情和婚姻的关系	知道平等、关爱、相互尊重和支持，对于健康的恋爱关系、婚姻关系和家庭环境非常重要	高中	思想政治
		重视青春期性健康	了解婚前性行为可能造成的身心伤害	初中	生物学
			了解未婚少女怀孕的现状及其影响	初中	生物学
			理解安全性行为、无保护性行为等概念	初中	生物学
			了解无保护性行为可能造成的身心健康危害，知道有效避孕措施	初中	生物学
			学会自我保护，知道必要时可使用安全套	初中	生物学
			了解容易发生性骚扰和性侵害的危险因素	初中	道德与法治、综合实践活动
	突发公共卫生事件应对	树立公共卫生意识	自觉抵制不良生活习惯和行为，养成文明的卫生意识和良好的卫生公德	小学	道德与法治
			遇到违法犯罪等紧急情况时，能够及时拨打报警电话 110	小学	道德与法治、综合实践活动、信息科技
	社会安全	树立安全自律意识	自觉远离未成年人不宜进入的场所	小学	道德与法治、综合实践活动
			自觉遵守人际交往的基本规则和公共场所安全规范	小学	道德与法治、综合实践活动
		增强安全自律意识	能够辨识并理性拒绝进入未成年人不宜进入的场所	初中	道德与法治

(二)风险识别与预判教育全覆盖

风险识别与预判，是指在风险事故发生之前，运用各种方法系统地、连续地认识所面临的各种风险，分析风险事故发生的潜在原因，及时采取预防或阻断措施。总体而言，养成健康生活方式，谨慎进入具有风险因素的特定场所，谨慎接触具有风险因素的特定人群是预防艾滋病等传染病感染的最佳策略。

预防和干预艾滋病需要重点普及恶意传播、隐秘传播的风险控制知识。性侵害、艾滋病传播的风险与隐患是没有年龄界限的，任何人都可能成为被害人。

恶意传播中的“恶意”主要是指艾滋病病毒感染者和艾滋病病人在主观意识上对感染事实的“明知”和对传播行为的“故意”。例如，以携带艾滋病病毒的体液威胁执法人员、医务人员；在明知自己身患艾滋病的情况下仍故意与非感染者进行不采取安全措施的性行为；吸毒人员在明知自己身患艾滋病的情况下，仍然与他人共用针具注射毒品。在实践中，还要高度重视基于“不知情”及“过失”等主观状态的隐秘传播。例如，有的人经常发生不安全性行为，却自认为感染概率不大；有的人认为自己病毒载量较低或已经痊愈，从而主动、被动脱失。

对于大学生而言，在以下场合中不采取安全措施，容易感染艾滋病：(1)线下约见“陌生网友”并发生性行为；(2)同性伴侣之间发生性行为；(3)在休闲娱乐场所等地方遭遇健康不明人员的性侵害；(4)在物质滥用陷入意识模糊后发生性行为；(5)出于好奇、缓解压力、寻求特殊体验等动机卖淫、嫖娼；(6)在非正规医疗场所使用未经严格消毒的器械拔牙、文身，导致皮肤、黏膜破损等。

第二节　休闲娱乐场所的风险识别与自我保护

一、休闲娱乐场所的传播风险

(一)休闲娱乐场所的概念与分类

随着人们休闲娱乐需求和方式的发展变化，休闲娱乐场所的范围和种类也日益增多。其中，休闲场所是指具有休闲功能的、供人们进行休闲活动的处所和场地，一般可以分为自然生态类、人文休闲类、健身康体类、城市开放类、时尚娱乐类五类。

根据《娱乐场所管理条例》第 2 条的规定，娱乐场所是指以营利为目的，并向公众开放、供消费者自娱自乐的歌舞、游艺等场所。其中，歌舞娱乐场所是指提供伴奏音乐、歌曲点播服务或者提供舞蹈音乐、跳舞场地服务的经营场所，游艺娱乐场所是指具有游戏游艺设备并提供游戏游艺服务的经营场所。根据《公共娱乐场所消防安全管理规定》第 2 条的规定，公共娱乐场所是指向公众开放的下列室内场所：(1)影剧院、录像厅、礼堂等演出、放映场所；(2)舞厅、卡拉OK 厅等歌舞娱乐场所；(3)具有娱乐功能的夜总会、音乐茶座和餐饮场所；

(4)游艺、游乐场所；(5)保龄球馆、旱冰场、桑拿浴室等营业性健身、休闲场所。根据《未成年人保护法》第58条的规定，营业性歌舞娱乐场所、酒吧、网吧等场所不适宜未成年人，不得允许未成年人进入。

(二)传播风险

从风险控制的角度来看，大学生禁毒防艾通识教育需要重点关注物理空间相对密闭、容易诱发不法侵害的休闲娱乐场所，如酒吧、迪厅、夜总会、洗浴中心、足疗店、按摩店等。这些场所大多会提供酒水饮料，是发生性侵害、不安全性行为的高频地点。

近年来，新型毒品犯罪呈上升趋势。许多新型毒品形态各异，并被伪装成饮料、饼干等形态，极具隐蔽性和迷惑性。例如，一些犯罪分子批量制造含有国家列管精神药品 γ-羟基丁酸成分的饮料，大量销往全国多地的休闲娱乐场所，社会危害巨大。人们一旦吸食这些“毒饮料”，容易遭遇财产犯罪、性侵害犯罪，并可能感染艾滋病等传染性疾病。

二、安全指南

当前，由于娱乐场所内治安案件、刑事案件高发，许多地方的休闲娱乐场所都加强了安保力量，完善了监控措施，强化了对顾客的安全保障。

作为自身健康的第一责任人，消费者应当“知艾防艾”，提高风险识别和自我保护意识。例如，在休闲娱乐场所要勇于拒绝各种毒品和新精神活性物质，也要善于识别各种吸食毒品，预防药物促成的性侵害。消费者进入休闲娱乐场所时，尽量要有可靠的结伴人员，保持移动设备的通信全程畅通，必要时，随时联络可提供帮助的有关人员。

要特别注意酒水饮料有无可能被调换，有无可能在脱离自己视线时被注入毒品或其他危险化学物质。此外，应当避免在醉酒、意识模糊不清等状态时“落单”。

第三节　使用社交软件时的风险识别与自我保护

一、社交软件使用中的风险因素

(一)社交软件的概念与分类

当前，无论是在成年人领域，还是在未成年人领域，互联网普及率都处于较高水平。对于大学生而言，短视频平台是获取新闻事件、重大消息的主要渠道之一。互联网已经植根于大学生的生活中，对其学习、娱乐、交友等活动有着不可忽视的重大影响。

社交软件是指通过网络进行社会交往的平台。社交软件打破了时间、空间等因素对人际交往的限制，降低了交友成本，扩大了交友范围，为人们共同探索兴趣爱好、交流和沟通健康生活方式等提供了平台。当前，由于功能的多元、交叉等因素，社交软件的分类较为复杂。以目标人群为标准，较为流行的社交软件，大体可以分为三类：第一类是熟人社交软件，如微信、QQ 等普及率较高的软件；第二类是陌生人交友软件和校园交友软件；第三类是主攻短视频、游戏、直播等领域，兼具社交功能的综合类软件，如王者荣耀、微博、快手、抖音、小红书等。

(二)风险因素

社交软件一旦使用不当或者被滥用，可能会加剧艾滋病等传染性疾病的传播，也可能加剧对艾滋病病毒感染者和艾滋病病人的不平等对待和歧视。大学生在使用社交软件时，应当注意识别以下风险因素。

(1)在使用一些社交软件交友时，许多网友信息的真实性有待甄别，如果盲目与网友在线下见面、约会，那么将可能危及生命安全与健康。例如，一些不法分子在社交软件上收集个人信息和隐私作为实施敲诈勒索、诈骗、性侵害等犯罪的工具。[①]

(2)一些人运用社交软件中的交友功能时，在不了解网友的身体健康情况、

---

① 参见《中华人民共和国最高人民检察院公报》2022 年第 5 号(总第 190 号)，第 24-27 页。

性伴侣情况下而盲目发生不安全性行为，容易感染艾滋病等传染病。例如，男大学生李某通过某同性恋交友软件频繁约会多名同性并发生性行为，在某次发生性关系时未采取安全措施，随后被检测出感染艾滋病病毒。李某多次通过该软件联系对方未果。后经调查，对方属于艾滋病戒毒人员，明知自身感染艾滋病的事实而与他人发生性关系。这一“隐秘传播”行为涉嫌故意伤害罪。[①]

(3)在使用社交软件时，一些人会恶意扩散艾滋病病毒感染者和艾滋病病人的个人信息和隐私，并发布歧视性评价，这可能加深对患者的外部歧视和内部歧视。

二、安全指南

在使用社交软件时，如何避免发生涉及艾滋病传播风险的高危行为？对此，大学生应当学会正确辨别网络信息，合理安排上网时间，坚决摒弃不良用网习惯；同时，提高社交素养，依据正当和善的目标依法、合理使用社交软件。

(一)保护个人信息和隐私

根据《中华人民共和国网络安全法》第40条、第41条的规定，网络运营者应当对其收集的用户信息严格保密，并建立健全用户信息保护制度。网络运营者收集、使用个人信息，应当遵循合法、正当、必要的原则，公开收集、使用规则，明示收集、使用信息的目的、方式和范围，并经被收集者同意。

在使用社交软件交友时，要特别注意保护个人信息和隐私，尤其是在填写年龄、性别、家庭住址、身份证号、银行卡号、支付密码、个人私密照片、重大疾病等信息时，要特别注意严格审查“同意授权”条款、用户隐私协议等文件。在意识到自己的个人信息和隐私被泄露或不当使用时，要依法及时与社交软件平台交涉，积极向公安机关、网信部门、检察机关等单位控告，维护自己的合法权益。[②]

(二)线下约见网友需谨慎

近些年来，线下约见网友继而遭遇不法侵害的刑事案件时有发生。线下约

① 雷小政：《法律实证研究方法：场域、样本与经验》，北京，法律出版社2019年版，第39—46页。

② 雷小政、闫姝月：《未成年人网络保护与“数字检察”的衔接问题及对策》，载《湖南科技大学学报(社会科学版)》，2024年第1期。

见网友，需要“三思而后行”。大学生应当避免在正常网络交友之外的非必要线下约见，坚决杜绝在线下见面时进行聚众吸毒、不安全性行为等高危行为；在与网友线下见面之前，需要认真了解、考察、甄别，确定对方的真实身份，必要时将见面情况告知父母或者其他近亲属、老师、同学以及其他值得信赖的人员；不在无法排除风险因素的场合见面，坚持“没有陪同不能见面”原则。即使见面也要尽量选择人流量较大的开放空间，万一出现危险，便于进行呼救或及时脱身。

第四节　艾滋病病毒感染者和艾滋病病人健康生活指南

不幸感染了艾滋病病毒，也并不意味着“生命之花”的枯萎与凋落。根据生命质量理论，艾滋病病毒感染者和艾滋病病人也可以以积极、乐观的情绪和心态进行抗病毒治疗，回归健康的生活，继续精彩的人生。

一、保持积极、乐观的情绪和心态

学会与病毒“和解共存”并不难。积极、乐观的情绪和心态不仅有助于保障人体的免疫力，提高抗病毒治疗的效果，也有利于提高艾滋病病毒感染者和艾滋病病人学习、工作和处理日常生活事务的效率。

虽然已经无法改变被感染的事实，但是积极、乐观的情绪和心态是与病毒“和平相处”的一剂良药，是与污名化和歧视的言行进行抗争的最有力武器，是对社会上某些异样目光、不实言论的最好回应。感染了艾滋病病毒并不等同于“被判了死刑”“半只脚踏进棺材”，感染了艾滋病病毒的人并不等同于“低人一等”“病毒播种机”；患者依然可以正常工作、生活和学习；在告知对方自己患有重大疾病的情况下，也可以正常恋爱、结婚，甚至运用母婴阻断技术生育健康的下一代，许多艾滋病病毒感染者和艾滋病病人在家庭中收获了更多的爱和温暖。

案例链接

艾滋病病人李某刑满释放后顺利回归社会①

刑满释放人员李某，曾因为贩毒被判处无期徒刑，而且因为吸毒感染艾滋病病毒。在服刑期间，由于表现良好，李某被减刑并被提前释放。失去自由的14年，本应是李某人生中最美好的年华，但是，他却在这段时间里遭遇了父母因病去世、弟弟车祸离世等家庭变故。他当时的内心感受可谓是“万念俱灰”：对生活不抱希望，对未来不抱希望。当地政府、戒毒场所民警、志愿者等力量及时介入，对李某开展心理辅导，采取帮扶措施，并发放帮扶资金。大家帮助他种植了花椒，养起了鸡。他从心理创伤中慢慢走了出来，非常认真地开展种植与养殖业务，逐步融入正常生活。

二、践行健康生活方式

除了情绪、心态方面的调整，践行健康的生活方式可以极大提高艾滋病病毒感染者和艾滋病病人的生命质量，拓展生命的宽度和长度。践行健康的生活方式，需要贯彻如下原则：

(1)敢于对毒品等物质滥用的“朋友圈”和“亚文化”说“不”。

(2)勇于对休闲娱乐场所中的不良习惯和行为说“不”。

(3)坚持规律饮食、营养均衡、远离烟酒，每天锻炼、多进行提高心肺功能的有氧运动，早睡早起、保证足够的睡眠等，都可以促进身体机能的正常运转，也能有效地修复周围关系，积极融入人际交往。

通过积极的抗病毒治疗，保证服药的依从性，不脱失，绝大多数艾滋病病毒感染者和艾滋病病人都降低了体内的病毒载量，存活期也不断延长。

三、贯彻“艾滋病感染到我为止”的原则

贯彻“艾滋病感染到我为止”的原则并不是一句简单的承诺。它在根本上反映了一个人的信用状况、人格素养及对人类生命健康的敬畏。

---

① 参见赵今朝：《戒毒后的艾滋患者如何融入社区》，财新网，2020年11月29日。

案例链接

王某贯彻“艾滋病感染到我为止”的原则[1]

吸毒人员王某通过某同性恋社交软件认识了贾某，在未采取任何安全措施的情况下与之发生性关系，后发现自己感染了艾滋病病毒。事后，他曾向警方报案，至今寻找对方未果。在进入强制隔离戒毒所初期，他对贾某恶意传播艾滋病的行为一直难以释怀，认为“这对我不公平”，还产生了将病毒传播给其他人的想法。在戒毒所接受了珍爱生命、尊重生命、热爱生命、敬畏生命的教育，重塑了责任意识和耻感意识后，王某发现自己“不恨了”，并反思了之前自身存在的诸多不健康生活方式。

当前，针对因吸毒、涉罪等原因被收治和监管的艾滋病病毒感染者和艾滋病病人，许多监管场所积极探索生命教育、感恩教育、拓展教育、责任教育、规则教育相结合的综合性教育矫治措施，提升了患者对“艾滋病感染到我为止”原则的践行率，帮助他们树立了不能影响和危害他人生命健康的“红线”意识。

对于不幸感染艾滋病病毒的感染者和病人而言，他们应当推己及人，设身处地地考虑传播病毒给他人及其家庭带来的愤怒、痛苦和无奈。贯彻“艾滋病感染到我为止”的原则，可以使自己获得内心的安宁，避免纠结踌躇的矛盾。

践行“艾滋病感染到我为止”的原则，还要努力改变过去的自己，积极修复周围的社会关系。为了走出“至暗”时刻，患者可以根据身心状况、兴趣爱好等因素，积极投入禁毒防艾的公益事业，为更多的人点亮“心灯”；还可以为改变一些不平等的政策和观念“鼓与呼”，践行“大爱”与“大德”。

我们生活在同一个世界，这是我们共同的家园，作为命运共同体的我们应当一起努力。相信在不久的将来，世界人民都能“知艾防艾”，疫苗研发、治疗效果也会取得突破性进展。要相信，人类终将战胜和终结艾滋病病毒。

---

① 雷小政：《法律实证研究方法：场域、样本与经验》，北京，法律出版社2019年版，第39－45页。

附　录

附录一　中华人民共和国传染病防治法(2013年修正)

(1989年2月21日第七届全国人民代表大会常务委员会第六次会议通过　2004年8月28日第十届全国人民代表大会常务委员会第十一次会议修订　根据2013年6月29日第十二届全国人民代表大会常务委员会第三次会议《关于修改〈中华人民共和国文物保护法〉等十二部法律的决定》修正)

目　录

第一章　总　　则

第一条　为了预防、控制和消除传染病的发生与流行，保障人体健康和公共卫生，制定本法。

第二条　国家对传染病防治实行预防为主的方针，防治结合、分类管理、依靠科学、依靠群众。

第三条　本法规定的传染病分为甲类、乙类和丙类。

甲类传染病是指：鼠疫、霍乱。

乙类传染病是指：传染性非典型肺炎、艾滋病、病毒性肝炎、脊髓灰质炎、人感染高致病性禽流感、麻疹、流行性出血热、狂犬病、流行性乙型脑炎、登革热、炭疽、细菌性和阿米巴性痢疾、肺结核、伤寒和副伤寒、流行性脑脊髓膜炎、百日咳、白喉、新生儿破伤风、猩红热、布鲁氏菌病、淋病、梅毒、钩端螺旋体病、血吸虫病、疟疾。

丙类传染病是指：流行性感冒、流行性腮腺炎、风疹、急性出血性结膜炎、麻风病、流行性和地方性斑疹伤寒、黑热病、包虫病、丝虫病，除霍乱、细菌性和阿米巴性痢疾、伤寒和副伤寒以外的感染性腹泻病。

国务院卫生行政部门根据传染病暴发、流行情况和危害程度，可以决定增加、减少或者调整乙类、丙类传染病病种并予以公布。

第四条 对乙类传染病中传染性非典型肺炎、炭疽中的肺炭疽和人感染高致病性禽流感，采取本法所称甲类传染病的预防、控制措施。其他乙类传染病和突发原因不明的传染病需要采取本法所称甲类传染病的预防、控制措施的，由国务院卫生行政部门及时报经国务院批准后予以公布、实施。

需要解除依照前款规定采取的甲类传染病预防、控制措施的，由国务院卫生行政部门报经国务院批准后予以公布。

省、自治区、直辖市人民政府对本行政区域内常见、多发的其他地方性传染病，可以根据情况决定按照乙类或者丙类传染病管理并予以公布，报国务院卫生行政部门备案。

第五条 各级人民政府领导传染病防治工作。

县级以上人民政府制定传染病防治规划并组织实施，建立健全传染病防治的疾病预防控制、医疗救治和监督管理体系。

第六条 国务院卫生行政部门主管全国传染病防治及其监督管理工作。县级以上地方人民政府卫生行政部门负责本行政区域内的传染病防治及其监督管理工作。

县级以上人民政府其他部门在各自的职责范围内负责传染病防治工作。

军队的传染病防治工作，依照本法和国家有关规定办理，由中国人民解放军卫生主管部门实施监督管理。

第七条 各级疾病预防控制机构承担传染病监测、预测、流行病学调查、疫情报告以及其他预防、控制工作。

医疗机构承担与医疗救治有关的传染病防治工作和责任区域内的传染病预防工作。城市社区和农村基层医疗机构在疾病预防控制机构的指导下，承担城市社区、农村基层相应的传染病防治工作。

第八条 国家发展现代医学和中医药等传统医学，支持和鼓励开展传染病防治的科学研究，提高传染病防治的科学技术水平。

国家支持和鼓励开展传染病防治的国际合作。

第九条 国家支持和鼓励单位和个人参与传染病防治工作。各级人民政府应当完善有关制度，方便单位和个人参与防治传染病的宣传教育、疫情报告、志愿服务和捐赠活动。

居民委员会、村民委员会应当组织居民、村民参与社区、农村的传染病预防与控制活动。

第十条 国家开展预防传染病的健康教育。新闻媒体应当无偿开展传染病防治和公共卫生教育的公益宣传。

各级各类学校应当对学生进行健康知识和传染病预防知识的教育。

医学院校应当加强预防医学教育和科学研究，对在校学生以及其他与传染病防治相关人员进行预防医学教育和培训，为传染病防治工作提供技术支持。

疾病预防控制机构、医疗机构应当定期对其工作人员进行传染病防治知识、技能的培训。

第十一条 对在传染病防治工作中做出显著成绩和贡献的单位和个人，给予表彰和奖励。

对因参与传染病防治工作致病、致残、死亡的人员，按照有关规定给予补助、抚恤。

第十二条 在中华人民共和国领域内的一切单位和个人，必须接受疾病预防控制机构、医疗机构有关传染病的调查、检验、采集样本、隔离治疗等预防、控制措施，如实提供有关情况。疾病预防控制机构、医疗机构不得泄露涉及个人隐私的有关信息、资料。

卫生行政部门以及其他有关部门、疾病预防控制机构和医疗机构因违法实施行政管理或者预防、控制措施，侵犯单位和个人合法权益的，有关单位和个人可以依法申请行政复议或者提起诉讼。

第二章 传染病预防

第十三条 各级人民政府组织开展群众性卫生活动，进行预防传染病的健康教育，倡导文明健康的生活方式，提高公众对传染病的防治意识和应对能力，加强环境卫生建设，消除鼠害和蚊、蝇等病媒生物的危害。

各级人民政府农业、水利、林业行政部门按照职责分工负责指导和组织消除农田、湖区、河流、牧场、林区的鼠害与血吸虫危害，以及其他传播传染病的动物和病媒生物的危害。

铁路、交通、民用航空行政部门负责组织消除交通工具以及相关场所的鼠害和蚊、蝇等病媒生物的危害。

第十四条 地方各级人民政府应当有计划地建设和改造公共卫生设施，改善饮用水卫生条件，对污水、污物、粪便进行无害化处置。

第十五条 国家实行有计划的预防接种制度。国务院卫生行政部门和省、自治区、直辖市人民政府卫生行政部门，根据传染病预防、控制的需要，制定传染病预防接种规划并组织实施。用于预防接种的疫苗必须符合国家质量标准。

国家对儿童实行预防接种证制度。国家免疫规划项目的预防接种实行免费。医疗机构、疾病预防控制机构与儿童的监护人应当相互配合，保证儿童及时接受预防接种。具体办法由国务院制定。

第十六条 国家和社会应当关心、帮助传染病病人、病原携带者和疑似传染病病人，使其得到及时救治。任何单位和个人不得歧视传染病病人、病原携带者和疑似传染病病人。

传染病病人、病原携带者和疑似传染病病人，在治愈前或者在排除传染病嫌疑前，不得从事法律、行政法规和国务院卫生行政部门规定禁止从事的易使该传染病扩散的工作。

第十七条 国家建立传染病监测制度。

国务院卫生行政部门制定国家传染病监测规划和方案。省、自治区、直辖市人民政府卫生行政部门根据国家传染病监测规划和方案，制定本行政区域的传染病监测计划和工作方案。

各级疾病预防控制机构对传染病的发生、流行以及影响其发生、流行的因素，进行监测；对国外发生、国内尚未发生的传染病或者国内新发生的传染病，进行监测。

第十八条 各级疾病预防控制机构在传染病预防控制中履行下列职责：

（一）实施传染病预防控制规划、计划和方案；

(二)收集、分析和报告传染病监测信息，预测传染病的发生、流行趋势；

(三)开展对传染病疫情和突发公共卫生事件的流行病学调查、现场处理及其效果评价；

(四)开展传染病实验室检测、诊断、病原学鉴定；

(五)实施免疫规划，负责预防性生物制品的使用管理；

(六)开展健康教育、咨询，普及传染病防治知识；

(七)指导、培训下级疾病预防控制机构及其工作人员开展传染病监测工作；

(八)开展传染病防治应用性研究和卫生评价，提供技术咨询。

国家、省级疾病预防控制机构负责对传染病发生、流行以及分布进行监测，对重大传染病流行趋势进行预测，提出预防控制对策，参与并指导对暴发的疫情进行调查处理，开展传染病病原学鉴定，建立检测质量控制体系，开展应用性研究和卫生评价。

设区的市和县级疾病预防控制机构负责传染病预防控制规划、方案的落实，组织实施免疫、消毒、控制病媒生物的危害，普及传染病防治知识，负责本地区疫情和突发公共卫生事件监测、报告，开展流行病学调查和常见病原微生物检测。

第十九条 国家建立传染病预警制度。

国务院卫生行政部门和省、自治区、直辖市人民政府根据传染病发生、流行趋势的预测，及时发出传染病预警，根据情况予以公布。

第二十条 县级以上地方人民政府应当制定传染病预防、控制预案，报上一级人民政府备案。

传染病预防、控制预案应当包括以下主要内容：

(一)传染病预防控制指挥部的组成和相关部门的职责；

(二)传染病的监测、信息收集、分析、报告、通报制度；

(三)疾病预防控制机构、医疗机构在发生传染病疫情时的任务与职责；

(四)传染病暴发、流行情况的分级以及相应的应急工作方案；

(五)传染病预防、疫点疫区现场控制，应急设施、设备、救治药品和医疗器械以及其他物资和技术的储备与调用。

地方人民政府和疾病预防控制机构接到国务院卫生行政部门或者省、自治区、直辖市人民政府发出的传染病预警后，应当按照传染病预防、控制预案，采取相应的预防、控制措施。

第二十一条 医疗机构必须严格执行国务院卫生行政部门规定的管理制度、操作规范，防止传染病的医源性感染和医院感染。

医疗机构应当确定专门的部门或者人员，承担传染病疫情报告、本单位的传染病预防、控制以及责任区域内的传染病预防工作；承担医疗活动中与医院感染有关的危险因素监测、安全防护、消毒、隔离和医疗废物处置工作。

疾病预防控制机构应当指定专门人员负责对医疗机构内传染病预防工作进行指导、考核，开展流行病学调查。

第二十二条 疾病预防控制机构、医疗机构的实验室和从事病原微生物实验的单位，应当符合国家规定的条件和技术标准，建立严格的监督管理制度，对传染病病原体样本按照规定的措施实行严格监督管理，严防传染病病原体的实验室感染和病原微生物的扩散。

第二十三条 采供血机构、生物制品生产单位必须严格执行国家有关规定，保证血液、血液制品的质量。禁止非法采集血液或者组织他人出卖血液。

疾病预防控制机构、医疗机构使用血液和血液制品，必须遵守国家有关规定，防止因输入血液、使用血液制品引起经血液传播疾病的发生。

第二十四条 各级人民政府应当加强艾滋病的防治工作，采取预防、控制措施，防止艾滋病的传播。具体办法由国务院制定。

第二十五条 县级以上人民政府农业、林业行政部门以及其他有关部门，依据各自的职责负责与人畜共患传染病有关的动物传染病的防治管理工作。

与人畜共患传染病有关的野生动物、家畜家禽，经检疫合格后，方可出售、运输。

第二十六条 国家建立传染病菌种、毒种库。

对传染病菌种、毒种和传染病检测样本的采集、保藏、携带、运输和使用实行分类管理，建立健全严格的管理制度。

对可能导致甲类传染病传播的以及国务院卫生行政部门规定的菌种、毒种和传染病检测样本，确需采集、保藏、携带、运输和使用的，须经省级以上人民政府卫生行政部门批准。具体办法由国务院制定。

第二十七条 对被传染病病原体污染的污水、污物、场所和物品，有关单位和个人必须在疾病预防控制机构的指导下或者按照其提出的卫生要求，进行严格消毒处理；拒绝消毒处理的，由当地卫生行政部门或者疾病预防控制机构进行强制消毒处理。

第二十八条 在国家确认的自然疫源地计划兴建水利、交通、旅游、能源等大型建设项目的，应当事先由省级以上疾病预防控制机构对施工环境进行卫生调查。建设单位应当根据疾病预防控制机构的意见，采取必要的传染病预防、控制措施。施工期间，建设单位应当设专人负责工地上的卫生防疫工作。工程竣工后，疾病预防控制机构应当对可能发生的传染病进行监测。

第二十九条 用于传染病防治的消毒产品、饮用水供水单位供应的饮用水和涉及饮用水卫生安全的产品，应当符合国家卫生标准和卫生规范。

饮用水供水单位从事生产或者供应活动，应当依法取得卫生许可证。

生产用于传染病防治的消毒产品的单位和生产用于传染病防治的消毒产品，应当经省级以上人民政府卫生行政部门审批。具体办法由国务院制定。

第三章 疫情报告、通报和公布

第三十条 疾病预防控制机构、医疗机构和采供血机构及其执行职务的人员发现本法规定的传染病疫情或者发现其他传染病暴发、流行以及突发原因不明的传染病时，应当遵循疫情报告属地管理原则，按照国务院规定的或者国务院卫生行政部门规定的内容、程序、方式和时限报告。

军队医疗机构向社会公众提供医疗服务，发现前款规定的传染病疫情时，应当按照国务院卫生行政部门的规定报告。

第三十一条 任何单位和个人发现传染病病人或者疑似传染病病人时，应当及时向附近的疾病预防控制机构或者医疗机构报告。

第三十二条 港口、机场、铁路疾病预防控制机构以及国境卫生检疫机关发现甲类传染病病人、病原携带者、疑似传染病病人时，应当按照国家有关规定立即向国境口岸所在地的疾病预防控制机构或者所在地县级以上地方人民政府卫生行政部门报告并互相通报。

第三十三条 疾病预防控制机构应当主动收集、分析、调查、核实传染病疫情信息。接到甲类、乙类传染病疫情报告或者发现传染病暴发、流行时，应当立即报告当地卫生行政部门，由当地卫生行政部门立即报告当地人民政府，同时报告上级卫生行政部门和国务院卫生行政部门。

疾病预防控制机构应当设立或者指定专门的部门、人员负责传染病疫情信息管理工作，及时对疫情报告进行核实、分析。

第三十四条 县级以上地方人民政府卫生行政部门应当及时向本行政区域内的疾病预防控制机构和医疗机构通报传染病疫情以及监测、预警的相关信息。接到通报的疾病预防控制机构和医疗机构应当及时告知本单位的有关人员。

第三十五条 国务院卫生行政部门应当及时向国务院其他有关部门和各省、自治区、直辖市人民政府卫生行政部门通报全国传染病疫情以及监测、预警的相关信息。

毗邻的以及相关的地方人民政府卫生行政部门，应当及时互相通报本行政区域的传染病疫情以及监测、预警的相关信息。

县级以上人民政府有关部门发现传染病疫情时，应当及时向同级人民政府卫生行政部门通报。

中国人民解放军卫生主管部门发现传染病疫情时，应当向国务院卫生行政部门通报。

第三十六条 动物防疫机构和疾病预防控制机构，应当及时互相通报动物间和人间发生的人畜共患传染病疫情以及相关信息。

第三十七条 依照本法的规定负有传染病疫情报告职责的人民政府有关部门、疾病预防控制机构、医疗机构、采供血机构及其工作人员，不得隐瞒、谎报、缓报传染病疫情。

第三十八条 国家建立传染病疫情信息公布制度。

国务院卫生行政部门定期公布全国传染病疫情信息。省、自治区、直辖市人民政府卫生行政部门定期公布本行政区域的传染病疫情信息。

传染病暴发、流行时，国务院卫生行政部门负责向社会公布传染病疫情信息，并可以授权省、自治区、直辖市人民政府卫生行政部门向社会公布本行政区域的传染病疫情信息。

公布传染病疫情信息应当及时、准确。

第四章 疫情控制

第三十九条 医疗机构发现甲类传染病时，应当及时采取下列措施：

(一)对病人、病原携带者，予以隔离治疗，隔离期限根据医学检查结果确定；

（二）对疑似病人，确诊前在指定场所单独隔离治疗；

（三）对医疗机构内的病人、病原携带者、疑似病人的密切接触者，在指定场所进行医学观察和采取其他必要的预防措施。

拒绝隔离治疗或者隔离期未满擅自脱离隔离治疗的，可以由公安机关协助医疗机构采取强制隔离治疗措施。

医疗机构发现乙类或者丙类传染病病人，应当根据病情采取必要的治疗和控制传播措施。

医疗机构对本单位内被传染病病原体污染的场所、物品以及医疗废物，必须依照法律、法规的规定实施消毒和无害化处置。

第四十条 疾病预防控制机构发现传染病疫情或者接到传染病疫情报告时，应当及时采取下列措施：

（一）对传染病疫情进行流行病学调查，根据调查情况提出划定疫点、疫区的建议，对被污染的场所进行卫生处理，对密切接触者，在指定场所进行医学观察和采取其他必要的预防措施，并向卫生行政部门提出疫情控制方案；

（二）传染病暴发、流行时，对疫点、疫区进行卫生处理，向卫生行政部门提出疫情控制方案，并按照卫生行政部门的要求采取措施；

（三）指导下级疾病预防控制机构实施传染病预防、控制措施，组织、指导有关单位对传染病疫情的处理。

第四十一条 对已经发生甲类传染病病例的场所或者该场所内的特定区域的人员，所在地的县级以上地方人民政府可以实施隔离措施，并同时向上一级人民政府报告；接到报告的上级人民政府应当即时作出是否批准的决定。上级人民政府作出不予批准决定的，实施隔离措施的人民政府应当立即解除隔离措施。

在隔离期间，实施隔离措施的人民政府应当对被隔离人员提供生活保障；被隔离人员有工作单位的，所在单位不得停止支付其隔离期间的工作报酬。

隔离措施的解除，由原决定机关决定并宣布。

第四十二条 传染病暴发、流行时，县级以上地方人民政府应当立即组织力量，按照预防、控制预案进行防治，切断传染病的传播途径，必要时，报经上一级人民政府决定，可以采取下列紧急措施并予以公告：

（一）限制或者停止集市、影剧院演出或者其他人群聚集的活动；

（二）停工、停业、停课；

（三）封闭或者封存被传染病病原体污染的公共饮用水源、食品以及相关物品；

（四）控制或者扑杀染疫野生动物、家畜家禽；

（五）封闭可能造成传染病扩散的场所。

上级人民政府接到下级人民政府关于采取前款所列紧急措施的报告时，应当即时作出决定。

紧急措施的解除，由原决定机关决定并宣布。

第四十三条 甲类、乙类传染病暴发、流行时，县级以上地方人民政府报经上一级人民政府决定，可以宣布本行政区域部分或者全部为疫区；国务院可以决定并宣布跨省、自治区、直辖市的疫区。县级以上地方人民政府可以在疫区内采取本法第四十二条规定的紧急措施，并可以对出入疫区的人员、物资和交通工具实施卫生检疫。

省、自治区、直辖市人民政府可以决定对本行政区域内的甲类传染病疫区实施封锁；但是，封锁大、中城市的疫区或者封锁跨省、自治区、直辖市的疫区，以及封锁疫区导致中断干线交通或者封锁国境的，由国务院决定。

疫区封锁的解除，由原决定机关决定并宣布。

第四十四条 发生甲类传染病时，为了防止该传染病通过交通工具及其乘运的人员、物资传播，可以实施交通卫生检疫。具体办法由国务院制定。

第四十五条 传染病暴发、流行时，根据传染病疫情控制的需要，国务院有权在全国范围或者跨省、自治区、直辖市范围内，县级以上地方人民政府有权在本行政区域内紧急调集人员或者调用储备物资，临时征用房屋、交通工具以及相关设施、设备。

紧急调集人员的，应当按照规定给予合理报酬。临时征用房屋、交通工具以及相关设施、设备的，应当依法给予补偿；能返还的，应当及时返还。

第四十六条 患甲类传染病、炭疽死亡的，应当将尸体立即进行卫生处理，就近火化。患其他传染病死亡的，必要时，应当将尸体进行卫生处理后火化或者按照规定深埋。

为了查找传染病病因，医疗机构在必要时可以按照国务院卫生行政部门的规定，对传染病病人尸体或者疑似传染病病人尸体进行解剖查验，并应当告知死者家属。

第四十七条 疫区中被传染病病原体污染或者可能被传染病病原体污染的物品，经消毒可以使用的，应当在当地疾病预防控制机构的指导下，进行消毒处理后，方可使用、出售和运输。

第四十八条 发生传染病疫情时，疾病预防控制机构和省级以上人民政府卫生行政部门指派的其他与传染病有关的专业技术机构，可以进入传染病疫点、疫区进行调查、采集样本、技术分析和检验。

第四十九条 传染病暴发、流行时，药品和医疗器械生产、供应单位应当及时生产、供应防治传染病的药品和医疗器械。铁路、交通、民用航空经营单位必须优先运送处理传染病疫情的人员以及防治传染病的药品和医疗器械。县级以上人民政府有关部门应当做好组织协调工作。

第五章 医疗救治

第五十条 县级以上人民政府应当加强和完善传染病医疗救治服务网络的建设，指定具备传染病救治条件和能力的医疗机构承担传染病救治任务，或者根据传染病救治需要设置传染病医院。

第五十一条 医疗机构的基本标准、建筑设计和服务流程，应当符合预防传染病医院感染的要求。

医疗机构应当按照规定对使用的医疗器械进行消毒；对按照规定一次使用的医疗器具，应当在使用后予以销毁。

医疗机构应当按照国务院卫生行政部门规定的传染病诊断标准和治疗要求，采取相应措施，提高传染病医疗救治能力。

第五十二条 医疗机构应当对传染病病人或者疑似传染病病人提供医疗救护、现场救援和接诊治疗，书写病历记录以及其他有关资料，并妥善保管。

医疗机构应当实行传染病预检、分诊制度；对传染病病人、疑似传染病病人，应当引导至相对隔离的分诊点进行初诊。医疗机构不具备相应救治能力的，应当将患者及其病历记录复印件一并转至具备相应救治能力的医疗机构。具体办法由国务院卫生行政部门规定。

第六章 监督管理

第五十三条 县级以上人民政府卫生行政部门对传染病防治工作履行下列监督检查职责：

(一)对下级人民政府卫生行政部门履行本法规定的传染病防治职责进行监督检查；

(二)对疾病预防控制机构、医疗机构的传染病防治工作进行监督检查；

(三)对采供血机构的采供血活动进行监督检查；

(四)对用于传染病防治的消毒产品及其生产单位进行监督检查，并对饮用水供水单位从事生产或者供应活动以及涉及饮用水卫生安全的产品进行监督检查；

(五)对传染病菌种、毒种和传染病检测样本的采集、保藏、携带、运输、使用进行监督检查；

(六)对公共场所和有关单位的卫生条件和传染病预防、控制措施进行监督检查。

省级以上人民政府卫生行政部门负责组织对传染病防治重大事项的处理。

第五十四条 县级以上人民政府卫生行政部门在履行监督检查职责时，有权进入被检查单位和传染病疫情发生现场调查取证，查阅或者复制有关的资料和采集样本。被检查单位应当予以配合，不得拒绝、阻挠。

第五十五条 县级以上地方人民政府卫生行政部门在履行监督检查职责时，发现被传染病病原体污染的公共饮用水源、食品以及相关物品，如不及时采取控制措施可能导致传染病传播、流行的，可以采取封闭公共饮用水源、封存食品以及相关物品或者暂停销售的临时控制措施，并予以检验或者进行消毒。经检验，属于被污染的食品，应当予以销毁；对未被污染的食品或者经消毒后可以使用的物品，应当解除控制措施。

第五十六条 卫生行政部门工作人员依法执行职务时，应当不少于两人，并出示执法证件，填写卫生执法文书。

卫生执法文书经核对无误后，应当由卫生执法人员和当事人签名。当事人拒绝签名的，卫生执法人员应当注明情况。

第五十七条 卫生行政部门应当依法建立健全内部监督制度，对其工作人员依据法定职权和程序履行职责的情况进行监督。

上级卫生行政部门发现下级卫生行政部门不及时处理职责范围内的事项或者不履行职责的，应当责令纠正或者直接予以处理。

第五十八条 卫生行政部门及其工作人员履行职责，应当自觉接受社会和公民的监督。单位和个人有权向上级人民政府及其卫生行政部门举报违反本法的行为。接到举报的有关人民政府或者其卫生行政部门，应当及时调查处理。

第七章 保障措施

第五十九条 国家将传染病防治工作纳入国民经济和社会发展计划，县级以上地方人民政府将传染病防治工作纳入本行政区域的国民经济和社会发展计划。

第六十条 县级以上地方人民政府按照本级政府职责负责本行政区域内传染病预防、控制、监督工作的日常经费。

国务院卫生行政部门会同国务院有关部门，根据传染病流行趋势，确定全国传染病预防、控制、救治、监测、预测、预警、监督检查等项目。中央财政对困难地区实施重大传染病防治项目给予补助。

省、自治区、直辖市人民政府根据本行政区域内传染病流行趋势，在国务院卫生行政部门确定的项目范围内，确定传染病预防、控制、监督等项目，并保障项目的实施经费。

第六十一条 国家加强基层传染病防治体系建设，扶持贫困地区和少数民族地区的传染病防治工作。

地方各级人民政府应当保障城市社区、农村基层传染病预防工作的经费。

第六十二条 国家对患有特定传染病的困难人群实行医疗救助，减免医疗费用。具体办法由国务院卫生行政部门会同国务院财政部门等部门制定。

第六十三条 县级以上人民政府负责储备防治传染病的药品、医疗器械和其他物资，以备调用。

第六十四条 对从事传染病预防、医疗、科研、教学、现场处理疫情的人员，以及在生产、工作中接触传染病病原体的其他人员，有关单位应当按照国家规定，采取有效的卫生防护措施和医疗保健措施，并给予适当的津贴。

第八章　法律责任

第六十五条　地方各级人民政府未依照本法的规定履行报告职责，或者隐瞒、谎报、缓报传染病疫情，或者在传染病暴发、流行时，未及时组织救治、采取控制措施的，由上级人民政府责令改正，通报批评；造成传染病传播、流行或者其他严重后果的，对负有责任的主管人员，依法给予行政处分；构成犯罪的，依法追究刑事责任。

第六十六条　县级以上人民政府卫生行政部门违反本法规定，有下列情形之一的，由本级人民政府、上级人民政府卫生行政部门责令改正，通报批评；造成传染病传播、流行或者其他严重后果的，对负有责任的主管人员和其他直接责任人员，依法给予行政处分；构成犯罪的，依法追究刑事责任：

（一）未依法履行传染病疫情通报、报告或者公布职责，或者隐瞒、谎报、缓报传染病疫情的；

（二）发生或者可能发生传染病传播时未及时采取预防、控制措施的；

（三）未依法履行监督检查职责，或者发现违法行为不及时查处的；

（四）未及时调查、处理单位和个人对下级卫生行政部门不履行传染病防治职责的举报的；

（五）违反本法的其他失职、渎职行为。

第六十七条　县级以上人民政府有关部门未依照本法的规定履行传染病防治和保障职责的，由本级人民政府或者上级人民政府有关部门责令改正，通报批评；造成传染病传播、流行或者其他严重后果的，对负有责任的主管人员和其他直接责任人员，依法给予行政处分；构成犯罪的，依法追究刑事责任。

第六十八条　疾病预防控制机构违反本法规定，有下列情形之一的，由县级以上人民政府卫生行政部门责令限期改正，通报批评，给予警告；对负有责任的主管人员和其他直接责任人员，依法给予降级、撤职、开除的处分，并可以依法吊销有关责任人员的执业证书；构成犯罪的，依法追究刑事责任：

（一）未依法履行传染病监测职责的；

（二）未依法履行传染病疫情报告、通报职责，或者隐瞒、谎报、缓报传染病疫情的；

（三）未主动收集传染病疫情信息，或者对传染病疫情信息和疫情报告未及时进行分析、调查、核实的；

（四）发现传染病疫情时，未依据职责及时采取本法规定的措施的；

（五）故意泄露传染病病人、病原携带者、疑似传染病病人、密切接触者涉及个人隐私的有关信息、资料的。

第六十九条 医疗机构违反本法规定，有下列情形之一的，由县级以上人民政府卫生行政部门责令改正，通报批评，给予警告；造成传染病传播、流行或者其他严重后果的，对负有责任的主管人员和其他直接责任人员，依法给予降级、撤职、开除的处分，并可以依法吊销有关责任人员的执业证书；构成犯罪的，依法追究刑事责任：

（一）未按照规定承担本单位的传染病预防、控制工作、医院感染控制任务和责任区域内的传染病预防工作的；

（二）未按照规定报告传染病疫情，或者隐瞒、谎报、缓报传染病疫情的；

（三）发现传染病疫情时，未按照规定对传染病病人、疑似传染病病人提供医疗救护、现场救援、接诊、转诊的，或者拒绝接受转诊的；

（四）未按照规定对本单位内被传染病病原体污染的场所、物品以及医疗废物实施消毒或者无害化处置的；

（五）未按照规定对医疗器械进行消毒，或者对按照规定一次使用的医疗器具未予销毁，再次使用的；

（六）在医疗救治过程中未按照规定保管医学记录资料的；

（七）故意泄露传染病病人、病原携带者、疑似传染病病人、密切接触者涉及个人隐私的有关信息、资料的。

第七十条 采供血机构未按照规定报告传染病疫情，或者隐瞒、谎报、缓报传染病疫情，或者未执行国家有关规定，导致因输入血液引起经血液传播疾病发生的，由县级以上人民政府卫生行政部门责令改正，通报批评，给予警告；造成传染病传播、流行或者其他严重后果的，对负有责任的主管人员和其他直接责任人员，依法给予降级、撤职、开除的处分，并可以依法吊销采供血机构的执业许可证；构成犯罪的，依法追究刑事责任。

非法采集血液或者组织他人出卖血液的，由县级以上人民政府卫生行政部门予以取缔，没收违法所得，可以并处十万元以下的罚款；构成犯罪的，依法追究刑事责任。

第七十一条 国境卫生检疫机关、动物防疫机构未依法履行传染病疫情通报职责的，由有关部门在各自职责范围内责令改正，通报批评；造成传染病传播、流行或者其他严重后果的，对负有责任的主管人员和其他直接责任人员，依法给予降级、撤职、开除的处分；构成犯罪的，依法追究刑事责任。

第七十二条 铁路、交通、民用航空经营单位未依照本法的规定优先运送处理传染病疫情的人员以及防治传染病的药品和医疗器械的，由有关部门责令限期改正，给予警告；造成严重后果的，对负有责任的主管人员和其他直接责任人员，依法给予降级、撤职、开除的处分。

第七十三条 违反本法规定，有下列情形之一，导致或者可能导致传染病传播、流行的，由县级以上人民政府卫生行政部门责令限期改正，没收违法所得，可以并处五万元以下的罚款；已取得许可证的，原发证部门可以依法暂扣或者吊销许可证；构成犯罪的，依法追究刑事责任：

（一）饮用水供水单位供应的饮用水不符合国家卫生标准和卫生规范的；

（二）涉及饮用水卫生安全的产品不符合国家卫生标准和卫生规范的；

（三）用于传染病防治的消毒产品不符合国家卫生标准和卫生规范的；

（四）出售、运输疫区中被传染病病原体污染或者可能被传染病病原体污染的物品，未进行消毒处理的；

（五）生物制品生产单位生产的血液制品不符合国家质量标准的。

第七十四条 违反本法规定，有下列情形之一的，由县级以上地方人民政府卫生行政部门责令改正，通报批评，给予警告，已取得许可证的，可以依法暂扣或者吊销许可证；造成传染病传播、流行以及其他严重后果的，对负有责任的主管人员和其他直接责任人员，依法给予降级、撤职、开除的处分，并可以依法吊销有关责任人员的执业证书；构成犯罪的，依法追究刑事责任：

（一）疾病预防控制机构、医疗机构和从事病原微生物实验的单位，不符合国家规定的条件和技术标准，对传染病病原体样本未按照规定进行严格管理，造成实验室感染和病原微生物扩散的；

（二）违反国家有关规定，采集、保藏、携带、运输和使用传染病菌种、毒种和传染病检测样本的；

（三）疾病预防控制机构、医疗机构未执行国家有关规定，导致因输入血液、使用血液制品引起经血液传播疾病发生的。

第七十五条 未经检疫出售、运输与人畜共患传染病有关的野生动物、家畜家禽的，由县级以上地方人民政府畜牧兽医行政部门责令停止违法行为，并依法给予行政处罚。

第七十六条 在国家确认的自然疫源地兴建水利、交通、旅游、能源等大型建设项目，未经卫生调查进行施工的，或者未按照疾病预防控制机构的意见采取必要的传染病预防、控制措施的，由县级以上人民政府卫生行政部门责令限期改正，给予警告，处五千元以上三万元以下的罚款；逾期不改正的，处三万元以上十万元以下的罚款，并可以提请有关人民政府依据职责权限，责令停建、关闭。

第七十七条 单位和个人违反本法规定，导致传染病传播、流行，给他人人身、财产造成损害的，应当依法承担民事责任。

第九章 附 则

第七十八条 本法中下列用语的含义：

（一）传染病病人、疑似传染病病人：指根据国务院卫生行政部门发布的《中华人民共和国传染病防治法规定管理的传染病诊断标准》，符合传染病病人和疑似传染病病人诊断标准的人。

（二）病原携带者：指感染病原体无临床症状但能排出病原体的人。

（三）流行病学调查：指对人群中疾病或者健康状况的分布及其决定因素进行调查研究，提出疾病预防控制措施及保健对策。

（四）疫点：指病原体从传染源向周围播散的范围较小或者单个疫源地。

（五）疫区：指传染病在人群中暴发、流行，其病原体向周围播散时所能波及的地区。

（六）人畜共患传染病：指人与脊椎动物共同罹患的传染病，如鼠疫、狂犬病、血吸虫病等。

（七）自然疫源地：指某些可引起人类传染病的病原体在自然界的野生动物中长期存在和循环的地区。

（八）病媒生物：指能够将病原体从人或者其他动物传播给人的生物，如蚊、蝇、蚤类等。

（九）医源性感染：指在医学服务中，因病原体传播引起的感染。

（十）医院感染：指住院病人在医院内获得的感染，包括在住院期间发生的感染和在医院内获得出院后发生的感染，但不包括入院前已开始或者入院时已处于潜伏期的感染。医院工作人员在医院内获得的感染也属医院感染。

（十一）实验室感染：指从事实验室工作时，因接触病原体所致的感染。

（十二）菌种、毒种：指可能引起本法规定的传染病发生的细菌菌种、病毒毒种。

（十三）消毒：指用化学、物理、生物的方法杀灭或者消除环境中的病原微生物。

（十四）疾病预防控制机构：指从事疾病预防控制活动的疾病预防控制中心以及与上述机构业务活动相同的单位。

（十五）医疗机构：指按照《医疗机构管理条例》取得医疗机构执业许可证，从事疾病诊断、治疗活动的机构。

第七十九条 传染病防治中有关食品、药品、血液、水、医疗废物和病原微生物的管理以及动物防疫和国境卫生检疫，本法未规定的，分别适用其他有关法律、行政法规的规定。

第八十条 本法自 2004 年 12 月 1 日起施行。

附录二　中华人民共和国禁毒法

（2007年12月29日第十届全国人民代表大会常务委员会第三十一次会议通过）

目　　录

第一章　总　　则

第一条　为了预防和惩治毒品违法犯罪行为，保护公民身心健康，维护社会秩序，制定本法。

第二条　本法所称毒品，是指鸦片、海洛因、甲基苯丙胺（冰毒）、吗啡、大麻、可卡因，以及国家规定管制的其他能够使人形成瘾癖的麻醉药品和精神药品。

根据医疗、教学、科研的需要，依法可以生产、经营、使用、储存、运输麻醉药品和精神药品。

第三条　禁毒是全社会的共同责任。国家机关、社会团体、企业事业单位以及其他组织和公民，应当依照本法和有关法律的规定，履行禁毒职责或者义务。

第四条　禁毒工作实行预防为主，综合治理，禁种、禁制、禁贩、禁吸并举的方针。

禁毒工作实行政府统一领导，有关部门各负其责，社会广泛参与的工作机制。

第五条 国务院设立国家禁毒委员会，负责组织、协调、指导全国的禁毒工作。

县级以上地方各级人民政府根据禁毒工作的需要，可以设立禁毒委员会，负责组织、协调、指导本行政区域内的禁毒工作。

第六条 县级以上各级人民政府应当将禁毒工作纳入国民经济和社会发展规划，并将禁毒经费列入本级财政预算。

第七条 国家鼓励对禁毒工作的社会捐赠，并依法给予税收优惠。

第八条 国家鼓励开展禁毒科学技术研究，推广先进的缉毒技术、装备和戒毒方法。

第九条 国家鼓励公民举报毒品违法犯罪行为。各级人民政府和有关部门应当对举报人予以保护，对举报有功人员以及在禁毒工作中有突出贡献的单位和个人，给予表彰和奖励。

第十条 国家鼓励志愿人员参与禁毒宣传教育和戒毒社会服务工作。地方各级人民政府应当对志愿人员进行指导、培训，并提供必要的工作条件。

第二章　禁毒宣传教育

第十一条 国家采取各种形式开展全民禁毒宣传教育，普及毒品预防知识，增强公民的禁毒意识，提高公民自觉抵制毒品的能力。

国家鼓励公民、组织开展公益性的禁毒宣传活动。

第十二条 各级人民政府应当经常组织开展多种形式的禁毒宣传教育。

工会、共产主义青年团、妇女联合会应当结合各自工作对象的特点，组织开展禁毒宣传教育。

第十三条 教育行政部门、学校应当将禁毒知识纳入教育、教学内容，对学生进行禁毒宣传教育。公安机关、司法行政部门和卫生行政部门应当予以协助。

第十四条 新闻、出版、文化、广播、电影、电视等有关单位，应当有针对性地面向社会进行禁毒宣传教育。

第十五条 飞机场、火车站、长途汽车站、码头以及旅店、娱乐场所等公共场所的经营者、管理者，负责本场所的禁毒宣传教育，落实禁毒防范措施，预防毒品违法犯罪行为在本场所内发生。

第十六条 国家机关、社会团体、企业事业单位以及其他组织，应当加强对本单位人员的禁毒宣传教育。

第十七条 居民委员会、村民委员会应当协助人民政府以及公安机关等部门，加强禁毒宣传教育，落实禁毒防范措施。

第十八条 未成年人的父母或者其他监护人应当对未成年人进行毒品危害的教育，防止其吸食、注射毒品或者进行其他毒品违法犯罪活动。

第三章 毒品管制

第十九条 国家对麻醉药品药用原植物种植实行管制。禁止非法种植罂粟、古柯植物、大麻植物以及国家规定管制的可以用于提炼加工毒品的其他原植物。禁止走私或者非法买卖、运输、携带、持有未经灭活的毒品原植物种子或者幼苗。

地方各级人民政府发现非法种植毒品原植物的，应当立即采取措施予以制止、铲除。村民委员会、居民委员会发现非法种植毒品原植物的，应当及时予以制止、铲除，并向当地公安机关报告。

第二十条 国家确定的麻醉药品药用原植物种植企业，必须按照国家有关规定种植麻醉药品药用原植物。

国家确定的麻醉药品药用原植物种植企业的提取加工场所，以及国家设立的麻醉药品储存仓库，列为国家重点警戒目标。

未经许可，擅自进入国家确定的麻醉药品药用原植物种植企业的提取加工场所或者国家设立的麻醉药品储存仓库等警戒区域的，由警戒人员责令其立即离开；拒不离开的，强行带离现场。

第二十一条 国家对麻醉药品和精神药品实行管制，对麻醉药品和精神药品的实验研究、生产、经营、使用、储存、运输实行许可和查验制度。

国家对易制毒化学品的生产、经营、购买、运输实行许可制度。

禁止非法生产、买卖、运输、储存、提供、持有、使用麻醉药品、精神药品和易制毒化学品。

第二十二条 国家对麻醉药品、精神药品和易制毒化学品的进口、出口实行许可制度。国务院有关部门应当按照规定的职责，对进口、出口麻醉药品、精神药品和易制毒化学品依法进行管理。禁止走私麻醉药品、精神药品和易制毒化学品。

第二十三条 发生麻醉药品、精神药品和易制毒化学品被盗、被抢、丢失或者其他流入非法渠道的情形，案发单位应当立即采取必要的控制措施，并立即向公安机关报告，同时依照规定向有关主管部门报告。

公安机关接到报告后，或者有证据证明麻醉药品、精神药品和易制毒化学品可能流入非法渠道的，应当及时开展调查，并可以对相关单位采取必要的控制措施。药品监督管理部门、卫生行政部门以及其他有关部门应当配合公安机关开展工作。

第二十四条 禁止非法传授麻醉药品、精神药品和易制毒化学品的制造方法。公安机关接到举报或者发现非法传授麻醉药品、精神药品和易制毒化学品制造方法的，应当及时依法查处。

第二十五条 麻醉药品、精神药品和易制毒化学品管理的具体办法，由国务院规定。

第二十六条 公安机关根据查缉毒品的需要，可以在边境地区、交通要道、口岸以及飞机场、火车站、长途汽车站、码头对来往人员、物品、货物以及交通工具进行毒品和易制毒化学品检查，民航、铁路、交通部门应当予以配合。

海关应当依法加强对进出口岸的人员、物品、货物和运输工具的检查，防止走私毒品和易制毒化学品。

邮政企业应当依法加强对邮件的检查，防止邮寄毒品和非法邮寄易制毒化学品。

第二十七条 娱乐场所应当建立巡查制度，发现娱乐场所内有毒品违法犯罪活动的，应当立即向公安机关报告。

第二十八条 对依法查获的毒品，吸食、注射毒品的用具，毒品违法犯罪的非法所得及其收益，以及直接用于实施毒品违法犯罪行为的本人所有的工具、设备、资金，应当收缴，依照规定处理。

第二十九条 反洗钱行政主管部门应当依法加强对可疑毒品犯罪资金的监测。反洗钱行政主管部门和其他依法负有反洗钱监督管理职责的部门、机构发现涉嫌毒品犯罪的资金流动情况，应当及时向侦查机关报告，并配合侦查机关做好侦查、调查工作。

第三十条 国家建立健全毒品监测和禁毒信息系统，开展毒品监测和禁毒信息的收集、分析、使用、交流工作。

第四章 戒毒措施

第三十一条 国家采取各种措施帮助吸毒人员戒除毒瘾，教育和挽救吸毒人员。

吸毒成瘾人员应当进行戒毒治疗。

吸毒成瘾的认定办法，由国务院卫生行政部门、药品监督管理部门、公安部门规定。

第三十二条 公安机关可以对涉嫌吸毒的人员进行必要的检测，被检测人员应当予以配合；对拒绝接受检测的，经县级以上人民政府公安机关或者其派出机构负责人批准，可以强制检测。

公安机关应当对吸毒人员进行登记。

第三十三条 对吸毒成瘾人员，公安机关可以责令其接受社区戒毒，同时通知吸毒人员户籍所在地或者现居住地的城市街道办事处、乡镇人民政府。社区戒毒的期限为三年。

戒毒人员应当在户籍所在地接受社区戒毒；在户籍所在地以外的现居住地有固定住所的，可以在现居住地接受社区戒毒。

第三十四条 城市街道办事处、乡镇人民政府负责社区戒毒工作。城市街道办事处、乡镇人民政府可以指定有关基层组织，根据戒毒人员本人和家庭情况，与戒毒人员签订社区戒毒协议，落实有针对性的社区戒毒措施。公安机关和司法行政、卫生行政、民政等部门应当对社区戒毒工作提供指导和协助。

城市街道办事处、乡镇人民政府，以及县级人民政府劳动行政部门对无职业且缺乏就业能力的戒毒人员，应当提供必要的职业技能培训、就业指导和就业援助。

第三十五条 接受社区戒毒的戒毒人员应当遵守法律、法规，自觉履行社区戒毒协议，并根据公安机关的要求，定期接受检测。

对违反社区戒毒协议的戒毒人员，参与社区戒毒的工作人员应当进行批评、教育；对严重违反社区戒毒协议或者在社区戒毒期间又吸食、注射毒品的，应当及时向公安机关报告。

第三十六条 吸毒人员可以自行到具有戒毒治疗资质的医疗机构接受戒毒治疗。

设置戒毒医疗机构或者医疗机构从事戒毒治疗业务的，应当符合国务院卫生行政部门规定的条件，报所在地的省、自治区、直辖市人民政府卫生行政部门批准，并报同级公安机关备案。戒毒治疗应当遵守国务院卫生行政部门制定的戒毒治疗规范，接受卫生行政部门的监督检查。

戒毒治疗不得以营利为目的。戒毒治疗的药品、医疗器械和治疗方法不得做广告。戒毒治疗收取费用的，应当按照省、自治区、直辖市人民政府价格主管部门会同卫生行政部门制定的收费标准执行。

第三十七条 医疗机构根据戒毒治疗的需要，可以对接受戒毒治疗的戒毒人员进行身体和所携带物品的检查；对在治疗期间有人身危险的，可以采取必要的临时保护性约束措施。

发现接受戒毒治疗的戒毒人员在治疗期间吸食、注射毒品的，医疗机构应当及时向公安机关报告。

第三十八条 吸毒成瘾人员有下列情形之一的，由县级以上人民政府公安机关作出强制隔离戒毒的决定：

（一）拒绝接受社区戒毒的；

（二）在社区戒毒期间吸食、注射毒品的；

（三）严重违反社区戒毒协议的；

（四）经社区戒毒、强制隔离戒毒后再次吸食、注射毒品的。

对于吸毒成瘾严重，通过社区戒毒难以戒除毒瘾的人员，公安机关可以直接作出强制隔离戒毒的决定。

吸毒成瘾人员自愿接受强制隔离戒毒的，经公安机关同意，可以进入强制隔离戒毒场所戒毒。

第三十九条 怀孕或者正在哺乳自己不满一周岁婴儿的妇女吸毒成瘾的，不适用强制隔离戒毒。不满十六周岁的未成年人吸毒成瘾的，可以不适用强制隔离戒毒。

对依照前款规定不适用强制隔离戒毒的吸毒成瘾人员，依照本法规定进行社区戒毒，由负责社区戒毒工作的城市街道办事处、乡镇人民政府加强帮助、教育和监督，督促落实社区戒毒措施。

第四十条 公安机关对吸毒成瘾人员决定予以强制隔离戒毒的，应当制作强制隔离戒毒决定书，在执行强制隔离戒毒前送达被决定人，并在送达后二十四小时以内通知被决定人的家属、所在单位和户籍所在地公安派出所；被决定人不讲真实姓名、住址，身份不明的，公安机关应当自查清其身份后通知。

被决定人对公安机关作出的强制隔离戒毒决定不服的，可以依法申请行政复议或者提起行政诉讼。

第四十一条 对被决定予以强制隔离戒毒的人员，由作出决定的公安机关送强制隔离戒毒场所执行。

强制隔离戒毒场所的设置、管理体制和经费保障，由国务院规定。

第四十二条 戒毒人员进入强制隔离戒毒场所戒毒时，应当接受对其身体和所携带物品的检查。

第四十三条 强制隔离戒毒场所应当根据戒毒人员吸食、注射毒品的种类及成瘾程度等，对戒毒人员进行有针对性的生理、心理治疗和身体康复训练。

根据戒毒的需要，强制隔离戒毒场所可以组织戒毒人员参加必要的生产劳动，对戒毒人员进行职业技能培训。组织戒毒人员参加生产劳动的，应当支付劳动报酬。

第四十四条 强制隔离戒毒场所应当根据戒毒人员的性别、年龄、患病等情况，对戒毒人员实行分别管理。

强制隔离戒毒场所对有严重残疾或者疾病的戒毒人员，应当给予必要的看护和治疗；对患有传染病的戒毒人员，应当依法采取必要的隔离、治疗措施；对可能发生自伤、自残等情形的戒毒人员，可以采取相应的保护性约束措施。

强制隔离戒毒场所管理人员不得体罚、虐待或者侮辱戒毒人员。

第四十五条 强制隔离戒毒场所应当根据戒毒治疗的需要配备执业医师。强制隔离戒毒场所的执业医师具有麻醉药品和精神药品处方权的，可以按照有关技术规范对戒毒人员使用麻醉药品、精神药品。

卫生行政部门应当加强对强制隔离戒毒场所执业医师的业务指导和监督管理。

第四十六条 戒毒人员的亲属和所在单位或者就读学校的工作人员，可以按照有关规定探访戒毒人员。戒毒人员经强制隔离戒毒场所批准，可以外出探视配偶、直系亲属。

强制隔离戒毒场所管理人员应当对强制隔离戒毒场所以外的人员交给戒毒人员的物品和邮件进行检查，防止夹带毒品。在检查邮件时，应当依法保护戒毒人员的通信自由和通信秘密。

第四十七条 强制隔离戒毒的期限为二年。

执行强制隔离戒毒一年后，经诊断评估，对于戒毒情况良好的戒毒人员，强制隔离戒毒场所可以提出提前解除强制隔离戒毒的意见，报强制隔离戒毒的决定机关批准。

强制隔离戒毒期满前，经诊断评估，对于需要延长戒毒期限的戒毒人员，由强制隔离戒毒场所提出延长戒毒期限的意见，报强制隔离戒毒的决定机关批准。强制隔离戒毒的期限最长可以延长一年。

第四十八条 对于被解除强制隔离戒毒的人员，强制隔离戒毒的决定机关可以责令其接受不超过三年的社区康复。

社区康复参照本法关于社区戒毒的规定实施。

第四十九条 县级以上地方各级人民政府根据戒毒工作的需要，可以开办戒毒康复场所；对社会力量依法开办的公益性戒毒康复场所应当给予扶持，提供必要的便利和帮助。

戒毒人员可以自愿在戒毒康复场所生活、劳动。戒毒康复场所组织戒毒人员参加生产劳动的，应当参照国家劳动用工制度的规定支付劳动报酬。

第五十条 公安机关、司法行政部门对被依法拘留、逮捕、收监执行刑罚以及被依法采取强制性教育措施的吸毒人员，应当给予必要的戒毒治疗。

第五十一条 省、自治区、直辖市人民政府卫生行政部门会同公安机关、药品监督管理部门依照国家有关规定，根据巩固戒毒成果的需要和本行政区域艾滋病流行情况，可以组织开展戒毒药物维持治疗工作。

第五十二条 戒毒人员在入学、就业、享受社会保障等方面不受歧视。有关部门、组织和人员应当在入学、就业、享受社会保障等方面对戒毒人员给予必要的指导和帮助。

第五章 禁毒国际合作

第五十三条 中华人民共和国根据缔结或者参加的国际条约或者按照对等

原则，开展禁毒国际合作。

第五十四条 国家禁毒委员会根据国务院授权，负责组织开展禁毒国际合作，履行国际禁毒公约义务。

第五十五条 涉及追究毒品犯罪的司法协助，由司法机关依照有关法律的规定办理。

第五十六条 国务院有关部门应当按照各自职责，加强与有关国家或者地区执法机关以及国际组织的禁毒情报信息交流，依法开展禁毒执法合作。

经国务院公安部门批准，边境地区县级以上人民政府公安机关可以与有关国家或者地区的执法机关开展执法合作。

第五十七条 通过禁毒国际合作破获毒品犯罪案件的，中华人民共和国政府可以与有关国家分享查获的非法所得、由非法所得获得的收益以及供毒品犯罪使用的财物或者财物变卖所得的款项。

第五十八条 国务院有关部门根据国务院授权，可以通过对外援助等渠道，支持有关国家实施毒品原植物替代种植、发展替代产业。

第六章 法律责任

第五十九条 有下列行为之一，构成犯罪的，依法追究刑事责任；尚不构成犯罪的，依法给予治安管理处罚：

（一）走私、贩卖、运输、制造毒品的；

（二）非法持有毒品的；

（三）非法种植毒品原植物的；

（四）非法买卖、运输、携带、持有未经灭活的毒品原植物种子或者幼苗的；

（五）非法传授麻醉药品、精神药品或者易制毒化学品制造方法的；

（六）强迫、引诱、教唆、欺骗他人吸食、注射毒品的；

（七）向他人提供毒品的。

第六十条 有下列行为之一，构成犯罪的，依法追究刑事责任；尚不构成犯罪的，依法给予治安管理处罚：

（一）包庇走私、贩卖、运输、制造毒品的犯罪分子，以及为犯罪分子窝藏、转移、隐瞒毒品或者犯罪所得财物的；

（二）在公安机关查处毒品违法犯罪活动时为违法犯罪行为人通风报信的；

（三）阻碍依法进行毒品检查的；

（四）隐藏、转移、变卖或者损毁司法机关、行政执法机关依法扣押、查封、冻结的涉及毒品违法犯罪活动的财物的。

第六十一条 容留他人吸食、注射毒品或者介绍买卖毒品，构成犯罪的，依法追究刑事责任；尚不构成犯罪的，由公安机关处十日以上十五日以下拘留，可以并处三千元以下罚款；情节较轻的，处五日以下拘留或者五百元以下罚款。

第六十二条 吸食、注射毒品的，依法给予治安管理处罚。吸毒人员主动到公安机关登记或者到有资质的医疗机构接受戒毒治疗的，不予处罚。

第六十三条 在麻醉药品、精神药品的实验研究、生产、经营、使用、储存、运输、进口、出口以及麻醉药品药用原植物种植活动中，违反国家规定，致使麻醉药品、精神药品或者麻醉药品药用原植物流入非法渠道，构成犯罪的，依法追究刑事责任；尚不构成犯罪的，依照有关法律、行政法规的规定给予处罚。

第六十四条 在易制毒化学品的生产、经营、购买、运输或者进口、出口活动中，违反国家规定，致使易制毒化学品流入非法渠道，构成犯罪的，依法追究刑事责任；尚不构成犯罪的，依照有关法律、行政法规的规定给予处罚。

第六十五条 娱乐场所及其从业人员实施毒品违法犯罪行为，或者为进入娱乐场所的人员实施毒品违法犯罪行为提供条件，构成犯罪的，依法追究刑事责任；尚不构成犯罪的，依照有关法律、行政法规的规定给予处罚。

娱乐场所经营管理人员明知场所内发生聚众吸食、注射毒品或者贩毒活动，不向公安机关报告的，依照前款的规定给予处罚。

第六十六条 未经批准，擅自从事戒毒治疗业务的，由卫生行政部门责令停止违法业务活动，没收违法所得和使用的药品、医疗器械等物品；构成犯罪的，依法追究刑事责任。

第六十七条 戒毒医疗机构发现接受戒毒治疗的戒毒人员在治疗期间吸食、注射毒品，不向公安机关报告的，由卫生行政部门责令改正；情节严重的，责令停业整顿。

第六十八条 强制隔离戒毒场所、医疗机构、医师违反规定使用麻醉药品、精神药品，构成犯罪的，依法追究刑事责任；尚不构成犯罪的，依照有关法律、行政法规的规定给予处罚。

第六十九条 公安机关、司法行政部门或者其他有关主管部门的工作人员在禁毒工作中有下列行为之一，构成犯罪的，依法追究刑事责任；尚不构成犯罪的，依法给予处分：

（一）包庇、纵容毒品违法犯罪人员的；

（二）对戒毒人员有体罚、虐待、侮辱等行为的；

（三）挪用、截留、克扣禁毒经费的；

（四）擅自处分查获的毒品和扣押、查封、冻结的涉及毒品违法犯罪活动的财物的。

第七十条 有关单位及其工作人员在入学、就业、享受社会保障等方面歧视戒毒人员的，由教育行政部门、劳动行政部门责令改正；给当事人造成损失的，依法承担赔偿责任。

第七章 附 则

第七十一条 本法自2008年6月1日起施行。《全国人民代表大会常务委员会关于禁毒的决定》同时废止。

附录三　中华人民共和国预防未成年人犯罪法（2020 年修订）

（1999 年 6 月 28 日第九届全国人民代表大会常务委员会第十次会议通过　根据 2012 年 10 月 26 日第十一届全国人民代表大会常务委员会第二十九次会议《关于修改〈中华人民共和国预防未成年人犯罪法〉的决定》修正　2020 年 12 月 26 日第十三届全国人民代表大会常务委员会第二十四次会议修订）

目　录

第一章　总　　则

第一条　为了保障未成年人身心健康，培养未成年人良好品行，有效预防未成年人违法犯罪，制定本法。

第二条　预防未成年人犯罪，立足于教育和保护未成年人相结合，坚持预防为主、提前干预，对未成年人的不良行为和严重不良行为及时进行分级预防、干预和矫治。

第三条　开展预防未成年人犯罪工作，应当尊重未成年人人格尊严，保护未成年人的名誉权、隐私权和个人信息等合法权益。

第四条　预防未成年人犯罪，在各级人民政府组织下，实行综合治理。

国家机关、人民团体、社会组织、企业事业单位、居民委员会、村民委员会、学校、家庭等各负其责、相互配合，共同做好预防未成年人犯罪工作，及时消除滋生未成年人违法犯罪行为的各种消极因素，为未成年人身心健康发展创造良好的社会环境。

第五条 各级人民政府在预防未成年人犯罪方面的工作职责是：

（一）制定预防未成年人犯罪工作规划；

（二）组织公安、教育、民政、文化和旅游、市场监督管理、网信、卫生健康、新闻出版、电影、广播电视、司法行政等有关部门开展预防未成年人犯罪工作；

（三）为预防未成年人犯罪工作提供政策支持和经费保障；

（四）对本法的实施情况和工作规划的执行情况进行检查；

（五）组织开展预防未成年人犯罪宣传教育；

（六）其他预防未成年人犯罪工作职责。

第六条 国家加强专门学校建设，对有严重不良行为的未成年人进行专门教育。专门教育是国民教育体系的组成部分，是对有严重不良行为的未成年人进行教育和矫治的重要保护处分措施。

省级人民政府应当将专门教育发展和专门学校建设纳入经济社会发展规划。县级以上地方人民政府成立专门教育指导委员会，根据需要合理设置专门学校。

专门教育指导委员会由教育、民政、财政、人力资源社会保障、公安、司法行政、人民检察院、人民法院、共产主义青年团、妇女联合会、关心下一代工作委员会、专门学校等单位，以及律师、社会工作者等人员组成，研究确定专门学校教学、管理等相关工作。

专门学校建设和专门教育具体办法，由国务院规定。

第七条 公安机关、人民检察院、人民法院、司法行政部门应当由专门机构或者经过专业培训、熟悉未成年人身心特点的专门人员负责预防未成年人犯罪工作。

第八条 共产主义青年团、妇女联合会、工会、残疾人联合会、关心下一代工作委员会、青年联合会、学生联合会、少年先锋队以及有关社会组织，应当协助各级人民政府及其有关部门、人民检察院和人民法院做好预防未成年人犯罪工作，为预防未成年人犯罪培育社会力量，提供支持服务。

第九条 国家鼓励、支持和指导社会工作服务机构等社会组织参与预防未成年人犯罪相关工作，并加强监督。

第十条 任何组织或者个人不得教唆、胁迫、引诱未成年人实施不良行为或者严重不良行为，以及为未成年人实施上述行为提供条件。

第十一条 未成年人应当遵守法律法规及社会公共道德规范，树立自尊、自律、自强意识，增强辨别是非和自我保护的能力，自觉抵制各种不良行为以及违法犯罪行为的引诱和侵害。

第十二条 预防未成年人犯罪，应当结合未成年人不同年龄的生理、心理特点，加强青春期教育、心理关爱、心理矫治和预防犯罪对策的研究。

第十三条 国家鼓励和支持预防未成年人犯罪相关学科建设、专业设置、人才培养及科学研究，开展国际交流与合作。

第十四条 国家对预防未成年人犯罪工作有显著成绩的组织和个人，给予表彰和奖励。

第二章 预防犯罪的教育

第十五条 国家、社会、学校和家庭应当对未成年人加强社会主义核心价值观教育，开展预防犯罪教育，增强未成年人的法治观念，使未成年人树立遵纪守法和防范违法犯罪的意识，提高自我管控能力。

第十六条 未成年人的父母或者其他监护人对未成年人的预防犯罪教育负有直接责任，应当依法履行监护职责，树立优良家风，培养未成年人良好品行；发现未成年人心理或者行为异常的，应当及时了解情况并进行教育、引导和劝诫，不得拒绝或者怠于履行监护职责。

第十七条 教育行政部门、学校应当将预防犯罪教育纳入学校教学计划，指导教职员工结合未成年人的特点，采取多种方式对未成年学生进行有针对性的预防犯罪教育。

第十八条 学校应当聘任从事法治教育的专职或者兼职教师，并可以从司法和执法机关、法学教育和法律服务机构等单位聘请法治副校长、校外法治辅导员。

第十九条 学校应当配备专职或者兼职的心理健康教育教师，开展心理健康教育。学校可以根据实际情况与专业心理健康机构合作，建立心理健康筛查和早期干预机制，预防和解决学生心理、行为异常问题。

学校应当与未成年学生的父母或者其他监护人加强沟通，共同做好未成年学生心理健康教育；发现未成年学生可能患有精神障碍的，应当立即告知其父母或者其他监护人送相关专业机构诊治。

第二十条 教育行政部门应当会同有关部门建立学生欺凌防控制度。学校应当加强日常安全管理，完善学生欺凌发现和处置的工作流程，严格排查并及时消除可能导致学生欺凌行为的各种隐患。

第二十一条 教育行政部门鼓励和支持学校聘请社会工作者长期或者定期进驻学校，协助开展道德教育、法治教育、生命教育和心理健康教育，参与预防和处理学生欺凌等行为。

第二十二条 教育行政部门、学校应当通过举办讲座、座谈、培训等活动，介绍科学合理的教育方法，指导教职员工、未成年学生的父母或者其他监护人有效预防未成年人犯罪。

学校应当将预防犯罪教育计划告知未成年学生的父母或者其他监护人。未成年学生的父母或者其他监护人应当配合学校对未成年学生进行有针对性的预防犯罪教育。

第二十三条 教育行政部门应当将预防犯罪教育的工作效果纳入学校年度考核内容。

第二十四条 各级人民政府及其有关部门、人民检察院、人民法院、共产主义青年团、少年先锋队、妇女联合会、残疾人联合会、关心下一代工作委员会等应当结合实际，组织、举办多种形式的预防未成年人犯罪宣传教育活动。有条件的地方可以建立青少年法治教育基地，对未成年人开展法治教育。

第二十五条 居民委员会、村民委员会应当积极开展有针对性的预防未成年人犯罪宣传活动，协助公安机关维护学校周围治安，及时掌握本辖区内未成年人的监护、就学和就业情况，组织、引导社区社会组织参与预防未成年人犯罪工作。

第二十六条 青少年宫、儿童活动中心等校外活动场所应当把预防犯罪教育作为一项重要的工作内容，开展多种形式的宣传教育活动。

第二十七条 职业培训机构、用人单位在对已满十六周岁准备就业的未成年人进行职业培训时，应当将预防犯罪教育纳入培训内容。

第三章 对不良行为的干预

第二十八条 本法所称不良行为，是指未成年人实施的不利于其健康成长的下列行为：

（一）吸烟、饮酒；

（二）多次旷课、逃学；

（三）无故夜不归宿、离家出走；

（四）沉迷网络；

（五）与社会上具有不良习性的人交往，组织或者参加实施不良行为的团伙；

（六）进入法律法规规定未成年人不宜进入的场所；

（七）参与赌博、变相赌博，或者参加封建迷信、邪教等活动；

（八）阅览、观看或者收听宣扬淫秽、色情、暴力、恐怖、极端等内容的读物、音像制品或者网络信息等；

（九）其他不利于未成年人身心健康成长的不良行为。

第二十九条　未成年人的父母或者其他监护人发现未成年人有不良行为的，应当及时制止并加强管教。

第三十条　公安机关、居民委员会、村民委员会发现本辖区内未成年人有不良行为的，应当及时制止，并督促其父母或者其他监护人依法履行监护职责。

第三十一条　学校对有不良行为的未成年学生，应当加强管理教育，不得歧视；对拒不改正或者情节严重的，学校可以根据情况予以处分或者采取以下管理教育措施：

（一）予以训导；

（二）要求遵守特定的行为规范；

（三）要求参加特定的专题教育；

（四）要求参加校内服务活动；

（五）要求接受社会工作者或者其他专业人员的心理辅导和行为干预；

（六）其他适当的管理教育措施。

第三十二条　学校和家庭应当加强沟通，建立家校合作机制。学校决定对未成年学生采取管理教育措施的，应当及时告知其父母或者其他监护人；未成年学生的父母或者其他监护人应当支持、配合学校进行管理教育。

第三十三条　未成年学生偷窃少量财物，或者有殴打、辱骂、恐吓、强行索要财物等学生欺凌行为，情节轻微的，可以由学校依照本法第三十一条规定采取相应的管理教育措施。

第三十四条 未成年学生旷课、逃学的，学校应当及时联系其父母或者其他监护人，了解有关情况；无正当理由的，学校和未成年学生的父母或者其他监护人应当督促其返校学习。

第三十五条 未成年人无故夜不归宿、离家出走的，父母或者其他监护人、所在的寄宿制学校应当及时查找，必要时向公安机关报告。

收留夜不归宿、离家出走未成年人的，应当及时联系其父母或者其他监护人、所在学校；无法取得联系的，应当及时向公安机关报告。

第三十六条 对夜不归宿、离家出走或者流落街头的未成年人，公安机关、公共场所管理机构等发现或者接到报告后，应当及时采取有效保护措施，并通知其父母或者其他监护人、所在的寄宿制学校，必要时应当护送其返回住所、学校；无法与其父母或者其他监护人、学校取得联系的，应当护送未成年人到救助保护机构接受救助。

第三十七条 未成年人的父母或者其他监护人、学校发现未成年人组织或者参加实施不良行为的团伙，应当及时制止；发现该团伙有违法犯罪嫌疑的，应当立即向公安机关报告。

第四章 对严重不良行为的矫治

第三十八条 本法所称严重不良行为，是指未成年人实施的有刑法规定、因不满法定刑事责任年龄不予刑事处罚的行为，以及严重危害社会的下列行为：

（一）结伙斗殴，追逐、拦截他人，强拿硬要或者任意损毁、占用公私财物等寻衅滋事行为；

（二）非法携带枪支、弹药或者弩、匕首等国家规定的管制器具；

（三）殴打、辱骂、恐吓，或者故意伤害他人身体；

（四）盗窃、哄抢、抢夺或者故意损毁公私财物；

（五）传播淫秽的读物、音像制品或者信息等；

（六）卖淫、嫖娼，或者进行淫秽表演；

（七）吸食、注射毒品，或者向他人提供毒品；

（八）参与赌博赌资较大；

（九）其他严重危害社会的行为。

第三十九条 未成年人的父母或者其他监护人、学校、居民委员会、村民委员会发现有人教唆、胁迫、引诱未成年人实施严重不良行为的，应当立即向公安机关报告。公安机关接到报告或者发现有上述情形的，应当及时依法查处；对人身安全受到威胁的未成年人，应当立即采取有效保护措施。

第四十条 公安机关接到举报或者发现未成年人有严重不良行为的，应当及时制止，依法调查处理，并可以责令其父母或者其他监护人消除或者减轻违法后果，采取措施严加管教。

第四十一条 对有严重不良行为的未成年人，公安机关可以根据具体情况，采取以下矫治教育措施：

（一）予以训诫；

（二）责令赔礼道歉、赔偿损失；

（三）责令具结悔过；

（四）责令定期报告活动情况；

（五）责令遵守特定的行为规范，不得实施特定行为、接触特定人员或者进入特定场所；

（六）责令接受心理辅导、行为矫治；

（七）责令参加社会服务活动；

（八）责令接受社会观护，由社会组织、有关机构在适当场所对未成年人进行教育、监督和管束；

（九）其他适当的矫治教育措施。

第四十二条 公安机关在对未成年人进行矫治教育时，可以根据需要邀请学校、居民委员会、村民委员会以及社会工作服务机构等社会组织参与。

未成年人的父母或者其他监护人应当积极配合矫治教育措施的实施，不得妨碍阻挠或者放任不管。

第四十三条 对有严重不良行为的未成年人，未成年人的父母或者其他监护人、所在学校无力管教或者管教无效的，可以向教育行政部门提出申请，经专门教育指导委员会评估同意后，由教育行政部门决定送入专门学校接受专门教育。

第四十四条 未成年人有下列情形之一的，经专门教育指导委员会评估同意，教育行政部门会同公安机关可以决定将其送入专门学校接受专门教育：

（一）实施严重危害社会的行为，情节恶劣或者造成严重后果；

（二）多次实施严重危害社会的行为；

（三）拒不接受或者配合本法第四十一条规定的矫治教育措施；

（四）法律、行政法规规定的其他情形。

第四十五条 未成年人实施刑法规定的行为、因不满法定刑事责任年龄不予刑事处罚的，经专门教育指导委员会评估同意，教育行政部门会同公安机关可以决定对其进行专门矫治教育。

省级人民政府应当结合本地的实际情况，至少确定一所专门学校按照分校区、分班级等方式设置专门场所，对前款规定的未成年人进行专门矫治教育。

前款规定的专门场所实行闭环管理，公安机关、司法行政部门负责未成年人的矫治工作，教育行政部门承担未成年人的教育工作。

第四十六条 专门学校应当在每个学期适时提请专门教育指导委员会对接受专门教育的未成年学生的情况进行评估。对经评估适合转回普通学校就读的，专门教育指导委员会应当向原决定机关提出书面建议，由原决定机关决定是否将未成年学生转回普通学校就读。

原决定机关决定将未成年学生转回普通学校的，其原所在学校不得拒绝接收；因特殊情况，不适宜转回原所在学校的，由教育行政部门安排转学。

第四十七条 专门学校应当对接受专门教育的未成年人分级分类进行教育和矫治，有针对性地开展道德教育、法治教育、心理健康教育，并根据实际情况进行职业教育；对没有完成义务教育的未成年人，应当保证其继续接受义务教育。

专门学校的未成年学生的学籍保留在原学校，符合毕业条件的，原学校应当颁发毕业证书。

第四十八条 专门学校应当与接受专门教育的未成年人的父母或者其他监护人加强联系，定期向其反馈未成年人的矫治和教育情况，为父母或者其他监护人、亲属等看望未成年人提供便利。

第四十九条 未成年人及其父母或者其他监护人对本章规定的行政决定不服的，可以依法提起行政复议或者行政诉讼。

第五章 对重新犯罪的预防

第五十条 公安机关、人民检察院、人民法院办理未成年人刑事案件，应当根据未成年人的生理、心理特点和犯罪的情况，有针对性地进行法治教育。

对涉及刑事案件的未成年人进行教育，其法定代理人以外的成年亲属或者教师、辅导员等参与有利于感化、挽救未成年人的，公安机关、人民检察院、人民法院应当邀请其参加有关活动。

第五十一条 公安机关、人民检察院、人民法院办理未成年人刑事案件，可以自行或者委托有关社会组织、机构对未成年犯罪嫌疑人或者被告人的成长经历、犯罪原因、监护、教育等情况进行社会调查；根据实际需要并经未成年犯罪嫌疑人、被告人及其法定代理人同意，可以对未成年犯罪嫌疑人、被告人进行心理测评。

社会调查和心理测评的报告可以作为办理案件和教育未成年人的参考。

第五十二条 公安机关、人民检察院、人民法院对于无固定住所、无法提供保证人的未成年人适用取保候审的，应当指定合适成年人作为保证人，必要时可以安排取保候审的未成年人接受社会观护。

第五十三条 对被拘留、逮捕以及在未成年犯管教所执行刑罚的未成年人，应当与成年人分别关押、管理和教育。对未成年人的社区矫正，应当与成年人分别进行。

对有上述情形且没有完成义务教育的未成年人，公安机关、人民检察院、人民法院、司法行政部门应当与教育行政部门相互配合，保证其继续接受义务教育。

第五十四条 未成年犯管教所、社区矫正机构应当对未成年犯、未成年社区矫正对象加强法治教育，并根据实际情况对其进行职业教育。

第五十五条 社区矫正机构应当告知未成年社区矫正对象安置帮教的有关规定，并配合安置帮教工作部门落实或者解决未成年社区矫正对象的就学、就业等问题。

第五十六条 对刑满释放的未成年人，未成年犯管教所应当提前通知其父母或者其他监护人按时接回，并协助落实安置帮教措施。没有父母或者其他监护人、无法查明其父母或者其他监护人的，未成年犯管教所应当提前通知未成年人原户籍所在地或者居住地的司法行政部门安排人员按时接回，由民政部门或者居民委员会、村民委员会依法对其进行监护。

第五十七条 未成年人的父母或者其他监护人和学校、居民委员会、村民委员会对接受社区矫正、刑满释放的未成年人，应当采取有效的帮教措施，协助司法机关以及有关部门做好安置帮教工作。

居民委员会、村民委员会可以聘请思想品德优秀，作风正派，热心未成年人工作的离退休人员、志愿者或其他人员协助做好前款规定的安置帮教工作。

第五十八条 刑满释放和接受社区矫正的未成年人，在复学、升学、就业等方面依法享有与其他未成年人同等的权利，任何单位和个人不得歧视。

第五十九条 未成年人的犯罪记录依法被封存的，公安机关、人民检察院、人民法院和司法行政部门不得向任何单位或者个人提供，但司法机关因办案需要或者有关单位根据国家有关规定进行查询的除外。依法进行查询的单位和个人应当对相关记录信息予以保密。

未成年人接受专门矫治教育、专门教育的记录，以及被行政处罚、采取刑事强制措施和不起诉的记录，适用前款规定。

第六十条 人民检察院通过依法行使检察权，对未成年人重新犯罪预防工作等进行监督。

第六章 法律责任

第六十一条 公安机关、人民检察院、人民法院在办理案件过程中发现实施严重不良行为的未成年人的父母或者其他监护人不依法履行监护职责的，应当予以训诫，并可以责令其接受家庭教育指导。

第六十二条 学校及其教职员工违反本法规定，不履行预防未成年人犯罪工作职责，或者虐待、歧视相关未成年人的，由教育行政等部门责令改正，通报批评；情节严重的，对直接负责的主管人员和其他直接责任人员依法给予处分。构成违反治安管理行为的，由公安机关依法予以治安管理处罚。

教职员工教唆、胁迫、引诱未成年人实施不良行为或者严重不良行为，以及品行不良、影响恶劣的，教育行政部门、学校应当依法予以解聘或者辞退。

第六十三条 违反本法规定，在复学、升学、就业等方面歧视相关未成年人的，由所在单位或者教育、人力资源社会保障等部门责令改正；拒不改正的，对直接负责的主管人员或者其他直接责任人员依法给予处分。

第六十四条 有关社会组织、机构及其工作人员虐待、歧视接受社会观护的未成年人，或者出具虚假社会调查、心理测评报告的，由民政、司法行政等部门对直接负责的主管人员或者其他直接责任人员依法给予处分，构成违反治安管理行为的，由公安机关予以治安管理处罚。

第六十五条 教唆、胁迫、引诱未成年人实施不良行为或者严重不良行为，构成违反治安管理行为的，由公安机关依法予以治安管理处罚。

第六十六条 国家机关及其工作人员在预防未成年人犯罪工作中滥用职权、玩忽职守、徇私舞弊的，对直接负责的主管人员和其他直接责任人员，依法给予处分。

第六十七条 违反本法规定，构成犯罪的，依法追究刑事责任。

第七章 附 则

第六十八条 本法自 2021 年 6 月 1 日起施行。

附录四 艾滋病防治条例(2019 年修订)

(2006 年 1 月 29 日中华人民共和国国务院令第 457 号公布 根据 2019 年 3 月 2 日《国务院关于修改部分行政法规的决定》修订)

第一章 总 则

第一条 为了预防、控制艾滋病的发生与流行,保障人体健康和公共卫生,根据传染病防治法,制定本条例。

第二条 艾滋病防治工作坚持预防为主、防治结合的方针,建立政府组织领导、部门各负其责、全社会共同参与的机制,加强宣传教育,采取行为干预和关怀救助等措施,实行综合防治。

第三条 任何单位和个人不得歧视艾滋病病毒感染者、艾滋病病人及其家属。艾滋病病毒感染者、艾滋病病人及其家属享有的婚姻、就业、就医、入学等合法权益受法律保护。

第四条 县级以上人民政府统一领导艾滋病防治工作,建立健全艾滋病防治工作协调机制和工作责任制,对有关部门承担的艾滋病防治工作进行考核、监督。

县级以上人民政府有关部门按照职责分工负责艾滋病防治及其监督管理工作。

第五条 国务院卫生主管部门会同国务院其他有关部门制定国家艾滋病防治规划;县级以上地方人民政府依照本条例规定和国家艾滋病防治规划,制定并组织实施本行政区域的艾滋病防治行动计划。

第六条 国家鼓励和支持工会、共产主义青年团、妇女联合会、红十字会等团体协助各级人民政府开展艾滋病防治工作。

居民委员会和村民委员会应当协助地方各级人民政府和政府有关部门开展有关艾滋病防治的法律、法规、政策和知识的宣传教育,发展有关艾滋病防治的公益事业,做好艾滋病防治工作。

第七条 各级人民政府和政府有关部门应当采取措施,鼓励和支持有关组织和个人依照本条例规定以及国家艾滋病防治规划和艾滋病防治行动计划的要求，参与艾滋病防治工作，对艾滋病防治工作提供捐赠，对有易感染艾滋病病毒危险行为的人群进行行为干预，对艾滋病病毒感染者、艾滋病病人及其家属提供关怀和救助。

第八条 国家鼓励和支持开展与艾滋病预防、诊断、治疗等有关的科学研究，提高艾滋病防治的科学技术水平；鼓励和支持开展传统医药以及传统医药与现代医药相结合防治艾滋病的临床治疗与研究。

国家鼓励和支持开展艾滋病防治工作的国际合作与交流。

第九条 县级以上人民政府和政府有关部门对在艾滋病防治工作中做出显著成绩和贡献的单位和个人，给予表彰和奖励。

对因参与艾滋病防治工作或者因执行公务感染艾滋病病毒，以及因此致病、丧失劳动能力或者死亡的人员，按照有关规定给予补助、抚恤。

第二章 宣传教育

第十条 地方各级人民政府和政府有关部门应当组织开展艾滋病防治以及关怀和不歧视艾滋病病毒感染者、艾滋病病人及其家属的宣传教育，提倡健康文明的生活方式，营造良好的艾滋病防治的社会环境。

第十一条 地方各级人民政府和政府有关部门应当在车站、码头、机场、公园等公共场所以及旅客列车和从事旅客运输的船舶等公共交通工具显著位置，设置固定的艾滋病防治广告牌或者张贴艾滋病防治公益广告，组织发放艾滋病防治宣传材料。

第十二条 县级以上人民政府卫生主管部门应当加强艾滋病防治的宣传教育工作，对有关部门、组织和个人开展艾滋病防治的宣传教育工作提供技术支持。

医疗卫生机构应当组织工作人员学习有关艾滋病防治的法律、法规、政策和知识；医务人员在开展艾滋病、性病等相关疾病咨询、诊断和治疗过程中，应当对就诊者进行艾滋病防治的宣传教育。

第十三条 县级以上人民政府教育主管部门应当指导、督促高等院校、中等职业学校和普通中学将艾滋病防治知识纳入有关课程，开展有关课外教育活动。

高等院校、中等职业学校和普通中学应当组织学生学习艾滋病防治知识。

第十四条　县级以上人民政府卫生主管部门应当利用计划生育宣传和技术服务网络，组织开展艾滋病防治的宣传教育。

计划生育技术服务机构向育龄人群提供计划生育技术服务和生殖健康服务时，应当开展艾滋病防治的宣传教育。

第十五条　县级以上人民政府有关部门和从事劳务中介服务的机构，应当对进城务工人员加强艾滋病防治的宣传教育。

第十六条　出入境检验检疫机构应当在出入境口岸加强艾滋病防治的宣传教育工作，对出入境人员有针对性地提供艾滋病防治咨询和指导。

第十七条　国家鼓励和支持妇女联合会、红十字会开展艾滋病防治的宣传教育，将艾滋病防治的宣传教育纳入妇女儿童工作内容，提高妇女预防艾滋病的意识和能力，组织红十字会会员和红十字会志愿者开展艾滋病防治的宣传教育。

第十八条　地方各级人民政府和政府有关部门应当采取措施，鼓励和支持有关组织和个人对有易感染艾滋病病毒危险行为的人群开展艾滋病防治的咨询、指导和宣传教育。

第十九条　广播、电视、报刊、互联网等新闻媒体应当开展艾滋病防治的公益宣传。

第二十条　机关、团体、企业事业单位、个体经济组织应当组织本单位从业人员学习有关艾滋病防治的法律、法规、政策和知识，支持本单位从业人员参与艾滋病防治的宣传教育活动。

第二十一条　县级以上地方人民政府应当在医疗卫生机构开通艾滋病防治咨询服务电话，向公众提供艾滋病防治咨询服务和指导。

第三章　预防与控制

第二十二条　国家建立健全艾滋病监测网络。

国务院卫生主管部门制定国家艾滋病监测规划和方案。省、自治区、直辖市人民政府卫生主管部门根据国家艾滋病监测规划和方案，制定本行政区域的艾滋病监测计划和工作方案，组织开展艾滋病监测和专题调查，掌握艾滋病疫情变化情况和流行趋势。

疾病预防控制机构负责对艾滋病发生、流行以及影响其发生、流行的因素开展监测活动。

出入境检验检疫机构负责对出入境人员进行艾滋病监测，并将监测结果及时向卫生主管部门报告。

第二十三条 国家实行艾滋病自愿咨询和自愿检测制度。

县级以上地方人民政府卫生主管部门指定的医疗卫生机构，应当按照国务院卫生主管部门会同国务院其他有关部门制定的艾滋病自愿咨询和检测办法，为自愿接受艾滋病咨询、检测的人员免费提供咨询和初筛检测。

第二十四条 国务院卫生主管部门会同国务院其他有关部门根据预防、控制艾滋病的需要，可以规定应当进行艾滋病检测的情形。

第二十五条 省级以上人民政府卫生主管部门根据医疗卫生机构布局和艾滋病流行情况，按照国家有关规定确定承担艾滋病检测工作的实验室。

国家出入境检验检疫机构按照国务院卫生主管部门规定的标准和规范，确定承担出入境人员艾滋病检测工作的实验室。

第二十六条 县级以上地方人民政府和政府有关部门应当依照本条例规定，根据本行政区域艾滋病的流行情况，制定措施，鼓励和支持居民委员会、村民委员会以及其他有关组织和个人推广预防艾滋病的行为干预措施，帮助有易感染艾滋病病毒危险行为的人群改变行为。

有关组织和个人对有易感染艾滋病病毒危险行为的人群实施行为干预措施，应当符合本条例的规定以及国家艾滋病防治规划和艾滋病防治行动计划的要求。

第二十七条 县级以上人民政府应当建立艾滋病防治工作与禁毒工作的协调机制，组织有关部门落实针对吸毒人群的艾滋病防治措施。

省、自治区、直辖市人民政府卫生、公安和药品监督管理部门应当互相配合，根据本行政区域艾滋病流行和吸毒者的情况，积极稳妥地开展对吸毒成瘾者的药物维持治疗工作，并有计划地实施其他干预措施。

第二十八条 县级以上人民政府卫生、市场监督管理、药品监督管理、广播电视等部门应当组织推广使用安全套，建立和完善安全套供应网络。

第二十九条 省、自治区、直辖市人民政府确定的公共场所的经营者应当在公共场所内放置安全套或者设置安全套发售设施。

第三十条 公共场所的服务人员应当依照《公共场所卫生管理条例》的规定，

定期进行相关健康检查，取得健康合格证明；经营者应当查验其健康合格证明，不得允许未取得健康合格证明的人员从事服务工作。

第三十一条　公安、司法行政机关对被依法逮捕、拘留和在监狱中执行刑罚以及被依法收容教育、强制戒毒和劳动教养的艾滋病病毒感染者和艾滋病病人，应当采取相应的防治措施，防止艾滋病传播。

对公安、司法行政机关依照前款规定采取的防治措施，县级以上地方人民政府应当给予经费保障，疾病预防控制机构应当予以技术指导和配合。

第三十二条　对卫生技术人员和在执行公务中可能感染艾滋病病毒的人员，县级以上人民政府卫生主管部门和其他有关部门应当组织开展艾滋病防治知识和专业技能的培训，有关单位应当采取有效的卫生防护措施和医疗保健措施。

第三十三条　医疗卫生机构和出入境检验检疫机构应当按照国务院卫生主管部门的规定，遵守标准防护原则，严格执行操作规程和消毒管理制度，防止发生艾滋病医院感染和医源性感染。

第三十四条　疾病预防控制机构应当按照属地管理的原则，对艾滋病病毒感染者和艾滋病病人进行医学随访。

第三十五条　血站、单采血浆站应当对采集的人体血液、血浆进行艾滋病检测；不得向医疗机构和血液制品生产单位供应未经艾滋病检测或者艾滋病检测阳性的人体血液、血浆。

血液制品生产单位应当在原料血浆投料生产前对每一份血浆进行艾滋病检测；未经艾滋病检测或者艾滋病检测阳性的血浆，不得作为原料血浆投料生产。

医疗机构应当对因应急用血而临时采集的血液进行艾滋病检测，对临床用血艾滋病检测结果进行核查；对未经艾滋病检测、核查或者艾滋病检测阳性的血液，不得采集或者使用。

第三十六条　采集或者使用人体组织、器官、细胞、骨髓等的，应当进行艾滋病检测；未经艾滋病检测或者艾滋病检测阳性的，不得采集或者使用。但是，用于艾滋病防治科研、教学的除外。

第三十七条　进口人体血液制品，应当依照药品管理法的规定，经国务院药品监督管理部门批准，取得进口药品注册证书。

禁止进出口用于临床医疗的人体血液、血浆、组织、器官、细胞、骨髓等。但是，出于人道主义、救死扶伤目的，可以进出口临床急需、捐献配型的特殊血型血液、骨髓造血干细胞、外周血造血干细胞、脐带血造血干细胞，由中国红十字会总会办理出入境手续；具体办法由国务院卫生主管部门会同国家出入境检验检疫机构制定。

依照前款规定进出口的特殊血型血液、骨髓造血干细胞、外周血造血干细胞、脐带血造血干细胞，应当依照国境卫生检疫法律、行政法规的有关规定，接受出入境检验检疫机构的检疫。未经检疫或者检疫不合格的，不得进出口。

第三十八条 艾滋病病毒感染者和艾滋病病人应当履行下列义务：

（一）接受疾病预防控制机构或者出入境检验检疫机构的流行病学调查和指导；

（二）将感染或者发病的事实及时告知与其有性关系者；

（三）就医时，将感染或者发病的事实如实告知接诊医生；

（四）采取必要的防护措施，防止感染他人。

艾滋病病毒感染者和艾滋病病人不得以任何方式故意传播艾滋病。

第三十九条 疾病预防控制机构和出入境检验检疫机构进行艾滋病流行病学调查时，被调查单位和个人应当如实提供有关情况。

未经本人或者其监护人同意，任何单位或者个人不得公开艾滋病病毒感染者、艾滋病病人及其家属的姓名、住址、工作单位、肖像、病史资料以及其他可能推断出其具体身份的信息。

第四十条 县级以上人民政府卫生主管部门和出入境检验检疫机构可以封存有证据证明可能被艾滋病病毒污染的物品，并予以检验或者进行消毒。经检验，属于被艾滋病病毒污染的物品，应当进行卫生处理或者予以销毁；对未被艾滋病病毒污染的物品或者经消毒后可以使用的物品，应当及时解除封存。

第四章 治疗与救助

第四十一条 医疗机构应当为艾滋病病毒感染者和艾滋病病人提供艾滋病防治咨询、诊断和治疗服务。

医疗机构不得因就诊的病人是艾滋病病毒感染者或者艾滋病病人，推诿或者拒绝对其其他疾病进行治疗。

第四十二条 对确诊的艾滋病病毒感染者和艾滋病病人，医疗卫生机构的工作人员应当将其感染或者发病的事实告知本人；本人为无行为能力人或者限制行为能力人的，应当告知其监护人。

第四十三条 医疗卫生机构应当按照国务院卫生主管部门制定的预防艾滋病母婴传播技术指导方案的规定，对孕产妇提供艾滋病防治咨询和检测，对感染艾滋病病毒的孕产妇及其婴儿，提供预防艾滋病母婴传播的咨询、产前指导、阻断、治疗、产后访视、婴儿随访和检测等服务。

第四十四条 县级以上人民政府应当采取下列艾滋病防治关怀、救助措施：

（一）向农村艾滋病病人和城镇经济困难的艾滋病病人免费提供抗艾滋病病毒治疗药品；

（二）对农村和城镇经济困难的艾滋病病毒感染者、艾滋病病人适当减免抗机会性感染治疗药品的费用；

（三）向接受艾滋病咨询、检测的人员免费提供咨询和初筛检测；

（四）向感染艾滋病病毒的孕产妇免费提供预防艾滋病母婴传播的治疗和咨询。

第四十五条 生活困难的艾滋病病人遗留的孤儿和感染艾滋病病毒的未成年人接受义务教育的，应当免收杂费、书本费；接受学前教育和高中阶段教育的，应当减免学费等相关费用。

第四十六条 县级以上地方人民政府应当对生活困难并符合社会救助条件的艾滋病病毒感染者、艾滋病病人及其家属给予生活救助。

第四十七条 县级以上地方人民政府有关部门应当创造条件，扶持有劳动能力的艾滋病病毒感染者和艾滋病病人，从事力所能及的生产和工作。

第五章 保障措施

第四十八条 县级以上人民政府应当将艾滋病防治工作纳入国民经济和社会发展规划，加强和完善艾滋病预防、检测、控制、治疗和救助服务网络的建设，建立健全艾滋病防治专业队伍。

各级人民政府应当根据艾滋病防治工作需要，将艾滋病防治经费列入本级财政预算。

第四十九条 县级以上地方人民政府按照本级政府的职责，负责艾滋病预防、控制、监督工作所需经费。

国务院卫生主管部门会同国务院其他有关部门，根据艾滋病流行趋势，确定全国与艾滋病防治相关的宣传、培训、监测、检测、流行病学调查、医疗救治、应急处置以及监督检查等项目。中央财政对在艾滋病流行严重地区和贫困地区实施的艾滋病防治重大项目给予补助。

省、自治区、直辖市人民政府根据本行政区域的艾滋病防治工作需要和艾滋病流行趋势，确定与艾滋病防治相关的项目，并保障项目的实施经费。

第五十条 县级以上人民政府应当根据艾滋病防治工作需要和艾滋病流行趋势，储备抗艾滋病病毒治疗药品、检测试剂和其他物资。

第五十一条 地方各级人民政府应当制定扶持措施，对有关组织和个人开展艾滋病防治活动提供必要的资金支持和便利条件。有关组织和个人参与艾滋病防治公益事业，依法享受税收优惠。

第六章 法律责任

第五十二条 地方各级人民政府未依照本条例规定履行组织、领导、保障艾滋病防治工作职责，或者未采取艾滋病防治和救助措施的，由上级人民政府责令改正，通报批评；造成艾滋病传播、流行或者其他严重后果的，对负有责任的主管人员依法给予行政处分；构成犯罪的，依法追究刑事责任。

第五十三条 县级以上人民政府卫生主管部门违反本条例规定，有下列情形之一的，由本级人民政府或者上级人民政府卫生主管部门责令改正，通报批评；造成艾滋病传播、流行或者其他严重后果的，对负有责任的主管人员和其他直接责任人员依法给予行政处分；构成犯罪的，依法追究刑事责任：

（一）未履行艾滋病防治宣传教育职责的；

（二）对有证据证明可能被艾滋病病毒污染的物品，未采取控制措施的；

（三）其他有关失职、渎职行为。

出入境检验检疫机构有前款规定情形的，由其上级主管部门依照本条规定予以处罚。

第五十四条 县级以上人民政府有关部门未依照本条例规定履行宣传教育、预防控制职责的，由本级人民政府或者上级人民政府有关部门责令改正，通报批评；造成艾滋病传播、流行或者其他严重后果的，对负有责任的主管人员和其他直接责任人员依法给予行政处分；构成犯罪的，依法追究刑事责任。

第五十五条 医疗卫生机构未依照本条例规定履行职责，有下列情形之一的，由县级以上人民政府卫生主管部门责令限期改正，通报批评，给予警告；造成艾滋病传播、流行或者其他严重后果的，对负有责任的主管人员和其他直接责任人员依法给予降级、撤职、开除的处分，并可以依法吊销有关机构或者责任人员的执业许可证件；构成犯罪的，依法追究刑事责任：

（一）未履行艾滋病监测职责的；

（二）未按照规定免费提供咨询和初筛检测的；

（三）对临时应急采集的血液未进行艾滋病检测，对临床用血艾滋病检测结果未进行核查，或者将艾滋病检测阳性的血液用于临床的；

（四）未遵守标准防护原则，或者未执行操作规程和消毒管理制度，发生艾滋病医院感染或者医源性感染的；

（五）未采取有效的卫生防护措施和医疗保健措施的；

（六）推诿、拒绝治疗艾滋病病毒感染者或者艾滋病病人的其他疾病，或者对艾滋病病毒感染者、艾滋病病人未提供咨询、诊断和治疗服务的；

（七）未对艾滋病病毒感染者或者艾滋病病人进行医学随访的；

（八）未按照规定对感染艾滋病病毒的孕产妇及其婴儿提供预防艾滋病母婴传播技术指导的。

出入境检验检疫机构有前款第（一）项、第（四）项、第（五）项规定情形的，由其上级主管部门依照前款规定予以处罚。

第五十六条　医疗卫生机构违反本条例第三十九条第二款规定，公开艾滋病病毒感染者、艾滋病病人或者其家属的信息的，依照传染病防治法的规定予以处罚。

出入境检验检疫机构、计划生育技术服务机构或者其他单位、个人违反本条例第三十九条第二款规定，公开艾滋病病毒感染者、艾滋病病人或者其家属的信息的，由其上级主管部门责令改正，通报批评，给予警告，对负有责任的主管人员和其他直接责任人员依法给予处分；情节严重的，由原发证部门吊销有关机构或者责任人员的执业许可证件。

第五十七条　血站、单采血浆站违反本条例规定，有下列情形之一，构成犯罪的，依法追究刑事责任；尚不构成犯罪的，由县级以上人民政府卫生主管部门依照献血法和《血液制品管理条例》的规定予以处罚；造成艾滋病传播、流行或者其他严重后果的，对负有责任的主管人员和其他直接责任人员依法给予降级、撤职、开除的处分，并可以依法吊销血站、单采血浆站的执业许可证：

（一）对采集的人体血液、血浆未进行艾滋病检测，或者发现艾滋病检测阳性的人体血液、血浆仍然采集的；

（二）将未经艾滋病检测的人体血液、血浆，或者艾滋病检测阳性的人体血液、血浆供应给医疗机构和血液制品生产单位的。

第五十八条 违反本条例第三十六条规定采集或者使用人体组织、器官、细胞、骨髓等的，由县级人民政府卫生主管部门责令改正，通报批评，给予警告；情节严重的，责令停业整顿，有执业许可证件的，由原发证部门暂扣或者吊销其执业许可证件。

第五十九条 对不符合本条例第三十七条第二款规定进出口的人体血液、血浆、组织、器官、细胞、骨髓等，进出口口岸出入境检验检疫机构应当禁止出入境或者监督销毁。提供、使用未经出入境检验检疫机构检疫的进口人体血液、血浆、组织、器官、细胞、骨髓等的，由县级以上人民政府卫生主管部门没收违法物品以及违法所得，并处违法物品货值金额3倍以上5倍以下的罚款；对负有责任的主管人员和其他直接责任人员由其所在单位或者上级主管部门依法给予处分。

未经国务院药品监督管理部门批准，进口血液制品的，依照药品管理法的规定予以处罚。

第六十条 血站、单采血浆站、医疗卫生机构和血液制品生产单位违反法律、行政法规的规定，造成他人感染艾滋病病毒的，应当依法承担民事赔偿责任。

第六十一条 公共场所的经营者未查验服务人员的健康合格证明或者允许未取得健康合格证明的人员从事服务工作，省、自治区、直辖市人民政府确定的公共场所的经营者未在公共场所内放置安全套或者设置安全套发售设施的，由县级以上人民政府卫生主管部门责令限期改正，给予警告，可以并处500元以上5000元以下的罚款；逾期不改正的，责令停业整顿；情节严重的，由原发证部门依法吊销其执业许可证件。

第六十二条 艾滋病病毒感染者或者艾滋病病人故意传播艾滋病的，依法承担民事赔偿责任；构成犯罪的，依法追究刑事责任。

第七章 附 则

第六十三条 本条例下列用语的含义：

艾滋病，是指人类免疫缺陷病毒（艾滋病病毒）引起的获得性免疫缺陷综合征。

对吸毒成瘾者的药物维持治疗，是指在批准开办戒毒治疗业务的医疗卫生机构中，选用合适的药物，对吸毒成瘾者进行维持治疗，以减轻对毒品的依赖，减少注射吸毒引起艾滋病病毒的感染和扩散，减少毒品成瘾引起的疾病、死亡和引发的犯罪。

标准防护原则，是指医务人员将所有病人的血液、其他体液以及被血液、其他体液污染的物品均视为具有传染性的病原物质，医务人员在接触这些物质时，必须采取防护措施。

有易感染艾滋病病毒危险行为的人群，是指有卖淫、嫖娼、多性伴、男性同性性行为、注射吸毒等危险行为的人群。

艾滋病监测，是指连续、系统地收集各类人群中艾滋病（或者艾滋病病毒感染）及其相关因素的分布资料，对这些资料综合分析，为有关部门制定预防控制策略和措施提供及时可靠的信息和依据，并对预防控制措施进行效果评价。

艾滋病检测，是指采用实验室方法对人体血液、其他体液、组织器官、血液衍生物等进行艾滋病病毒、艾滋病病毒抗体及相关免疫指标检测，包括监测、检验检疫、自愿咨询检测、临床诊断、血液及血液制品筛查工作中的艾滋病检测。

行为干预措施，是指能够有效减少艾滋病传播的各种措施，包括：针对经注射吸毒传播艾滋病的美沙酮维持治疗等措施；针对经性传播艾滋病的安全套推广使用措施，以及规范、方便的性病诊疗措施；针对母婴传播艾滋病的抗病毒药物预防和人工代乳品喂养等措施；早期发现感染者和有助于危险行为改变的自愿咨询检测措施；健康教育措施；提高个人规范意识以及减少危险行为的针对性同伴教育措施。

第六十四条 本条例自 2006 年 3 月 1 日起施行。1987 年 12 月 26 日经国务院批准，1988 年 1 月 14 日由卫生部、外交部、公安部、原国家教育委员会、国家旅游局、原中国民用航空局、国家外国专家局发布的《艾滋病监测管理的若干规定》同时废止。

主要参考文献

一、中文原著类

1. 黄盈盈：《艾滋病与生活逻辑》，武汉：华中科技大学出版社，2019.

2. 李银河：《同性恋亚文化》，呼和浩特：内蒙古大学出版社，2009.

3. 高耀洁：《中国艾滋病调查》，桂林：广西师范大学出版社，2005.

4. 薛澜、张强、钟开斌：《危机管理：转型期中国面临的挑战》，北京：清华大学出版社，2003.

5. 涂俏：《世纪之痛：中国首份艾滋病人完全纪录》，广州：南方日报出版社，2000.

6. 韩跃红：《生命伦理学维度：艾滋病防控难题与对策》，北京：人民出版社，2011.

7. 秦国伟：《科学发展观视野下的社会性弱势群体研究》，北京：中国社会科学出版社，2016.

8. 刘斌志：《艾滋病防治的社会工作研究》，北京：中国社会科学出版社，2013.

9. 辛衍涛：《艾滋病起源之谜》，北京：中国环境科学出版社，2005.

10. 樊崇义：《刑事诉讼法学》，北京：法律出版社，2020.

11. 姚建龙、周颖：《禁毒学导论》，北京：中国人民公安大学出版社，2014.

12. 李步云：《法治新理念：李步云访谈录》，北京：人民出版社，2015.

13. 李兰娟、任红：《传染病学》(第 8 版)，北京：人民卫生出版社，2013.

14. 马亦林、李兰娟：《传染病学》(第 5 版)，上海：上海科学技术出版社，2011.

15. 魏来、李晓波、胡大一：《感染性疾病》，北京：北京科学技术出版社，2011.

16. 肖永红：《临床抗生素学》，重庆：重庆出版社，2004.

17. 康来仪、潘孝彰：《艾滋病防治学》，上海：复旦大学出版社，2008.

18. 李云昭、李锦昆：《毒品与艾滋病知识问答》，昆明：云南大学出版社，2018.

19. 雷小政：《民生与民声：刑事法的返璞归真》，北京：法律出版社，2012.

20. 王曙光：《艾滋病：青少年的脆弱与应对(策略方案与理论实践)》，成都：四川大学出版社，2010.

21. 雷小政等：《守护那朵蓝莲花：中国艾滋病人管理的人文关怀与法律保障》，北京：法律出版社，2014.

22. 郑洪：《图说传染病防控历程》，北京：中国纺织出版社，2022.

23. 李建新：《禁毒与预防艾滋病生命教育读本》，北京：北京师范大学出版社，2011.

24. 雷小政：《法律实证研究方法：场域、样本与经验》，北京：法律出版社，2019.

25. 中德艾滋病防治在线教育项目组：《艾滋病：中德艾滋病防治在线教育教材》，北京：人民卫生出版社，2008.

26. 李兰娟、阮冰：《重大传染病规模化现场流行病学和干预研究：标准操作规程》，杭州：浙江大学出版社，2019.

二、中文译著类

1. [美]兰迪·希尔茨：《世纪的哭泣》，傅洁莹译，上海：上海译文出版社，2019.

2. [法]西蒙·波伏娃：《第二性》，舒小菲译，北京：西苑出版社，2009.

3. [美]娜塔莉亚·霍尔特：《柏林病人：艾滋病医疗史的转折》，王年恺等译，北京：社会科学文献出版社，2021.

4. [英]裴式楷等：《上海近代社会经济发展概况(1882～1931)》，徐雪筠等译，上海：上海社会科学院出版社，1985.

5. [美]罗伯特·K. 默顿：《社会理论和社会结构》，唐少杰、齐心等译，南京：译林出版社，2015.

6. [美]马克斯韦尔·梅尔曼等：《以往与来者：美国卫生法学五十年》，唐超等译，北京：中国政法大学出版社，2012.

7. [美]约翰·艾伯斯：《瘟疫：历史上的传染病大流行》，徐依儿译，北京：中国工人出版社，2020.

8. [美]约书亚·S. 卢米斯：《传染病与人类历史：从文明起源到 21 世纪》，李珂等译，北京：社会科学文献出版社，2021.

三、中文期刊类

1. 谢今朝、钟海丹、杜佩珊等：《艾滋病抗病毒治疗脱失病人的现状及停药原因分析》，载《中国艾滋病性病》，2020(12).

2. 卢志坚、梅静、张颖心：《没有隔离场所收押就放回老家？江苏仪征：依法监督收监一名艾滋病罪犯》，载《检察日报》，2019 年 5 月 12 日.

3. 雷小政、闫姝月、周长维：《艾滋病防治中对优先人群的“去污名化”与特殊保障》，载《医学与法学》，2023(1).

4. 阮惠风、张国庆、刘学美等：《当前基层禁毒工作存在的困难与对策——以保山市腾冲县为例》，载《云南警官学院学报》，2015(4).

5. 韦光武等：《2015—2017 年崇左市女性性工作者艾滋病相关知信行现状及 HIV 感染因素》，载《中国艾滋病性病》，2019(1).

6. 丁晓东：《法律如何调整不平等关系？论倾斜保护型法的法理基础与制度框架》，载《中外法学》，2022(2).

7. 屈文妍、田建华、徐克沂等：《HIV 感染者/AIDS 患者自杀原因分析及危机干预》，载《中国艾滋病性病》，2005(2).

8. 郑尔达、高良敏、彭霞等：《静脉注射吸毒人群 HIV 和 HCV 感染现状及影响因素的 Meta 分析》，载《中华疾病控制杂志》，2017(12).

9. 邵一鸣、刘颖：《我国艾滋病疫苗研制的进展》，载《中国艾滋病性病》，2019(10).

10. 肖清清、项征国：《一非洲留学生被查出艾滋病，已被学校遣送回国》，载《楚天金报》，2007 年 1 月 24 日.

11. 马春涛、王强等：《2010—2019 年中国艾滋病成人免费抗病毒治疗药品采购费用分析》，载《中国艾滋病性病》，2021(5).

12. 徐俊杰、黄晓婕、刘昕超等：《中国 HIV 暴露前预防用药专家共识》，载《中国艾滋病性病》，2020(11).

13. 袁清青、李芙蓉、阮艺宏等：《中国艾滋病患者群体中抑郁症患病率 Meta 分析》，载《中国艾滋病性病》，2021(1).

14. 黄盈盈：《“结构—关系—主体”框架下的艾滋病预防——扩展“疾病”的社会学想象》，载《云南师范大学学报(哲学社会科学版)》，2015(2).

15. 刘颖、时勘：《艾滋病污名的形成机制、负面影响与干预》，载《心理科学进展》，2010(1).

16. 李春梅：《从虚拟到现实：艾滋病人歧视环境的演变逻辑》，载《青年研究》，2008(6).

17. 翁乃群：《艾滋病传播的社会文化动力》，载《社会学研究》，2003(5).

四、英文文献

1. Mbaku, John Mukum. International Law, Corruption and the Rights of Children in Africa. San Diego International Law Journal, 2022, 2: 195-340.

2. Elaine Craig. Person(s) of Interest and Missing Women: Legal Abandonment in the Downtown Eastside. McGill Law Journal, 2014, 1: 1-42.

3. Foster G. Beyond Education and Food: Psychosocial Well-being of Orphans in Africa. Acta Paediatrica, 2002, 5: 502-504.

4. Berta Esperanza, Hernandez-Truyol. On Disposable People and Human Well-Being: Health, Money and Power. Davis Journal of International Law & Policy, 2006, 1: 35.

5. Foluke Olayemi, Dada. HIV/AIDS in Children: Using the Law as a Tool to Achieve Child-Centric Psychosocial Health Policies in Sub-Saharan Africa. Holy Cross Journal of Law and Public Policy, 2011, 1: 91-128.

6. Andrea Daley. Lesbian and Gay Health Issues: Outside of Canada's Health Policy. Critical Social Policy, 2006, 4: 794-816.

7. Young S D, Holloway I, Jaganath D, et al. Project HOPE: Online Social Network Changes in a HIV Prevention Randomized Controlled Trial for African American and Latino Men Who Have Sex with Men. American Journal of Public Health, 2014, 9: 1707-1712.

8. Kohlenberg B, Watts M W. Considering Work for People Living with HIV/AIDS: Evaluation of a Group Employment Counseling Program. Journal of Rehabilitation Washington, 2003, 1: 22-29.

9. Solomon S S, Mehta S H, Latimore A, et al. The Impact of HIV and High-risk Behaviors on the Wives of Married Men who have Sex with Men and Injection Drug Users: Implications for HIV Prevention. Journal of the International AIDS Society, Supplement S2, 2010, 1: 7.

10. Herek G M, Eric K G. A Epidemic of Stigma: Public Reactions to AIDS. American Psychologist, 1988, 11: 886-991.

11. Gupta G, Parkhurst J O, Ogden J, et al. Structural Approaches to HIV Prevention. The Lancet, 2008, 8: 764-775.

12. Barnett T, Whiteside A. AIDS in the Twenty-first Century: Disease and Globalization. New York: Palgrave Macmillan, 2002: 206-237.

13. Shelton J, Cassell M, Adetunji J. Is Poverty or Wealth at the Root of HIV? . Lancet, 2005, 366: 1057-1058.

14. Auerbach J D, Parkhurst J O, Caceres C F. Addressing Social Drivers of HIV/AIDS for the Long-term Response: Conceptual and Methodological Considerations. Public Health, 2011, 6: 293-309.

15. Brown J L, Vanable P A. Cognitive-behavioral Stress Management Interventions for Persons Living with HIV: A Review and Critique of the Literature. Annals of Behavioral Medicine, 2008, 1: 26-40.

16. Yan Shuyue, Lei Xiaozheng, et al. Risk Control Countermeasures in HIV Occupational Exposure for Healthcare Workers and Police Officers. Chinese Studies, 2022, 11: 185-195.

17. Hasanah C I, Zaliha A R, Mahiran M. Factors Influencing the Quality of Life in Patients with HIV in Malaysia. Quality of Life Research, 2011, 20: 91-100.